新时代生态文明体制改革与环境法典编纂研究丛书

总主编／陈海嵩

国家社科基金重大项目"新时代生态文明建设目标评价考核制度
优化研究"（22&ZD138）阶段性成果

生态环境损害法律问题论争

Debate on Legal Issues of Ecological Environmental Damage

彭中遥 等 著

WUHAN UNIVERSITY PRESS
武汉大学出版社

图书在版编目(CIP)数据

生态环境损害法律问题论争/彭中遥等著.—武汉：武汉大学出版社,2023.12
新时代生态文明体制改革与环境法典编纂研究丛书/陈海嵩总主编
ISBN 978-7-307-24126-8

Ⅰ.生… Ⅱ.彭… Ⅲ.生态环境—环境污染—赔偿—司法制度—研究—中国 Ⅳ.D922.683.4

中国国家版本馆 CIP 数据核字(2023)第 220402 号

责任编辑:胡 荣 责任校对:鄢春梅 版式设计:马 佳

出版发行:**武汉大学出版社** (430072 武昌 珞珈山)
(电子邮箱:cbs22@whu.edu.cn 网址:www.wdp.com.cn)
印刷:广东虎彩云印刷有限公司
开本:720×1000 1/16 印张:15 字数:243 千字 插页:2
版次:2023 年 12 月第 1 版 2023 年 12 月第 1 次印刷
ISBN 978-7-307-24126-8 定价:68.00 元

代序：于争鸣处寻依归

近年来，生态环境损害赔偿制度改革成为我国生态文明建设场域中的热点议题与瞩目焦点，不仅涉及环境立法、执法及司法等权能之合理配置，而且关乎我国生态文明体制改革进程之稳步推进。凡重大制度改革，其理论研讨与实践探索之路大多蜿蜒崎岖。从学理上辨析，如何针对受损生态环境进行充分填补和有效救济，乃是我国生态环境损害赔偿制度改革的主要归旨与重心所在。是故，该项制度改革的相关"顶层设计"及学术探讨，理应紧紧围绕生态环境损害法律救济机制加以展开。

目前，我国学界针对"生态环境损害法律救济"议题的研讨，已呈"乱花渐欲迷人眼"之势。例如，学界至今仍未就生态环境损害赔偿制度改革的理论基础为何、生态环境损害赔偿磋商（诉讼）制度的法律性质何在、生态环境损害行政执法与民事司法衔接的适恰路径为何等问题达成基本共识，形成了令人眼花缭乱甚至"杂乱无章"的各类观点。但也正是在上述问题的激烈论争过程中，我国环境法学基础理论问题之研讨不断得以深化，生态环境损害赔偿制度改革之应然面向亦逐渐步入"豁然开朗"之境。

"求木之长者，必固其根本；欲流之远者，必浚其泉源"，我们渴望在实践的迷雾中发现制度龃龉，在浩繁的卷帙中找寻理论依归。本书编写之目的旨在归纳、梳理我国生态环境损害法律救济场域中的争议焦点与难点问题，力求全面、客观地呈现当前学界对于上述争议问题的主流观点及不同看法，毕竟，"山重水复"乃是"柳暗花明"的必经之途。同时，本书尝试基于系统性、一体化视角，提出具有逻辑一致性与理论一贯性的解释方案。鉴于难度较大、精力有限，本书所选取之专题不是我国生态环境损害法律救济议题的全部，而是其中关涉制度改革全局性、具有学理争议性的问题。在编写过程中，我们邀请了多位在此领域具有研究心得的知名学者及中青年教师加以合作完成，因而本书实乃团队作战与集体经验之结晶。在此，对本书的各位撰稿人表示衷心感谢！

本书的撰稿分工具体如下：

专题一，生态环境损害赔偿理论基础之论争（陈海嵩，法学博士，武汉大学法学院教授）；

专题二，生态环境损害赔偿磋商制度之论争（彭中遥，法学博士，湖南大学副教授）；

专题三，生态环境损害赔偿诉讼制度之论争（彭中遥，法学博士，湖南大学副教授）；

专题四，生态环境损害行政执法与民事司法衔接之论争（陈哲，法学博士，湖南工商大学讲师）；

专题五，生态环境损害政府问责之论争（程飞鸿，法学博士，上海社会科学院助理研究员）；

专题六，生态环境损害政府索赔权问题之论争（程玉，法学博士，北京航空航天大学助理教授）；

专题七，环境侵权惩罚性赔偿制度之论争（王冲，法学博士，上海师范大学讲师）；

专题八，生态环境损害赔偿司法认定规则之论争（陈幸欢，法学博士，江西财经大学副教授）；

专题九，生态环境损害二元救济路径之论争（区树添，法学博士，苏州大学讲师）；

专题十，法典编纂背景下生态环境损害法律责任构造之论争（何江，法学博士，西南政法大学讲师）。

为了使上述十个专题整合为一部结构完整、逻辑通畅、观点明晰的著作，本人在统稿过程中，对各专题内容及框架进行了针对性修改、完善及优化。虽已尽力，但由于相关议题之宏大与艰深，本书内容及结构上难免存有疏漏之处，相关研讨亦无法避免"管中窥豹"之局限，敬请各位同仁批评指正。

本书得到国家社科基金重大项目"新时代生态文明建设目标评价考核制度优化研究"（22&ZD138）的资助和支持，是该课题的阶段性成果。感谢武汉大学环境法研究所陈海嵩教授以及武汉大学出版社胡荣老师为本书出版所付出的诸多努力。

  道阻且长，行则将至。希冀本书能够为我国生态环境损害赔偿制度改革的稳步、有序推进寻求理论依归并提供智识支撑，助力形成具有中国特色、中国风格、中国气派的生态环境损害救济法律机制，为实现人与自然和谐共生的中国式现代化贡献绵薄之力。

彭中遥

2023 年 6 月 5 日于长沙

目　录

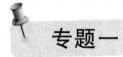 **专题一　生态环境损害赔偿理论基础之论争**

【目录】

【摘要及创新】

生态环境损害赔偿制度是我国生态文明体制改革的重要组成部分，其发展过程体现出"渐进型"的法治发展道路，具有鲜明的中国特色。然而，目前生态环境损害赔偿制度将"物权化"的自然资源国家所有权作为理论渊源，在法理基础和科学基础上均存在不足，也不符合国务院机构改革的最新趋势。在实践中，生态环境损害赔偿面临着与其他制度的冲突与重叠难题。

基于生态环境损害的公共性特质，应当从宪法的高度和法律秩序的整体角度加以重新审视。国家环境保护义务和作为"公权"的自然资源国家所有权共同构成了生态环境损害赔偿制度的宪法依据，是我国生态文明建设新形势下实现国家环境保护义务的新方式、新途径。国家权力的多元化行使方式，为生态环境损害赔偿制度的争议问题提供了具有理论一贯性和逻辑一致性的解释，对该制度的进一步完善指明了路径。

本专题研究表明，"生态环境损害"的公共性、社会性特质应当成为生态环境损害赔偿制度建构以及生态环境损害法律救济的出发点，应当在以维护公共利益为宗旨的一国宪法秩序之中加以认识，将其视为国家权力积极履行国家环境保护义务的一种新的方式；相应的学术讨论也应当直面相关法律规范、政策文件在理论基础及内在依据上的不足，回归到公法学视域中对生态环境损害赔偿制度以及生态环境损害法律救济展开相应研讨，在"生态文明入宪"所确立的价值秩序中完善生态环境损害责任追究的制度体系，确保我国生态文明体制机制改革的深入推进。

专题一

生态环境损害赔偿理论基础之论争 [*]

在我国法治发展的历史视野中，中国环境法治一直面临着"立法不足、执法不力、司法无力"的系统性问题，不能适应生态文明建设的紧迫现实需要，亟待加以法治转型与制度创新。这方面的典型代表是生态环境损害赔偿制度。如何对造成公共性生态环境损害的责任人进行追责和索赔，及时修复受损的生态环境，一直以来在我国环境法律中并未有明确规定。[①] 2015 年 12 月，中办、国办印发《生态环境损害赔偿制度改革试点方案》（以下简称《试点方案》），并经由国务院批准，在吉林、贵州等省份进行生态环境损害赔偿制度改革试点。随后，试点省份分别制定相应的实施方案加以落实，并开展了生态环境损害赔偿实践。2017年 12 月，中办、国办印发《生态环境损害赔偿制度改革方案》（以下简称《改革方案》），明确规定国务院授权的省级、市地级政府作为赔偿权利人，有权进行生态环境损害赔偿磋商或提起诉讼，正式在全国范围内全面推行生态环境损害赔偿制度。在实践的基础上，生态环境部、自然资源部等 14 部委于 2022 年 4 月联合印发了《生态环境损害赔偿管理规定》（以下简称《管理规定》），进一步细化了该制度的核心内容，极大地推进了针对生态环境损害的法律救济机制创新。

从制度生成方式看，生态环境损害赔偿制度是我国生态文明体制改革的重要组成部分，是在缺乏明确法律依据的情况下基于全面深化改革的要求而创设的新

---

[*] 作者简介：陈海嵩，武汉大学法学院教授、博士生导师。本专题主要内容以"生态环境损害赔偿制度的反思与重构"为题发表于《东方法学》2018 年第 6 期，并在前文基础上有所增加和补充。

[①] 吕忠梅：《"生态环境损害赔偿"的法律辨析》，载《法学论坛》2017 年第 3 期。

型诉讼制度及诉讼类别，具有鲜明的中国特色和创新意涵。从制度演进路径看，纵观《试点方案》《改革方案》《管理规定》可见，生态环境损害赔偿制度经历了一个发展的过程，体现出"渐进型"的法治发展道路。但是也必须看到，生态环境损害赔偿制度作为一项新创的制度类型，在法理基础和理论依据上仍然存在着诸多争议，需要加以深入解析和阐释。本部分即就此进行分析，并提出相应的理论解释方案。

一、生态环境损害赔偿制度的理论困境

创设生态环境损害赔偿制度的出发点，是针对传统上"企业污染、群众受害、政府买单"的怪圈，解决生态环境损害的利益代表人和索赔主体缺失问题，并通过民事诉讼的方式使责任人承担生态环境损害的赔偿责任，实现有效的法律救济。这正是前述《试点方案》及《改革方案》所持的基本立场，即生态环境损害赔偿并非行政法律关系而属于民事关系，政府作为代表生态环境的民事权利人而参与其中;① 这里所谓的"民事权利"，则被认定为《宪法》第 9 条及原《物权法》所规定的"自然资源国家所有权"。在 2016 年 6 月最高人民法院发布的《关于充分发挥审判职能作用为推进生态文明建设与绿色发展提供司法服务和保障的意见》中，也认为生态环境损害赔偿诉讼是基于"国家自然资源所有权"而提起的民事诉讼。②

按照这一制度逻辑，生态环境损害赔偿制度的理论基础在于"利用民法原理思考自然资源所有权的制度建设问题"，将国家所有权界定成私法所有权的一种专门类型，以物权法作为主要法律渊源。然而，将私权意义上的"自然资源国家所有权"作为生态环境损害赔偿制度的主要理论依据，不仅混淆了我国宪法上国家所有权和民法上国家所有权相互间的本质区别，使国家沦为通过占有自然资源

---

① 王金南：《关于〈生态环境损害赔偿制度改革试点方案〉的解读》，载《中国环境报》2015 年 12 月 4 日，第 2 版。

② 该《意见》第 19 点明确提出："应当认真研究基于国家自然资源所有权提起的生态环境损害赔偿诉讼案件的特点和规律"，显然是将自然资源国家所有权作为生态环境损害赔偿案件的基础。

获取利益的纯经济组织,① 将社会主义公有制意义上的"国家所有"异化为私有制意义上的个人私利,也忽视了学界对单纯从"民事权利"角度看待我国宪法上"国家所有"条款的强烈批判,忽视了"国家所有权"物权实现机制面临的诸多困境,及其与传统民法原理的诸多不相兼容之处,② 体现了实用主义的思路(为解决生态环境损害"权利人缺位"而借用民法所有权的外壳)而隐含着极大的理论缺陷。就生态环境损害的本质而言,其是对环境公共利益的破坏,所涉及的是公法问题,目的在于维护环境公共利益,只不过在这类公法中保留或者说"借用"了一些私法概念。③ 从生态学角度考察,"自然资源"不能完全涵盖生态功能,生态功能的损害表现为生态价值,自然资源损害往往表现为经济价值。④ 可见,对"物权化"的自然资源国家所有权加以简单套用,表面上解决了生态环境损害"索赔主体"的现实问题,但在法理基础和科学基础上均存在不足,给环境司法乃至环境法治的逻辑自洽性及制度整体性造成了不可忽视的漏洞。

进一步说,即使"物权化"的自然资源国家所有权能够成立,行使该"权利"的主体也不必然归属于地方政府。根据 2018 年 3 月出台的国务院机构改革方案,由新组建的自然资源部统一行使全民所有自然资源资产所有者职责,着力解决自然资源所有者不到位的问题。⑤ 根据这一顶层设计,行使自然资源国家所有权的主体是"条条"(各级自然资源部门)而非"块块"(地方政府)。机构改革的目标,正是改变传统上由地方政府事实上行使自然资源所有者职责,造成

① 王旭:《论自然资源国家所有权的宪法规制功能》,载《中国法学》2013 年第 6 期。

② 相关研究,参见谢海定:《国家所有的法律表达及其解释》,载《中国法学》2016 年第 2 期;巩固:《自然资源国家所有权公权再论》,载《法学研究》2015 年第 2 期;汪庆华:《自然资源国家所有权的贫困》,载《中国法律评论》2015 年第 3 期。

③ 相关文献,参见〔德〕克雷斯蒂安·冯·巴尔:《欧洲比较侵权行为法》(下卷),张新宝等译,法律出版社 2001 年版,第 483 页;彭中遥:《生态环境损害救济机制的体系化构建》,载《北京社会科学》2021 年第 9 期;巩固:《生态损害赔偿制度的模式比较与中国选择》,载《比较法研究》2022 年第 2 期。

④ 刘倩:《环境法中的生态损害:识别、本质及其特性》,载《环境与可持续发展》2017 年第 4 期。

⑤ 王勇:《关于国务院机构改革方案的说明》,第十三届全国人民代表大会第一次会议,2018 年 3 月 13 日。

国家利益受损、生态环境破坏等问题，① 交由单一部门（自然资源部门）加以统一行使和负责。可见，如果以"物权化"的自然资源国家所有权为基础，由地方政府作为生态环境损害的所谓"赔偿权利人"，这与前述国务院机构改革的精神不相吻合。为与当前生态文明体制改革的整体趋势相符，目前生态环境损害赔偿"赔偿权利人提起磋商-起诉"的制度设计显然需要全新角度的解释。

另外不可忽视的理论问题是：纵观生态环境损害赔偿制度的生成与发展，是通过行使最高行政权力的方式（中办、国办下发规范性文件）创造了一项新的诉讼制度，而该诉讼制度在《环境保护法》等法律法规中并没有明确规定，这事实上已经违反了我国宪法上的法律保留原则。法律保留的宗旨在于对公民基本权利的保障，即"任何对于市民自由及所有权等不可侵犯之权利的侵害，仅保留由法律对该事项之明示或默示之规定"。② 根据《立法法》相关规定，③ "诉讼和仲裁制度"属于国家的重要制度，须遵循法律保留原则而具备明确的法律依据，或得到全国人大授权而形成行政法规。由于缺乏明确法律依据，《生态环境损害赔偿制度改革试点方案》中"国务院授权"之规定显然不符合《立法法》中法律保留原则的要求。有研究即明确指出，目前生态环境损害赔偿制度面临着合法性的困境。④ 这一理论困境也亟待从整体法律秩序的角度加以解决。

二、生态环境损害赔偿制度的实践困境

从生态环境损害赔偿制度实践看，由于单纯私法意义上"损害-救济"思路而缺乏对生态环境公共性的考虑，目前"单兵突进"的生态环境损害赔偿制度无

---

① 邓琦：《组建自然资源部 有利于追责生态资源破坏》，载《新京报》2018 年 3 月 14 日，第 A05 版。

② 陈新民：《中国行政法学原理》，中国政法大学出版社 2002 年版，第 35 页。

③ 《立法法》第 11 条规定："下列事项只能制定法律：……（十）诉讼制度和仲裁基本制度"；第 12 条规定："本法第 11 条规定的事项尚未制定法律的，全国人民代表大会及其常务委员会有权作出决定，授权国务院可以根据实际需要，对其中的部分事项先制定行政法规……"

④ 郭海蓝、陈德敏：《省级政府提起生态环境损害赔偿诉讼的制度困境与规范路径》，载《中国人口·资源与环境》2018 年第 3 期。

法形成救济生态环境损害的整体性制度框架，更是面临着制度冲突与重叠的难题：就制度冲突而言，主要是在相同诉讼标的和诉讼目的情况下，如何处理其与环境公益诉讼的关系；就制度重叠而言，主要是如何处理其与环境监管执法的关系、回答"行政职权民事化"的诘问。① 有学者即指出，由行政机关（地方政府）作为原告提起生态环境损害赔偿诉讼混淆了行政权与司法权的区别，使得在环境公益领域实际上衍生出两套机制类似、功能重叠的法律程序，② 形成制度体系上的"叠床架屋"。

以生态环境损害赔偿制度的试点情况进行分析，有助于更为全面地分析这一问题。如在贵州省，2017 年 1 月，经省政府委托，省环保厅作为赔偿权利人对违法倾倒废渣的两家公司进行生态环境损害赔偿磋商，并达成赔偿协议，包括综合整治和生态修复费用 757 万元，应急处置费用 134 万元，环境损害鉴定评估费用 11 万元；2017 年 3 月 28 日，贵州省清镇市法院作出司法确认书，对该生态环境损害赔偿协议的法律效力予以确认。这是全国首份生态环境损害赔偿司法确认书。③ 针对企业的环境违法行为（未办理手续而违法倾倒废渣），本案中责任追究的方式是进行生态环境损害赔偿磋商，规范依据仅为前述《试点方案》。但考察现有立法可见，有两种方式均可以追究该环境违法行为人的责任：一是针对非法倾倒危险废弃物的违法行为，由当地环保部门进行执法追究行政法律责任，④ 二是针对该违法行为造成的环境公共利益损害，由符合条件的环保组织或检察机关提起的环境民事公益诉讼，承担相应的民事责任。⑤ 显然，在本案中，生态环境损害赔偿磋商（诉讼）与已有的环境民事公益诉讼发生了冲突，与已有的环境

---

① 侯佳儒：《生态环境损害的赔偿、移转与预防：从私法到公法》，载《法学论坛》2017 年第 3 期。

② 王明远：《论我国环境公益诉讼的发展方向》，载《中国法学》2016 年第 1 期。

③ 张杰：《首份生态环境损害赔偿司法确认书发布》，载《中国环境报》2017 年 4 月 10 日，第 8 版。

④ 《固体废物污染环境防治法》第 79 条规定："产生危险废物的单位，应当按照国家有关规定和环境保护标准要求贮存、利用、处置危险废物，不得擅自倾倒、堆放。"

⑤ 2014 年修改后《环境保护法》第 58 条规定，对污染环境、破坏生态，损害社会公共利益的行为，符合条件的社会组织可以向人民法院提起诉讼；2017 年修改后《民事诉讼法》第 55 条第 2 款规定，人民检察院在履行职责中发现破坏生态环境和资源保护、损害社会公共利益的行为，在其他机关和组织不提起诉讼的情况下，可以向人民法院提起诉讼。

行政执法产生了重叠，表面上解决了"损害者担责"的问题，但并未实现环境公益利益的整体保护，反而在一定程度上用不具严格规范效力的规范性文件"架空"了已有法律的规定及其适用，与法治精神有所违背。

另外，如何认定生态环境损害赔偿磋商的性质，及其如何与司法程序相互衔接，也是实践中暴露出的难题。对试点省（市）的实证调查表明，由于环境公益诉讼改革试点（实施机关分别为最高人民法院与最高人民检察院）与生态环境损害赔偿制度改革试点相互间的"条块分割"，与生态文明体制改革其他制度之间也缺乏统筹协调，导致基层政府对生态环境损害赔偿改革缺乏积极性。① 2017 年年底公布的《改革方案》并未解决这一问题，而是泛泛规定"生态环境损害赔偿制度与环境公益诉讼之间衔接等问题，由最高人民法院与有关部门根据实际情况制定指导意见予以明确"，实际上是回避了这一问题。这进一步暴露出当前生态环境损害赔偿制度改革在理论基础上的不充分和制度建构的不完善，急需摆脱对物权化"国家所有权"的简单套用、从新的角度重构生态环境损害赔偿制度的法理支撑。

三、基于宪法秩序的生态环境损害赔偿制度重构

为解决前文所揭示的理论与实践困境，我们需要从宪法的高度和法律秩序的整体角度重新审视生态环境损害赔偿制度，对其进行新的解释。此进路的目的在于：基于"生态文明入宪"② 所确立的宪法价值秩序与相应国家任务，以及宪法对其他部门法的辐射作用，运用"基于合宪性控制的环境善治"思路，对生态环境损害赔偿制度进行宪法解释，使我国宪法强化生态环境价值及相应规范体系在生态环境损害问责的具体过程中"效力最大化"，展示宪法教义学对法律实践的

① 於方等：《生态环境损害赔偿制度改革任重道远》，载《中国环境报》2017 年 12 月19 日，第 3 版。

② 2018 年 3 月 11 日，第十三届全国人大第一次会议审议通过了《中华人民共和国宪法修正案》，对我国现行 1982 年《宪法》进行了重要修改；"生态文明入宪"是本次修宪的重要内容之一，在宪法序言第七自然段中增加"推动物质文明、政治文明、精神文明、社会文明、生态文明协调发展"的表述。

解释性效用。正如学者所言：一个法律之所以有效力的唯一理由就是它在宪法所规定的方式下创立。① 从宪法实施的角度看，需要将本次"生态文明入宪"的规范含义，运用在环境法治的具体领域（生态环境损害赔偿），对相关争议性问题给出合理解释，进一步完善生态环境损害赔偿制度。这一从"一般原理"到"具体陈述"的演绎过程，也正是本次修宪中所增加生态文明相关条款的具体适用过程，符合法理上的规范适用要求。②

（一）生态环境损害赔偿的理论基础及宪法依据

从本质上看，"生态环境损害"是对生态环境资源的破坏或减损，生态环境损害赔偿的实质是将环境资源污染者或生态破坏者的外部成本内部化的过程，与具体的人身与财产权利损害没有直接联系。③ 大气、水、海洋、森林等环境和自然资源是不特定多数人共同享有的"公众公用物"，具有非竞争性和非排他性，不能归属于私人权利的对象，也不属于我国法律规定的公民所有财产。④ 由此，唯有将"生态环境损害"的公共性、社会性特质作为理论认识的基石及制度建构的原点，方符合生态环境损害赔偿制度的内在规律性；这也是简单套用"物权化"的自然资源国家所有权及私益救济机制致使生态环境损害赔偿制度面临困境的根本原因所在。根据现代法治国的基本精神，作为法律基本范畴的"权利"来源于个人的自然权利，是法律对个体合法权益的认可与保护，个体是权利存在的基础与前提；"关心基本权利就是关心它们所表达的个人主义"。⑤ 强调环境公共利益法律保护的重要性，并不意味着将国家作为环境公共利益的当然主体，只是因为环境利益不能由个体所独享的特质而由共同体成员所共享。⑥ 从这个意义上

① ［奥］凯尔森：《法与国家的一般理论》，沈宗灵译，中国大百科全书出版社1996年版，第175页。

② 从法理上说，只有对相关法律规范进行和谐的解释后，法律适用才是有意义的。参见［德］魏德士：《法理学》，丁小春译，法律出版社2005年版，第60页。

③ 於方等：《生态环境损害赔偿的理论基础与实施保障》，载《中国环境管理》2016年第1期。

④ 蔡守秋：《论公众公用物的法律保护》，载《河北法学》2012年第4期。

⑤ ［美］贝思·J. 辛格：《实用主义、权利与民主》，王守昌等译，上海译文出版社2001年版，第5页。

⑥ 朱谦：《环境公共利益的法律属性》，载《学习与探索》2016年第2期。

看，地方政府以赔偿权利人的身份提起的生态环境损害赔偿诉讼或磋商，显然不是为了维护某一个体的利益，也不能简单地归结为"国家"这一主体的利益，而是为了通过恢复受损的环境资源及生态系统功能来实现公众共享的环境公共利益，其提起诉讼的所谓权利并不能还原为特定的、可为单个主体所独有的环境资源，实际上是该主体（地方政府）对广大公众所承担的一种责任。正如有学者指出的，如果以实现社会秩序、维护公共利益为目的，个体行使权利的行为在本质上已经不属于权利范畴，而是对共同体的责任与义务。①

因此，基于生态环境损害的公共性特征，对生态环境损害赔偿制度的理解应当回归到以维护公共利益为宗旨的一国宪法秩序之中，将其视为国家权力积极履行国家环境保护义务、落实生态环境责任追究原则的一种方式，也是履行宪法序言第七自然段中所规定生态文明建设"国家根本任务"、实现美丽中国的题中之义。在这一意义上，国家环境保护义务的履行是有效追究生态环境损害责任、实现环境公共利益最为核心的途径，也是宪法上国家义务的本质所在。② 法教义学分析表明，我国《宪法》第26条和第9条第2款共同构成了环境保护的"国家目标条款"，对包括立法、行政、司法在内的国家公权力具有约束力，是国家环境保护义务的宪法依据。③ 同时还应注意到，我国《宪法》第9条第1款和第2款之间存在紧密联系和逻辑关联，共同构成了我国自然资源立法和实现自然资源多元价值的宪法依据。④ 为强化生态环境损害赔偿制度的法律效力，还应当将《宪法》第9条第1款"国家所有"的规定作为补充，在"宪法性公权"的意义上定位该款所规定的自然资源国家所有权，即界定为国家对自然资源利用进行积极干预的公权力，是国家意志在自然资源领域的贯彻。⑤

---

① 刘卫先：《从"环境权"的司法实践看环境法的义务本位》，载《浙江社会科学》2011年第4期。

② 国家义务是为了创设并满足有利于公民实现最美好生活的条件，履行相应的义务，恪尽相应的责任。参见蒋银华：《论国家义务的理论来源：现代公共性理论》，载《法学评论》2010年第2期。

③ 陈海嵩：《国家环境保护义务的溯源与展开》，载《法学研究》2014年第3期。

④ 焦艳鹏：《自然资源的多元价值与国家所有的法律实现》，载《法制与社会发展》2017年第1期。

⑤ 巩固：《自然资源国家所有权公权再论》，载《法学研究》2015年第2期。

综上所述，国家环境保护义务和作为"公权"的自然资源国家所有权，共同构成了生态环境损害赔偿制度的宪法依据，具体包括《宪法》第9条和第26条。这为生态环境损害赔偿制度的具体建构提供了基本框架。

（二）生态环境损害赔偿中国家权力的适当行使

可见，生态环境损害赔偿本非根源于主体针对生态环境及自然资源所拥有的"所有权"，而是为实现"美丽中国"的国家目标而对受损的环境资源及生态系统进行保护、修复，是我国生态文明建设新形势下实现国家环境保护义务的新方式、新途径。在具体适用上，关键在于如何理解《试点方案》《改革方案》中所创造"赔偿权利人"① 的概念，确认生态环境损害赔偿过程中正当行使国家权力的要求。

需要指出的是，为应对现代社会所不断涌现的公共治理问题，国家目标及其任务的履行并不仅仅由国家机关加以完成，而是在"国家-社会"关系中出现了权力多元化与社会化的发展趋势。在这一制度结构中，公共权力不仅包括国家权力，还包括社会公众和社会组织的社会权力等，同时国家权力可以通过委托或授权等方式转移给其他主体加以行使，通过多种方式对公权力履行国家环境保护义务的方式进行优化，这已经在我国环境法治的实践中得以展开。② 国家权力行使主体与方式的多元化，构成了我们理解国家环境保护义务在具体法律秩序中展开方式的制度背景，进而对生态环境损害赔偿制度中的争议问题作出解释。

所谓"赔偿权利人"的法律定位。在全国人大或常委会所制定的立法中，仅有《海洋环境保护法》对海洋环境监督管理部门"代表国家对生态环境损害责任人提出损害赔偿"进行了规定（第89条第2款），在实定法上缺乏生态环境损害赔偿的总体性法律依据。根据《立法法》的相关规定，国家机关的职权只能制

---

① 在2015年《试点方案》中，相应表述为"试点地方省级政府经国务院授权后，作为本行政区域内生态环境损害赔偿权利人"；在2017年《改革方案》中，相应表述调整为"国务院授权省级、市地级政府（包括直辖市所辖的区县级政府）作为本行政区域内生态环境损害赔偿权利人"。

② 具体论述，参见郭道晖：《权力的多元化与社会化》，载《法学研究》2001年第1期；陈海嵩：《中国环境法治中的政党、国家与社会》，载《法学研究》2018年第3期。

定法律或授权国务院制定行政法规，① 因此特定国家权力的授权行使适用严格意义的法律保留原则，即必须有明确的法律依据（包括狭义上的"法律"和"行政法规"）。显然，由于缺乏明确的法律依据而不符合宪法上法律保留原则的要求，前述《试点方案》及《改革方案》中"国务院授权"的表述不能认定为"授予国家权力并自行行使"，只能认定为特定职权的委托，即为了推进生态文明建设、实现美丽中国的国家目标，中央政府委托地方政府对本行政区域的生态环境损害问题进行责任追究并对受损生态环境予以恢复。在这一意义上，前述《试点方案》及《改革方案》中"赔偿权利人"的概念显然是受到"物权化"的自然资源国家所有权理论之影响，缺乏法理基础及规范依据，不能根据文件中"赔偿权利人"表述而当然认为相应地方政府由此获得了请求赔偿的民事权利。

生态环境损害赔偿中的行政权与司法权。在 2018 年 3 月修宪中，《宪法》第 89 条第 6 项新增国务院"领导和管理生态文明建设"的规定。从法律解释的角度看，该规定是在生态文明建设国家目标的规定基础上，进一步明确主要由国务院（行政机关）承担推进生态文明建设的职责，在一定程度上分享了生态环境保护的立法权限。② 从 2018 年修宪的整体安排看，本次修宪在原先宪法序言第七自然段的"推动物质文明、政治文明和精神文明协调发展"表述中加入"社会文明"和"生态文明"，在宪法上将生态文明建设纳入"国家根本任务"的范畴，承载了在新的历史条件下实现民族复兴与国家强盛的宪法功能，形塑了国家权力通过积极作为实现"五位一体"布局的宪法秩序。正如学者所言，国家任务是由国家及其机构来履行的公共任务，其不是来源于抽象的国家概念，而是从每个国家的宪法秩序中所导出。③ 包括生态文明在内"五位一体"国家任务的落实，就成为所有国家权力及国家机关的法定职责。从理论上定位，我国《宪法》

---

① 《立法法》第 11 条规定，下列事项只能制定法律：……各级人民代表大会、人民政府、监察委员会、人民法院和人民检察院的产生、组织和职权。该法第 12 条规定，本法第 11 条规定的事项尚未制定法律的，全国人民代表大会及其常务委员会有权作出决定，授权国务院可以根据实际需要，对其中的部分事项先制定行政法规……

② 张翔：《环境宪法的新发展及其规范阐释》，载《法学家》2018 年第 3 期。

③ ［德］施密特·阿斯曼：《秩序理念下的行政法体系建构》，林明锵等译，北京大学出版社 2012 年版，第 147 页。

第89条第6项属于对行政机关构成约束的特别宪法委托条款，类似于德国宪法教义学体系中的"宪法训令"。① 行政机关在获得宪法的特别委托后，为完成该特定任务而采取的措施相对独立于立法者的作为，可以针对迫切需要解决的问题通过"先行先试"的方式形成改革措施，以符合全面深化改革的时代需要。

可见，行政机关因其专业性、主动性而在实现国家环境保护义务、推进生态文明建设中具有特殊地位，相较于其他国家机关（立法机关、司法机关）而言发挥着更为重要的作用。因此，政府需在生态环境损害赔偿中担负主要责任；换言之，对生态环境损害行为予以问责、恢复生态系统功能，正是行政机关"领导和管理生态文明建设"的题中应有之义。为实现生态环境损害"责任严惩"之目标，首要途径是政府及其主管部门（环保部门）运用行政权力进行执法，对相关违法行为人课以行政处罚、行政强制等行政法律责任。这是由宪法上不同国家权力的分工及相应国家机关功能差别所决定的。然而还应当看到，由于我国环境立法的法律责任规定存在不系统、可操作性差等问题，行政违法责任远不足以抵消环境违法的收益，以至于出现了"守法成本高，违法成本低"的现象。2014年《环境保护法》在修订中加入"按日连续计罚"制度，目的即在于提高环境违法成本。但是研究表明，目前的按日连续计罚制度在适用范围、罚款数额等方面仍然有诸多缺陷，只能缓和却无法彻底改变违法成本低的问题。② 同时还需注意的是，传统的行政制裁手段建立在事件总体概观及事实与评价之区分上，缺失这些要素，就无法满足决策理性的要求；在不确定条件下作出的决定，就无法适用行政决定的明确性要求，这是实现环境保护与风险控制国家任务中所出现的状况。③ 可见，行政处罚、行政强制等传统秩序法意义上的行政手段隐含着行为与

① 有观点将宪法委托区分为"立法委托"和"宪法训令"两种类型。前者意味着"宪法规定明确且专属的委托由立法者来执行"，属于效力较强的、绝对的宪法委托；后者意味着某一宪法规定除了由立法者履行外，仍可由其他国家机关（行政或司法机关）达成。参见陈新民：《德国公法学基础理论》（增订新版·上卷），法律出版社2010年版，第205~207页。

② 相关文献，参见徐以祥、梁忠：《论环境罚款数额的确定》，载《法学评论》2014年第6期；鄢德奎、陈德敏：《〈环境保护法〉按日计罚制度适用问题研究》，载《北京理工大学学报（社会科学版）》2016年第6期。

③ ［德］施密特·阿斯曼：《秩序理念下的行政法体系建构》，林明锵等译，北京大学出版社2012年版，第153页。

后果之间的确定性因果关系，并通过行政合法性与合理性原则对行政权力加以控制。这就表现为立法中对行政处罚量化标准（数额、倍数或数量）的明确规定，以实现法的安定性、保障相对人权益。然而在生态环境损害中，损害行为与致害后果之间往往并不存在明确的线性因果关系，具体的受损数额及生态修复费用在很多情况下也难以得到确定标准和准确计算，而是需要通过技术方法予以评估。① 在生态学意义上看，生态系统不可能完全"恢复原状"，生态环境修复是对生态系统的人工改造及相应社会工程，涉及国家整体战略层面，因此生态环境修复责任须采取综合的创新措施加以实现。② 概言之，公法生态环境损害的公法救济存在天然缺陷与局限性；③ 从我国应对现代风险社会大规模侵权的损害救济制度实践看，行政主导型损害救济机制一直未能形成完善的赔偿规则和合理的追偿机制，亟待加以填补。④

因此，为克服单纯行政手段在生态环境损害问责上的局限性，避免生态文明建设的国家任务目标被人为落空，在一般意义上的环境执法及法律责任不足以满足特定情况下生态环境修复之需时，有必要辅之以司法手段，以个案裁量的方式予以补充，实现生态环境损害问责的"全覆盖"。该制度安排的正当性在于顺应现代行政法中权力行使方式的多样化趋势，⑤ 在传统行政手段不敷使用时通过司法方式实现行政目的。在上述制度结构中，如果政府直接对生态环境损害责任人提起所谓"损害赔偿之诉"，就意味着对自身核心职能（环境监管与执法）的放弃，也混淆了行政权与司法权在我国宪法框架中的分工，属于"公法义务与向私

① 根据环境保护部发布的《环境损害鉴定评估推荐方法（第 II 版）》，生态环境损害评估方法包括替代等值分析方法和环境价值评估方法。实践中较常运用的评估方法是"虚拟治理法"，即按照现行的治理技术和水平，评估治理排放到环境中的污染物所需要的支出，乘以相应的虚拟系数后得出生态修复费用。

② 吴鹏：《生态修复法律责任之偏见与新识》，载《中国政法大学学报》2017 年第 1 期。

③ 马腾：《我国生态环境侵权责任制度之构建》，载《法商研究》2018 年第 2 期。

④ 张力：《大规模侵权损害救济机制探析》，载《法治研究》2017 年第 1 期。

⑤ 相关文献，参见李洪雷：《中国行政法学的发展趋势——兼论"新行政法"的兴起》，载《行政法学研究》2014 年第 1 期；彭中遥：《生态环境损害赔偿诉讼的性质认定与制度完善》，载《内蒙古社会科学》2019 年第 1 期。

法逃逸"，有通过私法形式规避公法约束的危险，① 违背了宪法中的国家权力分工、逾越了行政权与司法权在宪法秩序中的功能边界而构成行政不作为。只有在穷尽行政手段仍然无法实现填补环境资源损失、恢复生态环境功能的情况下，政府提起生态环境损害赔偿诉讼方具有合理性，应视为特殊情况下政府为实现生态文明建设的宪法委托而采取的特别措施。在这一意义上，《试点方案》及《改革方案》中"赔偿权利人可直接提起诉讼"之规定在正当性上有所欠缺，需要补充更为细化的前置性要件，合理定位生态环境损害赔偿过程中的行政权和司法权。

生态环境损害赔偿磋商的法律定位。为实现行政机关在生态文明建设上所担负的特殊宪法责任，各级政府应穷尽一切手段来实现生态环境损害责任的追偿及生态环境的修复。2015 年《试点方案》中所创设的"生态环境损害赔偿磋商制度"，无疑是实现该目的的重要制度创新。2017 年《改革方案》明确了经磋商形成的生态环境损害赔偿协议具有强制执行效力，但并未明确磋商本身的法律属性问题。针对生态环境损害赔偿磋商的性质，学者们有不同观点："行政磋商说"认为地方政府与赔偿义务人之间的磋商属于行政协商手段，是行政机关借用私法领域的协商与填补机制来维护环境公共利益的新方式；②"民事磋商说"则认为该制度是一种有别于行政管理的生态环境损害救济新途径，磋商当事人尽管有一方是政府，但两者之间是平等的民事关系；达成的赔偿协议是民事合同。③

故此，生态环境损害赔偿磋商制度的合理定位，须围绕生态环境损害赔偿制度所欲实现目的而展开。正如耶林所言，法律是人类意志的产物，受到"目的律"的支配，与受"因果律"支配的自然法则有本质区别；目的是一切法律的

---

① 由于公法规范对主体的控制和约束程度较高，因此存在行政机关"向私法逃逸"、通过私法形式规避公法控制的危险，需要对此加以严格限制。参见程明修：《行政私法》，载《月旦法学教室》2002 年创刊号，第 36 页。

② 相关文献，参见黄锡生、韩英夫：《生态损害赔偿磋商制度的解释论分析》，载《政法论丛》2017 年第 2 期；张梓太：《生态环境损害赔偿纠纷处理机制探析》，载《中国环境报》2017 年 12 月 21 日，第 3 版。

③ 罗丽：《生态环境损害赔偿磋商与诉讼衔接关键问题研究》，载《武汉理工大学学报（社会科学版）》2017 年第 3 期。

创造者。① 如前所述，生态环境损害赔偿目的在于维护环境公共利益，是通过明确赔偿责任人实现生态环境修复的法律过程，其宪法依据是生态环境保护领域的国家义务，受到宪法序言中"美丽中国"建设国家目的之约束。据此，生态环境损害赔偿本质是国家权力为履行"美丽中国"国家任务而展开的制度实践，磋商只是为实现该目标其中的一个环节，尽管借用了一定的民事法律机制，但不能以表面上的"平等性"而否定生态环境损害赔偿制度的公共性本质。另外，由于涉及较大范围内的公共利益，生态环境损害赔偿磋商并非单纯双方通过协商达成合意的过程，必然须受到监督以防止环境公共利益再次受到损害，这也证明"磋商"所蕴含的公共性而非私益性。

综上所述，在法理上，生态环境损害磋商制度是为了弥补传统"命令-控制"型行政手段在责任追究范围上的缺陷，而创设的一种行政机关履行国家环境保护义务的新方式，在性质上属于行政协商，体现出现代行政"多元合作治理"的精神，也是行政机关针对生态环境损害问题予以的制度回应。根据这一制度设计，地方政府针对生态环境损害问题，拥有调查、鉴定、评估的权力，通过主动与责任者进行磋商迫使其承担完全意义上的赔偿责任；经磋商一致达成赔偿协议后，地方政府或其指定部门有权对协议执行情况进行监督。在磋商不成或责任人不履行赔偿协议的情况下，地方政府应当通过各种方式支持、鼓励符合条件的社会组织提起环境民事公益诉讼，发挥司法保障功能。只有在上述途径均无法实现的情况下，为履行行政机关在生态环境保护上的宪法责任，地方政府方可发挥"委托-代理"关系中代理方的剩余控制权，借用损害赔偿的民事规则向责任人予以追偿，是特殊情况下通过私法途径实现国家环境保护义务的特别形式。在此问题上，德国公物法上"在公法支配权下适用私法制度"的经验可资借鉴。② 如此，就将生态环境损害赔偿制度纳入了环境公共利益保护的整体框架内，具有理论一贯性和逻辑一致性。

---

① 杨仁寿：《法学方法论》，中国政法大学出版社 1999 年版，第 62~63 页。

② 参见［德］汉斯·J. 沃尔夫、奥托·巴霍夫、罗尔夫·施托贝尔：《行政法》（第 2 卷），高家伟译，商务印书馆 2002 年版，第 474~480 页。

四、总结与思考：生态环境损害法律救济的理论面向

根据党中央、国务院发布的《关于推进生态文明建设的意见》以及《生态文明体制改革总体方案》，生态环境损害赔偿作为生态环境损害法律救济的核心制度安排，是实现生态环境保护"责任严惩"的重要措施，在我国生态文明体制改革中具有重要地位。从近年来生态环境领域全面深化改革的整体进展看，在"生态文明绩效考核和责任追究"领域取得了最突出的成绩，有力地促进了政府对环保责任的履行以及环境法的实施。① 生态环境损害赔偿制度不能脱离我国生态文明体制改革的整体进程而"独善其身"，相关制度建构必须在全面深化改革"顶层设计"以及现行法律秩序的框架中加以考虑。本专题表明，"生态环境损害"的公共性、社会性特质应当成为生态环境损害赔偿制度建构以及生态环境损害法律救济的出发点，应当在以维护公共利益为宗旨的一国宪法秩序之中加以认识，将其视为国家权力积极履行国家环境保护义务的一种新的方式；相应的学术讨论也应当直面《试点方案》和《改革方案》在理论基础及内在依据上的不足，回归到公法学视域中对生态环境损害赔偿制度以及生态环境损害法律救济展开相应研讨，在"生态文明入宪"所确立的价值秩序中完善生态环境损害责任追究的制度体系，推进我国生态文明体制机制改革的深入进行。

---

① 陈海嵩：《生态文明体制改革的环境法思考》，载《中国地质大学学报（社会科学版）》2018 年第 2 期。

专题二　生态环境损害赔偿磋商制度之论争

【摘要及创新】

　　为破解"公地悲剧"所导致的"企业污染、群众受害、政府买单"僵局，党中央、国务院于2015年起开始试点并推行生态环境损害赔偿制度改革。作为该项改革的突出亮点与重大创新，生态环境损害赔偿磋商制度应运而生。从规范层面分析，赔偿磋商制度是指国务院授权的行政机关主动与环境危害行为人就生态修复启动时间、损害赔偿责任承担方式等内容进行平等磋商，旨在达成磋商协议，并确保磋商协议内容可以实现的全新环境调处模式。

　　为全面洞悉赔偿磋商制度的运行现状，本专题以2015年以来的实践数据为基础，运用实证分析方法检视了生态环境损害赔偿案件在地域分布、案件类型、索赔方式及磋商结果等方面的发展态势。据此发现，赔偿磋商制度在磋商协议争议解决机制的选择，以及其与传统行政管制、新型索赔诉讼之间的适用等问题上存在较大困顿。究其根本原因，在于理论界与实务界对于赔偿磋商法律性质的认知存在较大偏差。

从解释论视角观之，当前学界主流观点是从纯粹私法视角或特殊私法视角出发，将赔偿磋商界定为一种绝对意义上的民事行为抑或涉及公法元素的相对意义上的民事行为。这两类观点虽能在其解释论框架下揭示赔偿磋商制度的部分特征，但此举无益于完整勾勒出赔偿磋商制度之全貌。

基于生态环境损害的公共性、社会性特质，同时考虑现代行政治理体系的回应型变迁，应当从"协商行政"视域出发对赔偿磋商法律性质予以重识。依此进路即可发现，赔偿磋商的实质乃是行政机关借用平等协商之私法手段来实现救济生态环境损害之公法目标的公权行政之新样态。由此，赔偿磋商制度的发展方向须嵌入行政法维度予以综合把握。具体而言：一是构建"行政协商+行政命令+行政代履行"之"先柔后刚"的公法问责机制，实现赔偿磋商与传统行政管制的优化适用；二是废除磋商协议的司法确认模式而采非诉行政执行模式，力促磋商协议争议解决机制回归正途；三是设立"政府主导、依法实施、执法优先、司法补充"的救济规则，确保赔偿磋商与索赔诉讼的有序衔接。

专题二

生态环境损害赔偿磋商制度之论争*

  当前，生态环境损害赔偿制度改革已成为"美丽中国建设""生态文明建设"中的热点问题与瞩目焦点。为破解"公地悲剧"所导致的"企业污染、政府买单"之僵局，党中央、国务院于 2015 年印发了《生态环境损害赔偿制度改革试点方案》（以下简称《试点方案》），在重庆、云南及湖南等 7 省（市）开展相应试点工作。为巩固前期试点成果，加快构建长效机制，党中央、国务院于 2017 年印发了《生态环境损害赔偿制度改革方案》（以下简称《改革方案》），在全国范围内全面推行该项改革。在生态环境损害赔偿制度改革全面试行逼近 2 年的关键节点上，最高人民法院于 2019 年 6 月出台了《关于审理生态环境损害赔偿案件的若干规定（试行）》（以下简称《若干规定》，后于 2020 年修正），力求通过专项司法解释的形式为生态环境损害赔偿案件之审理提供明确、可操作的规范指南。为全面实现建立健全生态环境损害救济法律体系之目标，生态环境部、自然资源部等 14 部委于 2022 年 4 月联合印发了《生态环境损害赔偿管理规定》。此种从政策文件到司法解释、部委规章的规范转变，无疑向社会各界宣誓了我国力推生态环境损害赔偿制度改革的坚定决心。

  得益于上述政策文本与规范文件等相继出台，生态环境损害赔偿磋商制度（以下简称"赔偿磋商"）在我国应运而生，并依此展开了循序渐进的探索历程。然而，作为有别于传统环境行政管制与既有民事索赔诉讼的涉及生态环境损

---

  * 作者简介：彭中遥，法学博士，湖南大学法学院副教授、硕士生导师。本专题主要内容以"生态损害赔偿磋商制度的法律性质及发展方向"为题发表于《中国人口·资源与环境》2020 年第 10 期。

害救济的全新调处工具，赔偿磋商制度在试行实践与学理研讨中业已引发诸多争议。例如，赔偿磋商的法律性质究竟何在？其所遵循的到底是秉承公法规律的协商行政，抑或是遵照私法意志的自由协商？又如，行政机关究竟是以何种身份参与到赔偿磋商机制之中？倘若行政机关与环境危害行为人能够达成合意并签订磋商协议，则后续磋商协议的争议解决机制应该如何选择？再如，从我国生态环境损害救济"顶层设计"视角观之，赔偿磋商与传统环境行政管制手段，以及新型生态环境损害索赔诉讼之间的适用顺位应该如何设计？以上诸多争议，实则共同指向了赔偿磋商的法律性质这一"元问题"。但是，纵观《试点方案》《改革方案》《若干规定》的已有内容，其既未从解释论上释明赔偿磋商的法律属性，亦未从立法论上廓清赔偿磋商在我国生态环境损害救济法律体系中的合理定位，这就使得该项制度改革不仅面临着理论养分不足之境况，而且已然影响到当前试行实践工作的有效运转。故此，本专题拟就生态环境损害赔偿磋商制度的确立背景、实践样态、法律性质以及规则形塑等问题探讨之。

一、生态环境损害赔偿磋商制度的创设背景及实践样态

伴随着生态环境损害赔偿制度改革的出台与推进，赔偿磋商制度作为一项"本土内生"的环境调处工具在我国应运而生。是故，在对其法律性质予以探究之前，有必要先以破题式的方式就生态环境损害赔偿磋商制度的创设背景进行剖析，并对其试行实践样态予以检视，唯此，方可为该项新型制度法律性质、规则形塑等问题的探讨奠定坚实基础。

（一）生态环境损害赔偿磋商制度的创设背景

根据原环境保护部有关负责人的解读，党中央、国务院力推生态环境损害赔偿制度改革，创设赔偿磋商、索赔诉讼机制的理由主要有三：一是贯彻落实"环境有价""损害担责"原则的基本要求；二是政府履行法定环境保护职责的客观需要；三是弥补生态环境损害救济法制缺失的现实需求。[①] 仔细斟酌即可发现，

---

① 当代农村财经编辑部：《环保部有关负责人解读〈生态环境损害赔偿制度改革方案〉》，载《当代农村财经》2018 年第 2 期。

上述三点理由实则隐含着一个基本预设，即生态环境损害问题难以在我国既有法律框架下予以圆满解决，故此，需要创设新型的生态环境损害赔偿制度，进而借助赔偿磋商与索赔诉讼方式来实现对生态环境损害的有效填补与充分救济。依循这一解读，我们不禁会反思：在我国既有法律框架下，缘何难以圆满解决生态环境损害问题？换言之，依托传统的法律手段和环境调处工具，政府为何难以实现生态环境损害问责的"全覆盖"？

通常来说，对生态环境损害进行填补与救济，无外乎是通过刑事、民事及行政手段予以实现。是故，欲证明赔偿磋商是为弥补制度缺失而生，则须论证既有刑事、民事及行政手段在生态环境损害救济场域中存在不周延性或欠缺性。具体而言：其一，就刑事手段而言，有论者基于实证分析指出，尽管通过刑事审判能够一定程度上填补与修复受损生态环境，但在刑事判决中，生态修复的责任承担方式仅居辅助地位，而且其只能适用于构成环境刑事犯罪之情形。[1] 很显然，对于尚未构成刑事犯罪但却造成了严重生态环境损害后果的环境危害行为，刑事手段并无适用之空间。[2] 其二，就传统民事手段而言，其主要聚焦于对普通民事主体所遭受的人身伤害、财产损失之填补与赔偿，除海洋生态环境损害等特定环境要素领域外，既有环境法律缺乏关于生态环境损害预防、修复及求偿等内容的基本规定。[3] 其三，就传统行政管制手段而言，其主要侧重于对环境危害行为人行政违法行为之惩戒与规制，较大程度上忽视了生态修复、损害赔偿功能之发挥。[4] 质言之，无论是通过行政处罚、行政命令，抑或是行政强制手段，政府（行政机关）均无法强制要求行为人支付生态环境服务功能损失之费用。[5] 由此可见，长期以来，我国生态修复与损害赔偿工作存在较大的法律调处"真空"，难以实现对生态（环境）本身损害之有效填补与充分救济，此亦乃我国时常出现

---

[1] 蒋兰香：《生态修复的刑事判决样态研究》，载《政治与法律》2018 年第 5 期。

[2] 李挚萍、田雯娟：《恢复性措施在环境刑事司法实践中的应用分析》，载《法学杂志》2018 年第 12 期。

[3] 张宝：《生态环境损害政府索赔制度的性质与定位》，载《现代法学》2020 年第 2 期。

[4] 谭冰霖：《环境行政处罚规制功能之补强》，载《法学研究》2018 年第 4 期。

[5] 梅宏、胡勇：《论行政机关提起生态环境损害赔偿诉讼的正当性与可行性》，载《重庆大学学报（社会科学版）》2017 年第 5 期。

"企业污染、政府买单"僵局的根本原因。

正是认识到重大环境污染与生态破坏问题的严峻性，以及对生态环境损害进行预防与救济的必要性，我国先后修改了《民事诉讼法》（2012年修正）与《环境保护法》（2014年修订），明确赋予了环保组织和检察机关以生态环境损害索赔诉权，旨在通过环境民事公益诉讼制度之创设与运行来破解上述僵局。必须肯认，此种以私法为主导的索赔诉讼模式对我国生态环境损害救济、环境公益维护具有非常重要的价值与意义。但同时也应注意到，在此种民事索赔诉讼模式中，行政机关（尤指生态环境主管部门）并无实质意义上的介入权，其法定职责无从承担，环保专长无从发挥。由此导致的问题是，在我国环境民事公益诉讼的司法实践中，并无环保专长的法院在绞尽脑汁地进行各类技术判断，而具有环保专长优势的地方政府及有关生态环境部门却无权介入甚至是失语隐身。[①] 此种司法机关与行政机关的职责错位，既会导致司法机关浪费其宝贵的审判资源，亦会导致生态环境行政主管部门放弃其核心职责（环境监管职责），这显然违背了宪法框架下国家权力的合理分工与有效配置。正如刘艺教授所指出的那样："对于中国这样的行政管理大国而言，司法治理绝不可能替代行政管制；但其客观性、中立性可在一定程度上弥补行政治理之不足，形成国家多元治理机制的耦合。"[②] 事实上，生态环境损害救济、环境公益维护主要依靠行政管制模式来实现，此乃世界各国之普遍经验与共通做法。未来，我国也应遵循这一普遍经验与共通做法，努力构建起一种"以行政管制为主导、以索赔诉讼为兜底"的生态环境损害救济之公私法协同机制。[③]

综上分析，不难发现：在我国现行法律框架下，生态环境损害救济呈现出一种"功能性缺失"与"结构性跳跃"。其中，所谓"功能性缺失"，主要是指行政机关（政府及其指定的生态环境部门）侧重于对环境危害行为人行政违法行为之规制与惩戒，而忽视了对生态（环境）本身损害之填补与救济；所谓"结构性跳跃"，主要是指我国尚未充分发挥公法模式下各类环境行政管制措施之应有

---

① 巩固：《环境民事公益诉讼性质定位省思》，载《法学研究》2019年第3期。

② 刘艺：《环境正义的司法治理路径探索》，载《中国法律评论》2019年第2期。

③ 冯洁语：《公私法协动视野下生态环境损害赔偿的理论构成》，载《法学研究》2020年第2期。

功效，由此导致当前生态环境损害救济问题主要是依靠私法模式（环境民事公益诉讼）加以解决。① 正是为了弥补与克服此种"功能性缺失"和"结构性跳跃"，党中央、国务院先后印发了《试点方案》《改革方案》等规范性文件，明确授予有关行政机关（省级、市地级政府及其指定的生态环境部门）具有开展赔偿磋商与提起索赔诉讼的权利，力求构建起一种"主动磋商、司法保障"之生态环境损害救济的公私法协同机制。根据《试点方案》《改革方案》的明文规定，赔偿磋商制度是指在生态环境损害发生后，经调查发现受损生态环境确需修复与赔偿的，行政机关可以依照相关鉴定评估报告，与环境危害行为人就生态修复启动时间、损害赔偿责任承担方式等核心内容进行平等磋商，旨在达成磋商协议，并确保磋商协议各项内容得以全面实现的新型环境治理机制。

（二）生态环境损害赔偿磋商制度的实践样态

根据最高人民法院的官方统计，2018—2021 年，全国法院受理生态环境损害赔偿案件 311 件，审结 252 件。其中受理诉讼案件 144 件，审结 105 件；司法确认案件收案 167 件，审结 147 件。案件类型涵盖环境污染、生态破坏纠纷，案件量也有显著增长，为各类审判规则和审理程序的构建提供了司法支持和实践样本。② 笔者曾在中国裁判文书网、北大法宝网以"生态环境损害赔偿""生态环境损害赔偿磋商"为关键词，共检索到有效案件 28 起。③ 对这些案件进行分析，可将其实践样态归纳如下：

其一，就案件类型而言，在 28 起样本案件中，有 78.6% 的案件集中于与人类生产生活密切相关的水体、土壤等环境要素领域。大气污染案、生态破坏案、林地毁损案、渔业损害案、非法捕捞案、违法排污案共占比 21.4%。由此可见，我国生态环境损害赔偿案件类型较多，其广泛存在于各环境要素、生物要素及生态系统领域。

①　刘静：《论生态损害救济的模式选择》，载《中国法学》2019 年第 5 期。

②　朱宁宁：《最高人民法院推动生态环境损害赔偿制度改革》，载法治网：http：//www.legaldaily.com.cn/rdlf/content/2023-02/07/content_ 8819708.html，2023 年 5 月 1 日最后访问。

③　彭中遥：《生态损害赔偿磋商制度的法律性质及发展方向》，载《中国人口·资源与环境》2020 年第 10 期。

其二，就索赔方式而言，赔偿磋商机制已成为部分地方政府生态环境损害索赔方式之首选，在样本案件中，经过磋商程序的案件占比57.1%，直接提起索赔诉讼的案件占比35.7%。这一数据向我们揭示：尽管赔偿磋商机制已在试行实践中得以推广与应用，但仍有部分地方政府及其指定的生态环境部门未将赔偿磋商机制视为其提起索赔诉讼的必经程序，这显然有违《改革方案》所规定的"主动磋商、司法保障"之原则。当然，这一统计结果与大多样本案件受理并审结于2017年《改革方案》颁行之前存在较大关系。从试行实践情况看，行政机关除采用赔偿磋商与索赔诉讼的问责方式外，还分别在2起案件中采用了诉前调解与责令改正的问责方式（总占比7.2%）。

其三，就磋商结果以及磋商协议的争议解决机制而言，达成磋商协议的案件占比69%，磋商不成转而提起索赔诉讼的案件占比19%。一个值得关注的现象是，尽管2017年《改革方案》明确将磋商协议的争议解决方式设置为司法确认模式，但各地在试行实践中已发展出包括司法确认、公证及仲裁三种针对磋商协议的争议解决机制。例如，湖南、山东、贵州等省遵循了《改革方案》的有关规定，对磋商协议采取的是向人民法院申请司法确认的争议解决机制；又如，云南省是选择将磋商协议进行公证，以确保磋商协议获得法律上的强制执行力;① 再如，部分地方则是将磋商协议纳入仲裁程序的规制范畴。

以上分析表明，赔偿磋商制度已成为当前我国部分行政机关进行生态环境损害问责的主导方式与优先选项，而且此种制度创新已被实践证明具有目的上的正当性与功能上的有效性。从这一层面来讲，此种制度创设无疑对于改变行政机关在生态环境损害救济场域中"相对失语"与"问责无力"之境况具有重要的现实意义。但与此同时，我们也应注意到，当前我国以磋商为主导的生态环境损害赔偿制度改革之试行实践尚存较大困惑，诸如磋商协议的争议解决机制，赔偿磋商与传统行政管制以及新型索赔诉讼之间的适用关系等问题仍不甚明确。正本清源，唯有从学理上厘清生态环境损害赔偿磋商制度的法律性质，方可确保相关试行实践工作回归正途，进而为该项制度的发展与完善指明方向。

---

① 吕忠梅等:《中国环境司法发展报告（2017—2018》，人民法院出版社2019年版，第157页。

二、生态环境损害赔偿磋商制度法律性质论争聚焦

从当前试行实践情况看，生态环境损害赔偿磋商制度之运行状况难言令人满意，其表象繁荣之下暗含健康发展之隐忧，亟待加以理论澄清与制度重塑。事实上，从学理上对赔偿磋商法律性质予以精准界定，不仅关乎该项制度应有功效之发挥，而且构成该项制度相关规则设计之逻辑起点。但是，对于赔偿磋商法律性质这一"元问题"，目前理论界与实务界却深陷"莫衷一是"之泥沼，这已然影响到相关试行实践工作之有序开展。有鉴于此，下文拟从解释论视角出发，尝试对学界既有观点进行检讨与反思，并以此为基础，力求对赔偿磋商制度的法律性质予以再识别。

（一）"私法解释论"之主流论调及其缺陷

当前，理论界与实务界的主流观点均倾向于将赔偿磋商制度定性为纯粹民事私法框架下的一种新型环境治理工具。"私法解释论"的核心观点在于：将运用赔偿磋商机制的行政机关视为一般民事主体，将行政机关与环境危害行为人在磋商过程中所形成的法律关系认定为平等主体之间的民事法律关系。① 当前，这一私法解释路径已得到官方部门相当程度上的肯认。例如，最高人民法院武建华法官就认为："磋商采取平等协商方式，权利处分的合意性使磋商程序具有了私法属性，排除了行政强制性。"② 又如，生态环境部环境规划院负责人曾明确指出："磋商虽有政府参与，但并非行政法律关系而是民事性质的关系。"③

主流论调之所以钟情于对赔偿磋商采用私法解释路径，其原因主要有二：第一，中央层面暂时是将生态环境损害赔偿制度改革的学理基础归于"物权化"的

---

① 李兴宇：《生态环境损害赔偿磋商的性质辨识与制度塑造》，载《中国地质大学学报（社会科学版）》2019 年第 4 期。

② 武建华：《从五个方面完善生态环境损害赔偿磋商机制》，载《人民法院报》2018 年 9 月 12 日，第 8 版。

③ 王金南：《实施生态环境损害赔偿制度 落实生态环境损害修复责任》，载《中国环境报》2015 年 12 月 4 日，第 2 版。

自然资源国家所有权，此乃衍生赔偿磋商私法属性的重要原因之一。根据《试点方案》《改革方案》所持的基本立场，省级、市地级政府是基于"私权"意义上的自然资源国家所有权而以"生态环境损害赔偿权利人"的身份进行生态环境损害问责。依此思路，在赔偿磋商过程中，行政机关乃是"脱下制服、换上便装"的一般民事主体，其与环境危害行为人进行赔偿磋商而形成的法律关系似乎更宜界定为普通主体之间的民事法律关系。可以说，在上述推论中，自然资源国家所有权的"私法属性"以及行政机关的"私主体"面向，乃是导致赔偿磋商法律性质落入私法范畴的重要原因。第二，赔偿磋商过程中所借用的协商手段，以及所涉及的责任承担方式乃是导致主流观点陷入私法解释误判的深层次原因。正如前文所述，赔偿磋商制度之所以被认定为一项"全新的环境调处工具"，就在于其试图引入弱权性、合作性的"协商方式"，旨在通过此种柔性行权方式督促环境危害行为人主动承担生态修复与损害赔偿法律责任。在"协商乃自治、赔偿乃私法"这一传统民法思维的作用下，生态环境损害赔偿磋商制度被描绘为"赔偿权利人"（行政机关）和"赔偿义务人"（环境危害行为人）就生态修复、损害赔偿议题进行自愿协商与平等沟通的"私法化"制度图景。

以上两方面因素，共同营造出一种"公权隐而私法彰"之表象，极易造成外部观察者仅能"管中窥豹"式地窥得赔偿磋商制度的部分私法特征，而忽略了行政机关在前期调查评估与后期监督执行阶段中的公权强制色彩，进而使得"私法解释论"陷入"逻辑失恰"之境况。这里所谓的"逻辑失恰"，主要是指私法解释进路存在"行政控权上的困局"以及"手段凌驾于目的之上的解释论扭曲"。① 具体而言：其一，若依主流论调将赔偿磋商定性为民事私法行为，则作为普通民事主体（生态环境损害赔偿权利人）的行政机关完全有权依照不受约束的意思自治原则和环境危害行为人就生态修复、损害赔偿事宜进行恣意磋商，此种不受约束的任意处分权显然与生态环境损害赔偿制度改革所追求的"环境有价""损害担责"之初衷，以及行政控权的法治政府精神背道而驰。② 从理论上

① 黄锡生、韩英夫：《生态损害赔偿磋商制度的解释论分析》，载《政法论丛》2017年第1期。

② ［美］伯纳德·施瓦茨：《行政法》，徐炳译，群众出版社1986年版，第568页。

辨析，受损的环境要素、生物要素以及生态系统均承载着不特定多数人所共享的环境公共利益，具有鲜明的社会性、公共性特质。生态环境、自然资源乃典型的公众共用物，行政机关无权对其进行恣意处置。① 此种"不可恣意处置性"已然决定赔偿磋商制度无法完全归入私法自治之范畴。从这一意义上来说，在生态环境损害救济场域中，行政机关必然无法像普通民事主体一样，以"民事权利人"之身份与环境危害行为人进行任意妥协和退让，其在磋商过程中就生态修复、损害赔偿问题所作之妥协与退让须经受住正当性、合理性的拷问。② 其二，私法论者在对赔偿磋商进行法律定性时，混淆了手段与目的之间的关系，存在"手段凌驾于目的之上的扭曲"。易言之，私法论者过于关注平等协商之私法化手段，而并未兼顾到赔偿磋商的公法化目标（填补生态环境损害、维护环境公益），由此陷入将手段的法律属性等同于制度的法律属性之误区。事实上，对赔偿磋商制度进行法律定性，须紧扣该项制度所欲达至之目标予以展开。诚如德国著名法学家耶林所言："法律是人类意志的产物，目的是一切法律的创造者。"③ 从哲学视域观之，目的与手段之间是一种有所联系但又互有区别的辩证关系。就某一特定事物来说，目的对手段起支配作用，并且对特定事物的定性起决定作用。④ 具体到赔偿磋商制度而言，其目的在于填补生态环境损害、维护环境公益，而平等协商仅为实现上述目的的一种手段，我们不能因为手段外观上的"平等性"而就此否定赔偿磋商制度本身的"公共性"特质。以上分析足以表明，生态环境损害赔偿磋商制度的法律性质难以在单纯的私法框架下寻求合理解说。

（二）"双阶构造解释论"之进步与不足

正是认识到主流论调所存在的解释困境，部分学者尝试运用德国法上的双阶理论来破解上述桎梏，旨在为赔偿磋商法律性质之厘定提供一种全新思路。从历史上溯源，双阶理论最初是由德国学者伊普森于20世纪50年代所提出。该理论表面上是为解决德国政府补贴争议而引发的法律问题，实质上乃是回答如何约束

① 蔡守秋：《论公众共用自然资源》，载《法学杂志》2018年第4期。
② 王岩、魏崇辉：《协商治理的中国逻辑》，载《中国社会科学》2016年第7期。
③ 杨仁寿：《法学方法论》，中国政法大学出版社1990年版，第62~63页。
④ 严益州：《德国行政法上的双阶理论》，载《环球法律评论》2015年第1期。

借用私法形式的公权行政问题。① 1956 年，伊普森首次在其专著中系统论述了双阶理论，并运用该理论将德国政府补贴行为划分为两个阶段：一是决定阶段（政府是否向私人提供补贴），该阶段属于公法性质，适用公法规范；二是履行阶段（政府如何向私人提供补贴），该阶段属于私法性质，适用私法规范。② 此种"前阶公法、后阶私法"的复合型法律关系构造，一定程度上打破了公法与私法之间绝然分立之格局，建立起了一种兼顾多重法律关系的解释论框架。循此为进，有论者认为，我们同样可以借助德国法上的双阶理论，将生态环境损害赔偿磋商制度划分为决定（政府是否决定磋商）与履行（政府如何进行磋商）两个阶段，进而形成"行政机关-行政相对人"之行政法律关系（磋商决定阶段），以及"赔偿权利人-赔偿义务人"之民事法律关系（磋商形成及履行阶段）的双阶构造。③ 此种"一阶为公（目的）、二阶为私（手段）"的复合型法律关系，勾勒出一种"以私助公"的逻辑样态。

必须肯定，相较于单纯的私法解释路径而言，"双阶构造解释论"确有其进步之处。一方面，双阶论者将赔偿磋商制度划分为生态环境损害调查评估、磋商形成及履行两个阶段，并勾勒出了行政机关在第一阶段（调查评估阶段）中所呈现出的公权主导地位，以及行政机关与环境危害行为人在第一阶段所形成的垂直型法律关系（行政机关-行政相对人）；另一方面，双阶论者洞察到了我国创设与运行赔偿磋商制度之初衷即在于填补生态环境损害、维护环境公益，意即行政机关借用平等协商之私法手段的根本目的在于实现维护环境公益之公法目标。

然而，令人遗憾的是，"双阶构造解释论"仍混淆了手段与目的之间的关系，并由此误判了行政机关在第二阶段（磋商形成及履行）的角色定位。从本质上来说，"双阶构造解释论"并未完全脱离主流论调所秉持的私法解释路径之窠臼，因为其仅仅是将赔偿磋商界定为一种涉及公法元素的特殊私法行为。④ 很显然，

① 聂凤峻：《论目的与手段的相互关系》，载《文史哲》1998 年第 6 期。
② 张青波：《行政主体从事私法活动的公法界限》，载《环球法律评论》2014 年第 3 期。
③ 刘莉、胡攀：《生态环境损害赔偿磋商制度的双阶构造解释论》，载《甘肃政法学院学报》2019 年第 1 期。
④ 程雨燕：《生态环境损害赔偿磋商制度构想》，载《北方法学》2017 年第 5 期。

双阶论者并未成功洞见到当前全球行政民主化改革正在引领传统"命令-控制"式的强权行政模式向"合作-协商"式的弱权行政模式转变,而且公共行政场域也正在完成对公私法二元对立观念之超越。① 事实上,在公共行政场域中,我们可以适当引入私法手段作为工具依赖,以增强行政相对人对政府行政管理行为的认可度与可接受性,此举有助于公权行政目标之达成。② 据此应当明确的是,行政机关运用民事法律手段(平等协商)并吸纳既有的民事法律责任形式(损害赔偿),并非意味着行政机关放弃其公权主体角色转而以普通民事主体的身份参与其中,进而与环境危害行为人形成所谓的"民事法律关系"。换言之,行政机关对生态环境损害议题的调整并不会因私法手段之运用而丧失其公权行政属性。由此可见,双阶论者对赔偿磋商法律性质之认定(尤指第二阶段,即磋商形成及履行阶段)仍是依循私法手段视角而展开的"盲人摸象"式的片面探索,此种解释路径无助于客观揭示赔偿磋商制度之本质属性。

(三)"协商行政解释论"之提倡及证成

前文分析表明,目前学界所持之"私法解释论"与"双阶构造解释论"这两种学说均存在较大缺陷和不足,未能准确、客观地描绘出生态环境损害赔偿磋商制度法律属性之全貌。作为一项"本土内生"的环境调处工具,赔偿磋商制度的解释路径绝非困于既有学说之桎梏,简单依循制度运行中的平等协商手段就作出纯粹私法属性抑或涉及公法元素之特殊私法属性的直觉式判断,而是可以尝试超越传统公法与私法之二元对立观念,从学理上寻求一种兼采各家之长的融贯性解答。诚如盐野宏先生所言:"实体法上区分公法与私法是没有太大意义的",在公共行政场域中,行政机关并非"传送带"式地机械适用公法或私法之规定,而是可以根据具体情境选用公法或私法之手段以实现公权行政之目标。③ 是故,下文拟运用现代行政法上的"协商行政"理论,力求借此对赔偿磋商制度的复杂机理作出合理阐述。

---

① 陈可:《行政民主化发展的路径选择》,载《中国行政管理》2005 年第 7 期。
② 石佑启:《论公共行政变革与行政行为理论的完善》,载《中国法学》2005 年第 2 期。
③ [日]盐野宏:《行政法》,杨建顺译,法律出版社 1999 年版,第 35 页。

从学理上辨析，"协商行政"乃指行政机关放弃传统"命令-控制"式的环境管制方式，转而与公民、法人或其他组织进行理性商谈和平等对话，以达成共识并实现公法目标的行政治理之新样态。① 从词源上考，"协商"一词最先源于政治民主领域。1980年，西方政治学家毕塞特首次使用了"协商民主"这一概念。② 从政治学视域观之，所谓"协商"，乃指各主体以利益多元为现实基础，以公共协商为核心内容，以公共理性为基本要求，以平等合法为价值诉求，以体制机制为根本保障，通过科学、有效地辩论、讨论、对话，形成具有政治合法性的决策与立法的一种民主行权方式。③ 随后，协商民主理论蓬勃发展，并逐渐运用至公共行政场域。有论者基于历史、价值及规范层面的分析，认为可将协商行政的主要特征归为以下三点：一是合作性，即行政执法由单方意志输出（行政机关→行政相对人）转为双方意志交流（行政机关↔行政相对人）；④ 二是对话性，即在行政执法过程中，行政相对人具有陈述、申辩、质证、听证等程序性权利，行政机关与行政相对人可以通过平等对话和有效沟通来认定相关事实、化解争议焦点，进而达成统一意见；三是服务性，即政府在行政执法中的角色意识已从管理转向服务。⑤

借助映射原理进行考察，不难发现，协商行政与赔偿磋商之间具有耦合性。本专题认为，赔偿磋商制度的合作性、对话性及服务性特征可从其行政过程、行政相对人以及行政理念的回应型变迁中得以体现。具体而言：其一，行政过程：由单方意志输出到双方意志交流。从理论上来说，一项恰如其分的生态环境损害赔偿磋商协议，通常是行政机关与环境危害行为人合意之产物，而非行政机关独断之结果。现代行政法治化对应于各类主体在环境公益维护场域中理性商谈，而非由行政机关唱独角戏。⑥ 从实践情况看，赔偿磋商的过程乃是行政机关与环境

---

① 蔡武进：《行政治理视野下的行政协商》，载《北方法学》2014年第3期。

② 石国亮等：《国外政府管理创新要略与前瞻》，中国言实出版社2012年版，第76页。

③ 李后强等：《协商民主与椭圆视角》，四川人民出版社2009年版，第14页。

④ 肖金明、马明生：《关于行政执法方式与规则的思考》，载《中国行政管理》2002年第12期。

⑤ 卢剑峰：《试论协商性行政执法》，载《政治与法律》2010年第4期。

⑥ 彭中遥：《生态环境损害赔偿磋商性质定位省思》，载《宁夏社会科学》2019年第5期。

危害行为人双向意志交流之过程，而非行政机关单方意志输出之过程。赔偿磋商过程中所体现出来的协作性、合意性、弱权性等特性，相当程度上淡化了传统行政管制手段的独断色彩，亦为其赋予了某种程度上的合作秉性。其二，行政相对人：由客体到主体。在现代公共行政的法治实践中，伴随着协商民主、协商行政、多元共治等理念之兴起，作为传统行政管制客体的行政相对人，逐渐获得了主体性地位，其依法享有与行政机关进行平等对话与有效沟通的权利。① 就赔偿磋商制度而言，环境危害行为人不再是传统"命令-控制"模式下的强权行政管制之客体，而是新型"合作-协商"模式下之弱权行政的一方主体，其可围绕生态修复与损害赔偿问题提供事实依据、发表自身观点，并具有就上述问题与行政机关进行对话与沟通的权利。② 其三，行政理念：由管理转向服务。近年来，随着生态文明建设的推进与现代行政生态化改革的深化，我国政府的角色逐步由管理者向服务者蜕变，其理念也由"管得更多"向"服务更优"转变。③ 早在2003 年，党的十六届三中全会就明确强调要"增强政府服务职能"。2017 年，党的十九大将"建设人民满意的服务型政府"设立为我国行政体制改革的重要内容和基本方向，并明确提出"中国社会主要矛盾已经转化为人民日益增长的美好生活需要和不平衡不充分的发展之间的矛盾"。④ 事实上，"人民日益增长的美好生活需要"就包括"民主、法治、公平、正义、安全、环境等"，而满足人民关于生态环境的美好生活需要也正是各级政府"以人为本""以人民为中心""为人民服务"的崇高义务。就此意义上而言，生态环境损害赔偿磋商制度正是为了"建设人民满意的服务型政府""履行国家环境保护义务"所进行的环境法律制度创新。

综上分析，协商行政与赔偿磋商具有高度契合性，据此可将生态环境损害赔偿磋商认定为一种兼具权力柔化与平等协作机理的协商性行政执法行为。循此为

① ［德］汉斯·J. 沃尔夫、奥托·巴霍夫、罗尔夫·施托贝尔：《行政法（第二卷）》，高家伟译，商务印书馆2002 年版，第205 页。

② 王莉、许微：《生态环境损害赔偿磋商制度法律属性的再识别》，载《河南财经政法大学学报》2023 年第1 期。

③ 江国华：《行政转型与行政法学的回应型变迁》，载《中国社会科学》2016 年第11期。

④ 江必新：《贯彻十九大精神 加快行政法治建设》，载《求索》2018 年第1 期。

进，即可判断：行政机关与环境危害行为人之间经由赔偿磋商所形成的法律关系，并非主流论者所主张的绝对意义上的民事法律关系抑或涉及部分公法元素的相对意义上的民事法律关系，而是"柔性行政"下的行政法律关系。① 事实上，以前期调查评估、中期赔偿协商以及后期监督执行为界分，对赔偿磋商制度之全程作三阶段考察亦可发现，行政机关与环境危害行为人之间的赔偿磋商乃是在前期行政调查、后期行政执行的公权背景下予以展开，因此可以说，生态环境损害赔偿磋商之实质乃是一种体现弱权性、合作性的协商行政行为。基于上述认识，我们可将赔偿磋商制度视为行政机关为实现维护环境公共利益之公法目标，而运用平等协商之私法手段的行政权行使之新样态。

三、生态环境损害赔偿磋商制度的规则形塑

在厘清了赔偿磋商制度的公权行政属性后，我们即可在"协商行政"视域下就该项制度的规则形塑与应然面向予以探讨。对此，我们需要着重思考如下三个问题：一是生态环境损害赔偿磋商与传统环境行政管制之间应该如何进行优化适用？二是赔偿磋商协议的争议解决机制应该如何选择？三是生态环境损害赔偿磋商与索赔诉讼之间应该如何实现有序衔接？下文将对这三个问题探讨之。

（一）生态环境损害赔偿磋商与传统环境行政管制之优化适用

前文分析表明，赔偿磋商制度中的"协商"并非主流论者所主张的纯粹私法意义上的民事商谈，而是暗藏公权行使的权威色彩。是故，我们应当将赔偿磋商定性为一种柔性行政执法行为。此种柔性行政执法乃是以"沟通"为前提、以"话语"为核心的过程，具有灵活性、非强制性、可选择接受性等特征。② 当然，在柔性行政执法过程中，我们理应处理好行政赋权与行政控权之间的关系，以防止生态环境利益被"贱卖"或"高估"。

其实，除赔偿磋商这一柔性行政执法方式外，我国现行立法也确立了与之相

---

① 张锋：《我国协商型环境规制构造研究》，载《政治与法律》2019年第11期。
② 刘福元：《政府柔性执法的制度规范构建》，法律出版社2012年版，第53页。

对的刚性行政执法方式，意即通过行政强制来追究环境危害行为人的生态修复与损害赔偿法律责任。一个值得深思的问题是：既然行政磋商与行政强制均为垂直型法律关系背景下公权行使之具体方式，那么二者之间的适用关系应当如何设计？对于这一问题，我国《行政强制法》（2011 年）给出了明确答案。具言之，《行政强制法》第 5 条明文规定："采用非强制手段可以达到行政管理目的的，不得设定和实施行政强制。"据此，二者间理应是"先柔后刚"的适用关系。申言之，若行政机关通过柔性执法方式（行政磋商）能够与环境危害行为人达成一致意见并签订磋商协议，且环境危害行为人依法全面落实赔偿磋商协议内容的，则无须适用刚性执法方式（行政强制）；若行政机关通过柔性执法方式（行政磋商）无法与环境危害行为人达成一致意见，或者因客观原因无法进行磋商的，则可适用刚性执法方式（行政强制）。需要特别说明的是，此处所讨论的"行政强制"特指《行政强制法》第 2 条第 3 款所规定"行政强制执行"，并不包括该条第 2 款所规定的"行政强制措施"。从规范依据与实务操作层面看，我国环境行政强制执行乃是以相对人不遵守行政命令为前提；换言之，唯有相对人不遵守行政命令，行政机关方可运用行政代履行措施，自行或委托第三人代为履行生态修复或损害赔偿法律责任。由此可见，伴随着赔偿磋商这一柔性行政执法方式的创设与运用，行政命令、行政强制等传统的环境行政管制方式已由政府生态环境损害问责的必然选项渐变为或然选项，① 甚至是后置选项。

综上所述，在生态环境损害救济场域中，我们理应建立起"先柔后刚"的公法问责机制，并依照"行政磋商+行政命令+行政代履行"的行政追责机制有序推进。必须承认与明确的是，上文所设计之生态环境损害责任行政追究机制（行政磋商+行政命令+行政代履行）仅仅为一种理想状态与应然选择。从现行立法情况看，我国远未在环境保护场域中建立起此种综合性的生态环境损害预防与救济之公法体系，而仅仅是在部分环境单行法中零星规定了生态环境部门可在特定情形下运用责令修复（环境行政命令）、代为修复（环境行政代履行）的权限。很显然，在上述公法救济机制尚未完全建立或无从发挥作用时，私法救济机制（环境民事公益诉讼、生态环境损害赔偿诉讼）可发挥补充性、兜底性

---

① 余凌云：《行政法讲义》，清华大学出版社 2010 年版，第 6 页。

作用。

(二) 生态环境损害赔偿磋商协议执行保障机制之适恰选择

正如前述，行政机关与环境危害行为人之间经由赔偿磋商所形成的法律关系，乃是"柔性行政"下的行政法律关系，故二者合意所达成之磋商协议亦应属行政契约之范畴。依照通说，行政契约是指行政主体为实现公权行政管理之目标，而与行政相对人就有关公共管理事项协商一致所达成之协议。① 按照约定内容之不同，行政契约在我国大致可划分为公务管理契约、公务协作契约、公务委托契约等五类。② 有学者基于映射原理之考察，发现磋商协议与行政契约在主体、客体、目的及效果"四要件"上具有高度耦合性，由此得出了生态环境损害赔偿磋商协议乃行政契约之一种的结论。③ 这一论断亦与最高人民法院于 2019年年底出台的《关于审理行政协议案件若干问题的规定》（法释〔2019〕17 号）之第 1 条不谋而合。

既然生态环境损害赔偿磋商协议隶属于行政契约之范畴，那么磋商协议的争议问题理应嵌入行政法维度加以解决。然而现实情况却是，《改革方案》《若干规定》均明确赋予行政机关可就磋商协议向人民法院申请司法确认的行权路径。④ 事实上，除司法确认路径外，试行实践中还出现了公证与仲裁之主张。本专题认为，无论是司法确认路径，抑或是公证与仲裁之主张，其均非磋商协议争议解决机制之适恰选择。其理由很简单：依照我国《人民调解法》（2010 年）第1 条、《民事诉讼法》（2017 年修正）第 194 条、《公证法》（2017 年修正）第 2条、《仲裁法》（2017 年修正）第 2~3 条，以及《最高人民法院关于人民调解协议司法确认程序的若干规定》第 4 条之规定，司法确认、公证及仲裁这三种路径的适用范围仅限于平等主体之间所产生的民事法律关系。很显然，具有行

---

① 杨解君：《论契约在行政法中的引入》，载《中国法学》2002 年第 2 期。

② 邢鸿飞：《试论行政契约的分类及形式》，载《南京大学法律评论》2003 年第 2 期。

③ 郭海蓝、陈德敏：《生态环境损害赔偿磋商的法律性质思辨及展开》，载《重庆大学学报（社会科学版）》2018 年第 4 期。

④ 陈俊宇、徐澜波：《生态环境损害赔偿磋商协议之性质厘定与司法效果》，载《当代法学》2022 年第 6 期。

政契约属性的磋商协议并非民事法律关系之范畴，其理应回归至行政法维度加以调整。

具体来说，双方经由合意签订磋商协议后，环境危害行为人既未在法定期限内申请行政复议或提起行政诉讼，亦未按协议约定之方式与期限履行生态修复或损害赔偿责任的，则属违约。此时，行政机关可依具体情形选用不同方式（行政代履行、申请法院非诉强制执行）确保磋商协议内容之实现。从试行实践情况看，磋商协议中关于环境危害行为人的责任承担方式主要有行为责任（实施生态修复行为）与经济责任（负担损害赔偿费用）两种。依照我国《行政强制法》第 50 条、第 53 条之规定，对于环境危害行为人拒不承担行为责任（生态修复责任）的，生态环境部门则可适用行政代履行制度修复受损的生态环境，再由相关责任人承担代履行费用；对于环境危害行为人拒不承担经济责任（损害赔偿责任）的，生态环境部门则可申请法院强制执行。如此安排与设计，即可有效克服现有三种路径（司法确认、公证、仲裁）的合法性危机，进而符合磋商协议行政契约之本质属性。

（三）生态环境损害赔偿磋商与索赔诉讼之有序衔接

除赔偿磋商制度外，索赔诉讼制度（环境民事公益诉讼、生态环境损害赔偿诉讼）亦为我国生态环境损害救济法律机制的重要组成部分。在生态环境损害救济法律机制的整体框架下，一个必须直面的问题是：如何实现赔偿磋商与索赔诉讼两项制度之间的有序衔接？应当明确的是，关联制度衔接问题之探讨须以单项制度法律性质之精准识别为前提。在生态环境损害救济场域中，索赔诉讼的司法性毋庸赘述，故而探讨上述衔接问题之关键即在于明确赔偿磋商的法律性质。前文已述，从本质上说，赔偿磋商乃是行政机关借用平等协商之私法手段来实现维护环境公益之公法目标的公权行使之新样态（协商性行政执法行为）。换言之，赔偿磋商具有公权行政之本质属性。据此，本专题关于赔偿磋商与索赔诉讼衔接问题之学理探讨，亦可转换为生态环境损害救济场域中行政权与司法权适用关系的一般问题。

从权力来源看，我国行政权与司法权具有"同宗性"，意即行政机关与司法机关均由人民代表大会选举产生，并对其负责、受其监督。① 但是，在公共事务管理的具体实践中，行政权与司法权之间往往又呈现出一种互有分工、相互配合的关系，即二者实属"同宗之下的相互分开"。② 从学理上辨析，行政权与司法权之间"相互分开"的关系主要包含以下两种具体类型：一是"平行制约"关系。在此种关系中，赔偿磋商与索赔诉讼同时作用于生态环境损害救济场域的共同对象（环境危害行为人），二者对于生态修复与损害赔偿事宜的调处属于一种平行互动、共同制约之关系。事实上，2015 年《试点方案》就是采用的这一模式。根据《试点方案》的有关规定，行政机关既可先行主张生态环境损害赔偿磋商，亦可跳过磋商程序直接对环境危害行为人提起生态环境损害索赔之诉。二是"递进制约"关系。在这一模式下，赔偿磋商与索赔诉讼存在孰先孰后的顺位设计，并且处于后一顺位的救济机制对于前一顺位的救济机制具有程序上的制约性。③ 仔细查阅 2017 年《改革方案》以及 2019 年《若干规定》即可发现，其均采取的是"递进制约"模式。申言之，赔偿磋商乃是索赔诉讼之必经前置程序，唯有双方经磋商未达成一致意见或因客观原因无从磋商时，行政机关方可转而提起生态环境损害索赔之诉。

两相权衡之下，本专题认为，赔偿磋商与索赔诉讼的衔接模式更宜采用后者（即"递进制约"模式）。其理由主要有二：其一，在生态环境损害救济场域中，赔偿磋商与索赔诉讼具有规制对象的共同性（均为环境危害行为人），以及权力行使主体的同一性（均为行政机关）。因此，赔偿磋商与索赔诉讼之间不可能存在绝对意义上的"平行制约"关系（即行政机关在同一时刻同时运用磋商与诉讼两种手段来救济生态环境损害），而理应是一种相对平行、相互制约的交叉关系。其二，"平行制约"模式虽凸显了制约的双向性，但却一定程度上忽略了制

---

① 应松年：《行政诉讼法》，中国政法大学出版社 2012 年版，第 43 页。

② 彭涛：《司法权与行政权的冲突处理规则》，载《法律科学（西北政法大学学报）》2016 年第 6 期。

③ 刘启川：《诉讼外行政权与司法权的关系构造及其路向》，载《现代法学》2015 年第 2 期。

约的递进性，而且暗藏着行政执法与司法救济之间相互扯皮、互不买账之隐患。从应然层面讲，生态环境损害救济场域中行政权与司法权之间的适用关系也并非是绝然平行，而理应是存在先后之分的"递进制约"关系。① 诚如王明远教授所言，行政权理应作为生态环境损害救济、环境公益维护的第一道防线，而司法权更宜退居二线，通过司法监督与纠错程序扮演好最后一道防线之角色。② 由此可知，行政权与司法权之间的合理分工应当是"由行政权负责填补与救济生态环境损害、再由司法权负责监督行政权依法履行职责"之图式。③

循此为进，为充分发挥行政权在生态环境损害救济场域中的优势地位与主导作用，避免生态环境损害问题的解决陷入"击鼓传花"之窘境，未来我国有关立法有必要对《改革方案》《若干规定》所确立的"递进制约"模式予以吸纳与巩固，明确规定"赔偿磋商前置、索赔诉讼御后"的衔接关系与顺位规则。④ 如此安排与设计，即可充分发挥赔偿磋商的前置性调处功能以及索赔诉讼的后续性补强作用，并确保二者间形成良性互动与有序衔接，从而最大程度上发挥两项制度之合力。依此分析，未来我们理应尽量发挥磋商制度在应对生态环境损害赔偿问题上的作用。具言之，倘若环境危害行为人与行政机关经磋商能够达成一致意见，并且自愿履行磋商协议内容的，则大可不必遁入索赔诉讼程序；唯有双方经磋商未能达成一致意见或因客观原因无从磋商时，行政机关方可转而提起索赔诉讼，借助司法判决之方式实现生态环境损害问责的"全覆盖"。对于环境危害行为人虽与行政机关达成磋商协议，但又出现拒绝（全部拒绝/部分拒绝）生态修复或损害赔偿给付义务时，有关行政机关则可依据笔者前文所设计之磋商协议的争议解决机制，视具体情境选用行政代履行或申请法院强制执行的方式确保磋商协议内容之实现。

---

① 韩英夫、黄锡生：《生态损害行政协商与司法救济的衔接困境与出路》，载《中国地质大学学报（社会科学版）》2018 年第 1 期。

② 王明远：《论我国环境公益诉讼的发展方向》，载《中国法学》2016 年第 1 期。

③ 林莉红：《论检察机关提起民事公益诉讼的制度空间》，载《行政法学研究》2018 年第 6 期。

④ 彭中遥：《我国生态环境损害赔偿制度的立法选择》，载《干旱区资源与环境》2019 年第 8 期。

基于以上分析，笔者建议，未来我国在生态环境损害救济场域中应当明确规定"政府主导、司法补充、赔偿磋商优先、索赔诉讼兜底"的运行规则，并在赔偿磋商与索赔诉讼之间采用一种"递进制约"的衔接模式。据此，我们理应将生态环境损害救济法律机制的核心放在包括赔偿磋商在内的环境行政执法手段上，同时发挥环境行政公益诉讼制度对有关行政机关的监督、督促作用，而索赔诉讼仅能作为"替补队员"发挥兜底性、补充性作用。[①] 此外，就赔偿磋商与索赔诉讼的具体衔接流程而言，可以依循发出索赔（磋商）函、达成赔偿磋商协议、提起生态环境损害索赔诉讼（环境民事公益诉讼、生态环境损害赔偿诉讼），以及给付生态环境损害赔偿相关费用等步骤稳步推进。

四、结　　语

实现"绿色发展"、推进"美丽中国建设"是十八大以来全国人民所努力追求的目标，生态环境损害赔偿制度改革正是党中央、国务院为实现这一目标而出台的重大改革举措。作为该项改革的重要组成部分，生态环境损害赔偿磋商制度顺势而生，并在我国展开了循序渐进的探索历程。从试行实践情况看，该项制度之创设与运用虽在一定程度上扭转了过去行政机关在生态环境损害救济场域中"相对失语"之境况，但囿于法律属性上的学理纷争，赔偿磋商制度既未在实践中发挥其应有功效，亦未实现与现有环境法律制度之间的有效衔接。为此，急需对赔偿磋商法律属性予以重识，并以此为基础对其法律制度予以重塑。

前文分析表明，对于赔偿磋商法律性质之识别，理应将其置于现代行政治理范式的回应型变革，以及公法与私法日趋交融的大背景下予以展开。循此为进，即可将赔偿磋商的本质定性为：行政机关借用平等协商之私法手段来实现维护环境公益之公法目标的公权行政之新样态。鉴此，未来我国赔偿磋商制度的发展须嵌入"公权行政"视域下予以综合把握。具体而言，应当通过立法构建"先柔

---

① 彭中遥：《论政府提起生态环境损害赔偿诉讼的制度空间》，载《华中科技大学学报（社会科学版）》2021年第4期。

后刚"的公法问责机制,适用磋商协议的非诉行政执行程序,同时确立"行政处理优先、索赔诉讼兜底"的衔接规则。唯此,方可实现生态环境损害救济场域中行政权与司法权之"归位",并确保生态环境损害赔偿磋商制度朝着规范化、法治化之路迈进。

专题三　生态环境损害赔偿诉讼制度之论争

【目录】

【摘要及创新】

　　生态环境损害赔偿诉讼制度乃是我国中央层面为确保政府有效履行环境保护职责，"自上而下"所创设的一项极具政党意志色彩的特殊司法救济机制。从当前实践情况看，我国生态环境损害赔偿诉讼的运行实效难言令人满意，其中一个重要原因即在于该项新型诉讼的基础理论问题尚不明晰。因此，有必要从学理上对生态环境损害赔偿诉讼的法律性质、理论基础、规范进路等问题予以分析和阐释。

　　首先，就生态环境损害赔偿诉讼的法律性质而言，目前学界主要存在"国益诉讼说""私益诉讼说""混合诉讼说""公益诉讼说"四类观点。上述四类观点均具有一定程度上的合理性，但同时也存在其固有局限性，未能完整、准确地揭示出生态环境损害赔偿诉讼的本质所在。笔者认为，鉴于生态修复与损害赔偿法律责任的实质乃是一种"公法责任"，而生态环境损害赔偿诉讼兴起之根由则在于弥补政府传统行政管制手段在生态环境损害填补责任方面的不足，意即借助诉讼之方式实现对行为人生态环境损害问责之"全覆盖"；据此，可将生态环境损害赔偿诉讼定性为一种"官告民"的行政执法诉讼（又可称为"公法诉讼"）。

其次，就生态环境损害赔偿诉讼的理论基础而言，理应从生态环境的公共性、社会性特质出发，对我国《宪法》第9条、第26条进行体系化解读，进而将宪法层面的国家环境保护义务与公权意义上的自然资源国家所有权作为行政机关提起生态环境损害赔偿诉讼的理论权源。循此为进，即可将生态环境损害赔偿诉讼视为行政机关在特殊情形下履行国家环境保护义务的一种新方式、新途径。此种制度设计与安排，既是行政机关与司法机关进行合作之有益尝试，亦是"两害相权取其轻"之理性选择，此乃该项新型诉讼制度法治运行逻辑之所在。

最后，就生态环境损害赔偿诉讼的体系定位与规范进路而言，应当明确的是，作为一种成本高昂、个案操作的司法救济机制，生态环境损害赔偿诉讼必然无法成为一种可普遍适用的常规手段，而是迫不得已时才出场的"兜底选项"。因此，未来我国应环境法典编纂或专项公益诉讼法的制定为契机，借此廓清与厘正该项新型诉讼在整个生态环境损害救济法律机制中的定位，明确生态环境损害救济场域中行政权与司法权之间的主辅关系，协同运用行政执法、赔偿磋商、索赔诉讼等多种手段来实现"损害担责""绿色发展"之目标。同时，依照"政府主导、依法实施、执法优先、司法补充"的原则对既有各项法律救济机制进行优化适用与有效整合，这是我国生态环境损害赔偿制度改革的发展方向所在。

专题三

生态环境损害赔偿诉讼制度之论争[*]

　　生态环境损害赔偿诉讼制度乃是党中央、国务院为确保政府有效履行环境保护职责、稳步推进生态文明体制改革而创设的极具政党意志色彩和国家政策导向的一项特殊的司法救济机制，具有目的上的正当性与功能上的有效性。然而，从司法实践情况看，我国生态环境损害赔偿诉讼之试行效果与运行现状却难言令人满意，其在司法实践中业已暴露出诸多问题。[①] 其中一个重要的原因，即在于该项诉讼的诸多基础理论问题尚不明晰。甚至有学者明确指出，行政机关作为原告起诉环境危害行为人的制度设计罔顾基本法理，此种标新立异的做法并不可取。[②] 很显然，在此背景下，我们有必要对生态环境损害赔偿诉讼进行学理反思与法理阐释，力求借此为我国生态环境损害赔偿制度改革的稳步推进，以及相关司法实践工作的有效运行提供正当性与合理性支撑。

　　笔者以为，从法理学视角观之，一方面，生态环境损害赔偿诉讼所蕴含的本质属性（公法诉讼）符合我国生态环境损害救济工作之客观需求；另一方面，生态环境损害赔偿诉讼仰赖的理论基础（国家环境保护义务、公权意义上的自然资源国家所有权理论）契合我国环境法治建设之核心要义。是故，在重大（造成严重生态环境损害后果）、必要（传统行政管制不能）之特定情形下，行政机关提

---

　　* 作者简介：彭中遥，法学博士，湖南大学法学院副教授、硕士生导师。本专题的核心观点以"生态环境损害赔偿诉讼的性质认定与制度完善"为题发于《内蒙古社会科学》2019 年第 1 期。本专题在该文的基础上做了较大幅度的改动。

　　① 王旭光：《论生态环境损害赔偿诉讼的若干基本关系》，载《法律适用》2019 年第 21 期。

　　② 林莉红：《论检察机关提起民事公益诉讼的制度空间》，载《行政法学研究》2018 年第 6 期。

起生态环境损害索赔诉讼并不存在学理上的障碍。为更为系统、全面地揭示生态环境损害赔偿诉讼的法理意涵，下文拟从法律性质和理论基础两个层面对该项新型诉讼予以法理分析。

一、生态环境损害赔偿诉讼制度法律性质论争聚焦

生态环境损害赔偿诉讼具有公权主导性、磋商前置性以及公益维护性等多重特征。那么，生态环境损害赔偿诉讼的法律性质究竟何在？其与既有的（由特定民事私主体所提起的）环境侵权诉讼和（由环保组织或检察机关所提起的）环境民事公益诉讼又有何不同？上述问题之回答直接关涉我国生态环境损害赔偿诉讼的实践运行规则及未来发展方向，具有重大的实践价值与理论意义。然而，纵观现行法律、有关司法解释以及规范性文件，我们却无法找到关于生态环境损害赔偿诉讼法律性质的明确答案。通说认为，在现行诉讼制度之逻辑体系下，环境诉讼在性质上大体有环境行政诉讼、环境民事诉讼以及环境刑事诉讼之分。[①] 根据《生态环境损害赔偿制度改革方案》（以下简称《改革方案》）的有关表述[②] 即可判断，当前中央层面是将生态环境损害赔偿诉讼归为民事诉讼之范畴。循此为进，大多学者从诉讼目的或保护法益的视角出发，进而形成了"国益诉讼说""私益诉讼说""混合诉讼说""公益诉讼说"四类观点。下文拟对这四类观点进行梳理与评析，并试图在此基础上对我国生态环境损害赔偿诉讼的法律性质作出更为科学、合理的界定。

（一）"国益诉讼说"的提出及缺陷

所谓"国益诉讼说"，是指生态环境损害赔偿诉讼在本质上是一种以维护国家利益为导向的诉讼。这一观点，经由吕忠梅教授的认可与使用后，现已成为一种具有一定代表性与影响力的观点。具体而言，持此种观点的学者认为，生态环

---

① 付荣、江必新：《论私权保护与行政诉讼体系的重构》，载《行政法学研究》2018 年第 3 期。

② 《改革方案》"四、工作内容"部分规定："磋商未达成一致的，赔偿权利人及其指定的部门或机构应当及时提起生态环境损害赔偿民事诉讼。"

境损害赔偿诉讼既非由普通民事私主体所提起的环境私益诉讼，也非既有司法实践中由环保组织或检察机关所提起的环境民事公益诉讼，而是行政机关以维护国家利益为导向对环境危害行为人所提起的国益诉讼。① 其理由在于：有关行政机关是基于自然资源国家所有权而提起生态环境损害赔偿诉讼，而在目前的制度框架下，传统私益诉讼的主体（个人、集体组织）与既有环境民事公益诉讼的主体（环保组织、检察机关）显然无法成为自然资源国家所有权人之当然代表，故其无法基于自然资源国家所有权而对环境危害行为人提起生态环境损害索赔之诉。② 据此，持"国益诉讼说"的学者认为，生态环境损害赔偿诉讼明显有别于传统的环境私益诉讼与既有的环境民事公益诉讼，其本质上是一种以维护国家利益为目标和导向的国益诉讼。

从表面上看，"国益诉讼说"似乎具有一定道理，但细加斟酌不难发现，该学说至少在以下三个方面存在较为明显的缺陷：

第一，未能准确反映生态环境损害赔偿诉讼的真正目的。如前所述，持"国益诉讼说"的论者认为，生态环境损害赔偿诉讼乃是行政机关基于自然资源国家所有权而提起的一项维护国家利益的诉讼。那么，行政机关提起生态环境损害赔偿诉讼之目的究竟在于维护国家利益（自然资源的经济价值），③ 还是在于维护环境公共利益（自然资源之上所附着的生态价值）？根据《改革方案》关于"生态（环境）损害"的定义即可判断，生态环境损害特指生态环境本身之损害。我国党中央、国务院推行生态环境损害赔偿制度改革之初衷即在于填补生态环境损害、维护环境公益，而非保护自然资源之上所蕴含的经济利益（国家利益）。

第二，混淆了国家利益与公共利益之间的关系。应当明确的是，环境公益并不属于国家利益之范畴。事实上，对于人类而言，自然资源既具有资源要素属性，又具有环境要素属性。根据我国《宪法》（2018 年修正）第 9 条以及《民法

① 源于吕忠梅教授在"2018 年度中国环境资源法治高端论坛会议"上的发言，其发言题目为"生态损害赔偿诉讼中的问题与对策"。

② 吕忠梅：《为生态损害赔偿制度提供法治化方案》，载《光明日报》2017 年 12 月 22 日，第 2 版。

③ 肖建国：《利益交错中的环境公益诉讼原理》，载《中国人民大学学报》2016 年第 2 期。

典》物权编的有关规定，具有经济价值的资源要素大多可归为国有，但法律却并未规定具有生态价值的环境要素也应归属于国家所有。蔡守秋教授曾撰文明确指出：大气、水流、海洋、森林等环境要素乃不特定多数人可排他性使用的"公众共用物"，其具有排除国家所有之权限。① 据此可知，环境公共利益乃不特定多数人所享有的生态利益，意即社会公益之一种，其明显有别于国家利益。② 是故，以维护环境公共利益为目标的生态环境损害赔偿诉讼并非国益诉讼。

第三，会不恰当地限缩生态环境损害赔偿诉讼的适用范围。依照我国《宪法》（2018 年修正）第 9 条之规定可知，并非所有的自然资源均可归于国家所有，还有一部分自然资源归于集体组织所有。从理论上说，环境危害行为既可能造成国家所有的自然资源遭受损害，亦可能导致集体组织所有的自然资源遭受损害。倘若将生态环境损害赔偿诉讼视为行政机关基于自然资源国家所有权而提起的所谓的"国益诉讼"，那么对于集体组织所遭受的自然资源损害，行政机关显然无法对其提起索赔诉讼。这样一来，必然会极大程度上限缩生态环境损害赔偿诉讼的适用范围，进而导致该项诉讼之司法实践无法涵盖《改革方案》所规定的全部适用情形。以上分析表明，将生态环境损害赔偿诉讼定位为国益诉讼之观点不甚合理。

（二）"私益诉讼说"的诠释及评价

"私益诉讼说"认为，生态环境损害赔偿诉讼与一般意义上的环境侵权诉讼并无二致，故应将该项诉讼定位为一种私益诉讼。具体来说，持此种观点的学者又有两种不同的理由：一种理由认为，应当以自然资源国家所有权的权属性质为基础，依此来认定生态环境损害赔偿诉讼的法律性质。例如，有学者认为："自然资源国家所有权具备的私权属性决定了生态环境损害赔偿诉讼属于特殊的私益诉讼。"③ 又如，有论者指出，就其本质而言，自然资源国家所有权乃是全民所

---

① 蔡守秋：《论公众共用物的法律保护》，载《河北法学》2012 年第 4 期。

② 彭中遥：《生态环境损害赔偿诉讼的性质认定与制度完善》，载《内蒙古社会科学》2019 年第 1 期。

③ 王树义、李华琪：《论我国生态环境损害赔偿诉讼》，载《学习与实践》2018 年第 11 期。

有制在法律上的体现，具体表现为国家以普通民事主体身份对其依法所有之物享有的所有权。① 国家（国务院）授权省级、市地级政府作为本行政区域内的"生态环境损害赔偿权利人"，上述主体在自然资源国家所有权维度下理应回归于私法意义上的民事主体身份，② 故其对所有权之享有、行使及救济理应受到民事法律之规制。依此理解，即可将生态环境损害赔偿诉讼归于环境民事私益诉讼之范畴。另一种理由则认为，应当以起诉主体与诉讼标的之间是否存在"直接利害关系"为标准来认定诉讼的法律性质。根据原最高人民法院有关负责人的解读，省级、市地级政府均可成为自然资源国家所有权人之代表，在国家所有的自然资源遭受侵害与破坏时，本行政区域内的省级、市地级政府显然有权对危害行为人提起生态环境损害索赔之诉，此时两者之间具有"直接利害关系"。③ 正是基于这一考虑，部分学者认为可将生态环境损害赔偿诉讼认定为一种私益诉讼。

上述两种理由的落脚点均在于，省级、市地级政府是以普通民事主体的身份出现在生态环境损害赔偿诉讼中。换言之，上述主体是基于维护其私益（国家所有的自然资源之经济利益）而提起的生态环境损害赔偿诉讼，故而与一般民事主体因维护其人身权益或财产权益而提起的环境侵权诉讼并无本质差异。④ 乍一看，"私益诉讼说"似乎确有其合理之处，但该观点至少存在以下三个方面的问题：

其一，未能正确认知生态环境损害赔偿诉讼所欲保护与救济的对象。具体而言，环境私益诉讼所保护的对象乃是特定民事私主体所享有的个人利益，其拟救济以环境为媒介而导致的特定民事主体所遭受的人身伤害、财产损失以及精神损害为目的。而生态环境损害赔偿诉讼所欲救济的对象乃指受损生态环境本身所蕴含着的生态利益，意即以填补与救济受损的环境公共利益为根本目标。事实上，

---

① 郭海蓝、陈德敏：《省级政府提起生态环境损害赔偿诉讼的制度困境与规范路径》，载《中国人口·资源与环境》2018 年第 3 期。

② ［俄］M. H. 马尔琴科：《国家与法的理论》，徐小晴译，付子堂审校，中国政法大学出版社 2010 年版，第 36 页。

③ 奚晓明主编：《最高人民法院关于环境民事公益诉讼司法解释理解与适用》，人民法院出版社 2015 年版，第 27 页。

④ 黄萍：《生态环境损害索赔主体适格性及其实现》，载《社会科学辑刊》2018 年第 3 期。

《改革方案》已明确将"涉及人身伤害、个人和集体财产损失"等环境私益损害排除在生态环境损害赔偿制度的适用范围之外。这一规定实则表明,生态环境损害赔偿诉讼所救济的乃是生态环境本身之损害,而非传统环境侵权法所救济的私益损害。

其二,未能准确厘清自然资源国家所有权的权属性质。目前,学界尚未对自然资源国家所有权的法律属性达成基本共识。就自然资源国家所有权的法律属性而言,学界至少存在"国家所有制说""公权说""双层构造说""三层结构说"等不同观点。在自然资源国家所有权的法律属性尚无明确定论之背景下,简单将其界定为一项私法所有权,不仅忽视了国家所有权物权实现机制所存在的弊端,而且还混淆了宪法上国家所有权与民法上国家所有权之间的本质区别。很显然,将"物权化"的自然资源国家所有权作为生态环境损害赔偿诉讼的理论基础,将会给我国环境司法体系的逻辑自洽性带来诸多漏洞与缺陷。

其三,对生态环境损害赔偿诉讼之目的认识存在偏差。如前所陈,持"私益诉讼说"的学者认为,作为所有权人的各级政府(有关行政机关)与受损自然资源的经济价值之间存在"直接利害关系",故可依此认定生态环境损害赔偿诉讼乃是行政机关基于维护自身利益之考量而提起的私益诉讼。对此观点,笔者难以认同。其理由很简单:生态利益并非行政机关的自身利益,行政机关提起生态环境损害赔偿诉讼的最终目标并非维护国家所有的受损自然资源之上的财产权益,而是为了维护全民所共享的环境公共利益。显而易见,从以上三个方面的问题来看,将生态环境损害赔偿诉讼界定为一项私益诉讼同样存在较大的认识偏差。

(三)"混合诉讼说"的缘由及批判

除"国益诉讼说"与"私益诉讼说"之外,还有部分学者认为,应当依据双重标准来认定生态环境损害赔偿诉讼的法律性质,进而将该项诉讼界定为一种"混合诉讼"。具体而言,持"混合诉讼说"的论者认为,生态环境损害赔偿诉讼兼具私益与公益两种属性。一方面,行政机关是作为自然资源国家所有权之代表者的身份而提起生态环境损害索赔之诉,鉴于自然资源国家所有权的私权属性,故而该项诉讼难免具有私益性;另一方面,行政机关提起生态环境损害赔偿诉讼的目的仍在于填补生态环境损害、维护环境公益，故而该项诉讼也必然具有公益性。① 据此，持"混合诉讼说"观点的学者明确指出，我们不能简单地将生态环境损害赔偿诉讼归为私益诉讼或公益诉讼之一种，更为妥当的做法是将该项新型诉讼理解为一种公私混杂的诉讼类型。

不难发现，"混合诉讼说"在试图采取一种折中主义路线，分别从自然资源国家所有权的私权属性，以及生态环境损害赔偿诉讼的公益目标出发，进而将该项新型诉讼界定为一种公私交错的诉讼类型。客观地讲，这一学说确实洞察到了行政机关提起生态环境损害赔偿诉讼的最终目标，但其并未准确揭示出自然资源国家所有权的本质属性所在。本专题认为，依据双重标准而采用"二分法"来界定生态环境损害赔偿诉讼的法律性质，不仅不甚合理，而且在司法实践中也不具备基本的可操作性，如此理解，甚至还会使该项诉讼的本质属性变得更为纷繁复杂。因此，笔者认为"混合诉讼说"之观点亦不可取。

（四）"公益诉讼说"的进步与不足

持"公益诉讼说"的论者认为，生态环境损害赔偿诉讼在本质上仍属一种环境民事公益诉讼。具体来说，"公益诉讼说"又可划分为"普通公益诉讼说"与"特殊公益诉讼说"两类观点。

一方面，持"普通公益诉讼说"的学者明确指出，"尽管自然资源国家所有权具有一定的私权属性，但是判断诉讼性质之关键仍在于诉讼目的"，"倘若一项诉讼所救济的利益主要为公共利益，这就决定了该项诉讼的公益性"。② 必须肯认，生态环境损害赔偿诉讼创设与运行之最终目标，即在于有效填补生态损害、维护环境公益。因此，仅从诉讼目的视角看，将生态环境损害赔偿诉讼界定为一项典型的环境民事公益诉讼并无疑义。但是，"普通公益诉讼说"却将行政机关提起生态环境损害赔偿诉讼的权源归于"物权法"意义上的自然资源国家所有

---

① 宋丽容：《生态环境损害赔偿与社会组织公益诉讼之衔接》，载《中国环境管理干部学院学报》2018年第5期。

② 源于李挚萍教授在"第二届崇明世界级生态岛环境司法研讨会"上的发言，其发言题目为"生态损害赔偿制度的司法适用"。

权。就这一点而言，笔者难以认同。①

另一方面，部分论者站在"普通公益诉讼说"的基础上，提出了"特殊公益诉讼说"之观点，意即认为生态环境损害赔偿诉讼是一种具有一定特殊性的环境民事公益诉讼。② 例如，李浩教授曾撰文指出，从本质上来说，生态环境损害赔偿诉讼确实是一种公益诉讼，因为该项新型诉讼与既有的（由环保组织或检察机关提起的）环境民事公益诉讼在诉讼目的、原因行为以及诉讼请求等方面具有同质性；但与此同时，上述"两诉"在原告主体、适用范围以及前置程序等方面也存有显著差异。③ 有鉴于此，李浩教授明确提出：理应将生态环境损害赔偿诉讼定性为环境民事公益诉讼的一种特殊类型。

笔者认为，相较于"国益诉讼说""私益诉讼说""混合诉讼说""普通公益诉讼说"而言，李浩教授等学者所主张之"特殊公益诉讼说"的观点确实颇具解释力。因为该观点不仅准确释明了生态环境损害赔偿诉讼的根本目的之所在（即填补生态环境损害、维护环境公益），而且正确指出了生态环境损害赔偿诉讼与既有环境民事公益诉讼在原因行为、诉讼请求等方面具有高度相似性，同时还客观地揭示出了上述"两诉"在原告主体、适用范围以及前置程序等方面存在的显著差异。必须肯定，"特殊公益诉讼说"乃是学界对于生态环境损害赔偿诉讼法律属性认知与定性的一大进步。

事实上，仅从生态环境损害赔偿诉讼之最终目的及其所欲救济的法益来看，将该项诉讼界定为一种环境民事公益诉讼确无问题。如果一定要说这一观点还有什么不足之处的话，就在于其尚未认识到生态环境损害赔偿诉讼具有融合民事公益诉讼与行政监管执法的"混血"特征，即并未将该项新型诉讼界定为一种"公法诉讼"。正如王明远教授所指出的那样，行政机关提起生态环境损害索赔之诉的制度设计，虽在表面上模仿了民事公益诉讼程序，但其内核上却是行政执法程序；具言之，在生态环境损害赔偿诉讼案件中，行政机关是扮演"发起者"或

---

① 鉴于前文已列明反对的具体理由，故此处不作赘述。

② 林莉红、邓嘉詠：《论生态环境损害赔偿诉讼与环境民事公益诉讼之关系定位》，载《南京工业大学学报（社会科学版）》2020年第1期。

③ 李浩：《生态损害赔偿诉讼的本质及相关问题研究》，载《行政法学研究》2019年第4期。

"索赔者"之角色,将环境案件提交给司法机关,而司法机关负责"纠问"环境危害行为人并推进整个诉讼程序,同时全程借助行政资源指导和参与生态修复与损害赔偿工作。① 对于这一论述与判断,笔者深表认同。循此为进,本专题认为从本质上说,生态环境损害赔偿诉讼并非民事侵权诉讼,而是一种"官告民"的行政执法诉讼,② 是党中央、国务院授权有关行政机关在特殊情形下可运用的一种环境行政监管之新途径、新方式。

（五）"公法诉讼说"之提倡及证成

前文梳理表明,目前学界所持有的"国益诉讼说""私益诉讼说""混合诉讼说"这三类观点均存在较大的解释缺陷与不足,未能准确、客观地描绘出生态环境损害赔偿诉讼法律属性之全貌。相较于上述三类观点而言,"公益诉讼说"（尤其是"特殊公益诉讼说"）已经有了非常明显的进步,其不仅准确释明了生态环境损害赔偿诉讼的根本目标在于维护环境公益,而且从原告主体、适用范围以及前置程序等方面厘清并说明了该项新型诉讼与既有环境民事公益诉讼制度之间的显著差异。是故,笔者认为,倘若仅从诉讼目的及救济法益的视角看,将生态环境损害赔偿诉讼界定为一项"公益诉讼"无疑是相当正确的。

然而,必须注意的是,学界既有的"公益诉讼说"是将生态环境损害赔偿诉讼定位为一项"民事侵权诉讼",忽略了该项新型诉讼所具备的"行政执法"的典型特征。从这一意义上来说,既有的"公益诉讼说"仍存在其缺陷与不足。③ 为破解上述"侵权诉讼论"的困顿与不足,同时考虑到生态环境赔偿诉讼具有融合民事公益诉讼与行政执法的"混血"特征,笔者更倾向于将生态环境损害赔偿诉讼定位为一种"公法诉讼"。易言之,"环境民事公益诉讼"只是其外观与表象,"公共执法"才是其本原所在。

---

① 王明远:《论我国环境公益诉讼的发展方向》,载《中国法学》2016 年第 1 期。
② 关于环境执法诉讼的有关论述,参见巩固:《生态环境损害赔偿诉讼与环境民事公益诉讼关系探究》,载《法学论坛》2022 年第 1 期;辛帅:《我国环境执法诉讼制度的矫正》,载《学习与探索》2019 年第 3 期。
③ 关于其缺陷与不足的论述,参见侯佳儒:《生态环境损害的赔偿、转移与预防:从私法到公法》,载《法学论坛》2017 年第 3 期;谭冰霖:《环境行政处罚规制功能之补强》,载《法学研究》2018 年第 4 期。

依照学界通说，传统行政管制手段在环境公益维护场域之不足乃是生态环境损害赔偿诉讼制度兴起之根由。从实践情况看，我国传统的行政处罚、行政命令以及行政强制等行政管制手段无法实现对生态环境损害的有效填补与充分救济。正是为了弥补传统行政管制手段之不足，生态环境损害赔偿诉讼制度才应运而生。从本质上说，政府环境行政管制能力不足仅仅是一个有待通过立法补强的技术性问题，我们通过相关立法强化行政机关的管制职责以及创设具有损害填补功能的行政法律责任即可大体上解决这一问题。是故，生态修复与损害赔偿法律责任之落实与实施，这"与谁来发动无关，也不必然是民事责任，更不一定要通过诉讼来实现"。① 在环境保护场域，对环境公益损害之填补通常体现为对生态环境本身（环境公益之客观载体）的治理和修复，其具体可细化为"生态修复"或"金钱赔偿"的责任承担方式。诚如冯·巴尔教授所指出：生态修复与损害赔偿问题实质上是一个公法问题，只不过在这类公法中涉及一些私法概念。② 因此，生态修复与损害赔偿责任理应首先借助公法的力量来实施与履行。从过往实践看，生态修复与损害赔偿法律责任的实施与运行往往需要巨大人力、物力及财力的投入，复杂修复与赔偿方案的制定，较大时空范围的运作与管理，以及巨额资金的使用与监管等因素，故而由本就具有环境保护职责且具备相关专业能力的监管者运用行政权来实施显然更为高效便捷。③ 因此，环境案件中生态修复和求偿事宜的"监管者"或者说"索赔者"通常为各级人民政府及其指定的有关生态环境行政管理部门。

事实上，环境公益靠公法救济，此乃世界各国之普遍经验与共通做法。但是，在我国公法框架尚未完全建立以及在公私法日渐交融的时代背景下，创设并运用生态环境损害赔偿诉讼制度也不失为一种权宜之计与有效探索。一方面，从"顶层设计"视角看，生态环境损害赔偿诉讼乃党中央、国务院为落实"损害担责"原则而尝试改良传统诉讼构造与规则之产物，此举旨在引入司法力量弥补行政执法之不足，使行政机关与司法机关共同肩负起"填补生态环境损害、维护环

① 巩固：《环境民事公益诉讼性质定位省思》，载《法学研究》2019年第3期。
② ［德］冯·巴尔：《欧洲比较侵权行为法（下卷）》，张新宝等译，中国法制出版社2010年版，第79页。
③ 巩固：《环境民事公益诉讼性质定位省思》，载《法学研究》2019年第3期。

境公益之职责"，使诉讼承担起"执行社会政策之角色"，此乃现代国家"民事诉讼社会化"之重要内容。① 另一方面，从制度生成方式上看，党中央、国务院是先行通过《改革方案》等政策性文件的方式，明确规定了国务院授权的部委或省级、市地级政府及其指定的有关行政机关具有提起生态环境损害索赔之诉的主体资格，旨在赋予政府（行政机关）更多手段来治理与解决生态环境损害问题。由此可见，生态环境损害赔偿诉讼实则是一种自上而下的"公法私法化"之产物，必须将其置于我国环境法治中"政党-国家-社会"的理论框架下进行有效理解与合理解释。② 依此分析，可以判断：生态环境损害赔偿诉讼从表象上看，确实是一种原告主体较为特殊的"环境民事公益诉讼"，但其实质上乃是一种"公法诉讼"，③ 是党中央、国务院赋予有关行政机关在特定情形下履行其环境监管职责的重要手段。

综上所述，生态环境损害赔偿诉讼的法律性质并不能被学界既有的"国益诉讼说""私益诉讼说""混合诉讼说""公益诉讼说"有效归纳与精准概括。本专题认为，从本质上来说，生态环境损害赔偿诉讼实则是一种披着环境民事公益诉讼"外衣"的"公法诉讼"，是我国政府（行政机关）在特殊情况下为履行国家环境保护义务（职责）、实现生态文明建设之宪法目标而采取的特别行政执法措施。

二、生态环境损害赔偿诉讼制度理论基础论争聚焦

在明确了生态环境损害赔偿诉讼的法律性质后，我们还需对该项新型诉讼的理论基础问题予以精准识别。那么，行政机关提起生态环境损害赔偿诉讼的理论基础究竟何在？对于这一问题，实务界与理论界可谓是众说纷纭，至今仍未达成基本共识。从学理上分析与归纳，大致可将既有观点概括为"私权意义上的自然资源国家所有权说""公民环境权说""国家环境保护义务说"三大类。下文拟

---

① 王福华：《民事诉讼的社会化》，载《中国法学》2018 年第 1 期。
② 陈海嵩：《中国环境法治中的政党、国家与社会》，载《法学研究》2018 年第 3 期。
③ 晋海、许正豪：《生态环境损害赔偿诉讼法律性质新论》，载《河海大学学报（哲学社会科学版）》2022 年第 4 期。

对这三类观点予以梳理与评析，在此基础上，力求准确识别我国生态环境损害赔偿诉讼的理论基础。

（一）私权意义上自然资源国家所有权理论解释进路之不能

目前，关于行政机关因何可以提起生态环境损害索赔之诉这一问题，实务界与理论界大多是从自然资源国家所有权理论出发，将私权意义上的自然资源国家所有权视为生态环境损害赔偿诉讼的理论基础。具体而言，首先从实务界看，根据《最高人民法院关于充分发挥审判职能作用为推进生态文明建设与绿色发展提供司法服务和保障的意见》第 19 项①规定可知，最高人民法院所持的基本立场是将生态环境损害赔偿诉讼认定为民事诉讼之范畴，政府是以"民事权利人"的身份参与其中，具体是依据我国《民法典》中所规定的"自然资源国家所有权"而提起该项诉讼。质言之，政府是以"私主体"之身份基于"私权"意义上的自然资源国家所有权而提起的生态环境损害赔偿诉讼。其次，从理论界看，部分论者认为，自然资源国家所有权具有私权属性，国家乃自然资源所有权之当然代表，当其所有的自然资源遭受侵害而导致环境损害或经济损失时，政府理应有权依据私权意义上的自然资源国家所有权而要求环境危害行为人承担相应的民事赔偿责任。②

不可否认，上述解释路径具有一定的合理性，但其合理性背后却蕴含着一大前提，即自然资源国家所有权乃是私法上一项完整的所有权，其以《民法典》物权编的有关规定作为其规范依据。换言之，国家是以"民事权利人"之身份，依据物权法律规范对其所有的自然资源享有占有、使用、收益及处分等民事权利。③ 然而，从既有研究成果看，学界尚未就自然资源国家所有权的属性达成基本共识，除"私权说"之外，学界至少还存在着"国家所有制说""公权说"

---

① 《意见》第 19 项规定："积极探索省级政府提起生态环境损害赔偿诉讼案件的审理规则……认真研究此类基于国家自然资源所有权提起的生态环境损害赔偿诉讼案件的特点和规律。"

② 王树义、李华琪：《论我国生态环境损害赔偿诉讼》，载《学习与实践》2018 年第 11 期。

③ 康京涛：《生态环境损害政府民事索赔的困境及出路》，载《法治论坛》2019 年第 2 期。

"双层构造说""三层结构说"等不同观点。其中，"国家所有权制说"认为，自然资源国家所有权乃国家财产制之重要组成部分，从宪法维度看，其实质是一种国家权力（管理权），而非自由财产权；① "公权说"认为，自然资源国家所有权乃国家对于公共资源的一种"公权性支配"，其实质在于对自然资源利用之"积极干预"权，目的在于保障并实现对自然资源的合理利用；② "双层构造说"认为，纯粹的"私权说"与"公权说"均未揭示出自然资源国家所有权的完整特征，从理论上反思可证，自然资源国家所有权实则蕴含着"宪法所有权-民法所有权"的双阶构造；③ 而"三层结构说"则认为，自然资源国家所有权具有公法权能（国家对于自然资源的立法权、管理权及收益分配权）、私法权能（物权法上的所有权）以及宪法义务（国家应当为全体人民的利益而行使其公法权能与私法权能）的三层构造。④ 在自然资源国家所有权属性尚无明确定论之背景下，简单将其界定为一种私法所有权，并将其作为行政机关提起生态环境损害赔偿诉讼的理论权源，不仅会混淆宪法上国家所有权与民法上国家所有权之间的本质区别，而且忽视了国家所有权物权实现机制所面临的困局，同时还存在着逻辑难以自洽、诉讼性质难以明辨，以及不符合自然资源资产产权制度改革趋势等诸多漏洞。具体而言：

　　首先，将私权意义上的自然资源国家所有权作为生态环境损害赔偿诉讼的理论基础，不仅会极大程度上限缩该项诉讼的适用范围，而且存在着逻辑上难以自洽的问题。在上述救济思路中，生态环境损害实则是通过自然资源损害予以间接体现。依此逻辑，生态（环境价值）损害乃自然资源（经济价值）损害之"反射利益"。然而，从生态学视角考察，自然资源无法完全涵盖生态环境，而且自然资源损害也并非生态环境损害之全部内容与完整体现。换言之，国家对自然资源的所有权并不能完全涵盖对生态环境的所有权。这就会导致行政机关基于自然资源国家所有权而提起的生态环境损害索赔之诉存在较大的救济"盲区"与"真空"，无法适用于《改革方案》所规定的全部情形。此处以大气为例试说明

---

① 徐祥民：《自然资源国家所有权之国家所有制说》，载《法学研究》2013年第4期。
② 巩固：《自然资源国家所有权公权说再论》，载《法学研究》2015年第2期。
③ 税兵：《自然资源国家所有权双阶构造说》，载《法学研究》2013年第4期。
④ 王涌：《自然资源国家所有权三层结构说》，载《法学研究》2013年第4期。

之。大气乃一种典型的环境要素，《改革方案》亦明确将大气环境的不利改变，以及大气所构成生态系统的功能退化纳入其适用范围。但由于大气具有流动性、扩散性及边界模糊性等内在特性，同时又不具备物的独立性、特定性及可支配性等特征，因而我们无法将大气视为物权意义上的客体，亦难以将其归为自然资源之一种。从这一意义上讲，我们难以借由物权遭受侵害来追究大气污染者的生态环境损害赔偿责任。易言之，当发生大气污染事故时，行政机关无法基于自然资源国家所有权理论对大气污染者提起生态环境损害赔偿诉讼。与此同时，需要说明的是，依照我国《宪法》（2018 年修正）的有关规定可知，并非全部的自然资源均属国家所有，在特定情形下，集体经济组织也可成为自然资源的所有人。《改革方案》将我国"生态环境损害赔偿权利人"局限于省级、市地级政府，并明确上述主体可以依据自然资源国家所有权理论提起生态环境损害赔偿诉讼的制度设计，有抹杀集体经济组织的索赔主体资格之嫌。[1] 这不禁令人反思：即便国家天然可以作为环境公共利益之当然代表，难道集体经济组织或自然人所有的自然资源就不具备生态服务功能？如果政府可以基于私权意义上的自然资源国家所有权而提起生态环境损害赔偿之诉，缘何集体经济组织或自然人无法依此思路（基于其私权意义上的所有权）而提起索赔诉讼？显然，上述诘问难以在现有制度逻辑下予以合理解答。

其次，将"物权化"的自然资源国家所有权作为行政机关提起生态环境损害索赔之诉的理论基础，必然会导致该项诉讼的法律性质更加难以明辨。正如前文所述，一方面，生态环境损害赔偿诉讼具有填补生态损害之公益性的诉讼目的；另一方面，中央层面暂时是将生态环境损害赔偿诉讼的理论基础归为私权意义上的自然资源国家所有权。正是由于诉讼目的的公益性取向以及请求权基础的私权性特征，导致学界对于生态环境损害赔偿诉讼法律性质之认识陷入至"国益诉讼说""私益诉讼说""混合诉讼说""公益诉讼说"之学术纷争。对于一项尚属试行与探索阶段的新型诉讼制度，倘若无法对其法律性质进行清晰界定，必将严重影响到该项新型诉讼制度的顺利构建与健康运行。

---

[1] 史玉成：《生态环境损害赔偿制度的学理反思与法律构建》，载《中州学刊》2019 年第 10 期。

最后，退一步讲，即便可将私权意义上的自然资源国家所有权作为生态环境损害赔偿诉讼的理论基础，提起该项诉讼的适格原告也不必然为省级、市地级政府及其指定的生态环境主管部门。① 根据《生态文明体制改革总体方案》《国务院机构改革方案》《关于统筹推进自然资源资产产权制度改革的指导意见》的有关规定，② 由国务院授权的自然资源管理部门具体代表统一行使全民所有自然资源资产所有者职责，借此明确自然资源资产产权主体，并加大对生态修复的支持力度。根据这一制度安排，行使自然资源国家所有权的主体理应是各级自然资源管理部门，而非省级、市地级政府以及生态环境主管部门。③ 由此可见，倘若将"物权化"的自然资源国家所有权视为该项诉讼的理论基础，却规定由省级、市地级政府及其指定的有关行政机关（生态环境部门）作为生态环境损害赔偿诉讼的原告主体，这显然不符合上述生态文明体制改革与国务院机构改革之初衷。为与我国自然资源资产产权制度改革与国务院机构改革之整体发展趋势相符，我们急需为生态环境损害赔偿诉讼寻找新的理论基础。

（二）公民环境权理论解释进路之无力

正是认识到私权意义上自然资源国家所有权理论所存在的解释困境，不少学者试图运用环境权理论来破解上述桎梏，旨在为行政机关提起生态环境损害赔偿诉讼提供新的诉权来源与理论基础。④ 环境权概念之出现最早可以追溯至二十世纪六七十年代，是回应当时世界范围内环境公害事故频发、人们环境保护热情日

① 自然资源部法规司发布的《2020 年自然资源法治工作要点》明文提及："探索推进民事公益诉讼。在积极配合检察机关开展行政公益诉讼的同时，研究探索开展自然资源领域民事公益诉讼和生态环境损害赔偿诉讼。"这一工作安排可在一定程度上验证此处所归纳之结论。

② 例如，《关于统筹推进自然资源资产产权制度改革的指导意见》规定："（五）明确自然资源资产产权主体。推进相关法律修改，明确国务院授权国务院自然资源主管部门具体代表统一行使全民所有自然资源资产所有者职责。研究建立国务院自然资源主管部门行使全民所有自然资源资产所有权的资源清单和管理体制……"

③ 陈海嵩：《生态环境损害赔偿制度的反思与重构》，载《东方法学》2018 年第 6 期。

④ 张宝：《生态环境损害政府索赔权与监管权的适用关系辨析》，载《法学论坛》2017年第 3 期。

益高涨局面之理论产物。① 吕忠梅教授曾指出，传统环境侵权责任法在生态环境损害救济场域中存在其固有局限性，为弥补传统民事法律制度在环境保护问题上的缺陷与不足，环境权这一概念顺势而生。② 从学理上辨析，我国学界关于环境权概念之界定存有广义与狭义之分。其中，广义上的环境权是指环境法律关系主体（国家、法人或个人等）就其赖以生存、发展的环境所享有的基本权利与承担的基本义务；③ 而狭义上的环境权特指公民环境权，具体指公民对于环境的使用权、知情权、参与权，以及当环境受到侵害时向有关部门请求保护环境的权利。④ 张文显教授曾在对权利义务进行分类时，明确将环境权列入人类权。⑤ 可以说，这一论断具有相当正确的成分。纵观学界已有的关于环境权之研究成果，几乎均是从 1972 年《联合国人类环境会议宣言》中有关环境权的文字表述出发，对其加以阐释分析，进而将其作为支持或反对环境权提法之主要依据。⑥ 依照《联合国人类环境会议宣言》中"共同原则"部分第 1 条规定可知，环境权乃是一项基本人权，其特指公民享有在美好、健康及舒适环境中生存与发展的权利。

循此为进，有学者以环境权的基本人权属性为基点，将行政机关提起生态环境损害赔偿诉讼的理论基础归为公民环境权。⑦ 申言之，环境权的基本人权属性，要求国家必须采用多种方式、穷尽一切手段来为其国民提供更加美好、健康及舒适的环境，这也就导致国家有义务对受损的生态环境予以有效填补与充分救济。据此，亦有论者明确指出，就生态环境损害赔偿法律制度而言，正是国家为了回应和保障公民环境权，通过制度创新（赔偿磋商与索赔诉讼）来落实其环境

---

① 傅剑清：《论环境公益损害救济》，中国社会科学出版社 2017 年版，第 64 页。

② 吕忠梅、窦海阳：《以"生态恢复论"重构环境侵权救济体系》，载《中国社会科学》2020 年第 2 期。

③ 蔡守秋：《从环境权到国家环境保护义务和环境公益诉讼》，载《现代法学》2013 年第 6 期。

④ 吕忠梅：《再论公民环境权》，载《法学研究》2000 年第 6 期。

⑤ 张文显：《法学基本范畴研究》，中国政法大学出版社 1993 年版，第 103 页。

⑥ 徐祥民：《环境权论》，载《中国社会科学》2004 年第 4 期。

⑦ 张梓太、程飞鸿：《索赔与问责：生态环境损害赔偿制度设计的两难选择》，载《中国应用法学》2019 年第 1 期。

保护义务（对生态环境损害进行有效填补与充分救济）之有益尝试。① 依照上述逻辑，行政机关提起生态环境损害赔偿诉讼的理论基础乃在于公民环境权，而非私权意义上的自然资源国家所有权。易言之，在生态环境损害赔偿诉讼中，行政机关乃是公民环境权之"代言人"，而非国家自然资源之"所有人"。概言之，行政机关是基于保障和维护公民环境权而提起的生态环境损害索赔之诉。

细加斟酌即可发现，上述分析思路实则是遵循了"公民环境权-国家环境保护义务"之论证逻辑。换句话说，是由保障公民环境权而衍生出国家应当履行其环境保护义务（具体是通过提起生态环境损害赔偿诉讼的方式）。从表面上看，上述理论基础（公民环境权）以及论证思路（"公民环境权-国家环境保护义务"）确有一定合理性，其似乎可以为行政机关提起生态环境损害赔偿诉讼提供正当性来源。② 然而，上述论证思路实则存在逻辑链条断裂之情形。从现有立法规范与学理研究看，公民环境权理论过于模糊、抽象，其权利客体与权利内容均难以在立法上予以明确，学理上甚至存有不少相互矛盾与互有冲突之处，因而我们很难将号称"法外之权"的公民环境权独立地视为一项法定的基本权利，更遑论对其进行类型化界分或司法化保护。③ 由此可见，在现行法律框架下，"公民环境权-国家环境保护义务"的逻辑关系难以证成。④ 综上分析，笔者认为，公民环境权理论亦难以成为我国生态环境损害赔偿诉讼的理论基础。

（三）国家环境保护义务理论之提出及阐释

鉴于私权意义上的自然资源国家所有权、公民环境权理论存在的固有局限性，有论者另辟蹊径地指出，我们应当从生态环境的公共性、社会性特质出发，站在宪法的高度与环境法律制度整合的视角对生态环境损害赔偿诉讼的理论基础予以重新审视，进而基于宪法上的国家环境保护目标条款对该项诉讼的理论基础

① 张宝：《生态环境损害政府索赔权与监管权的适用关系辨析》，载《法学论坛》2017年第3期。

② 蔡守秋：《从环境权到国家环境保护义务和环境公益诉讼》，载《现代法学》2013年第6期。

③ 陈慈阳：《环境法总论》，中国政法大学出版社2003年版，第92页。

④ 陈海嵩：《国家环境保护义务的溯源与展开》，载《法学研究》2014年第3期。

作全新解释。① 笔者对此解释进路予以认同，并撰文对其予以论述。② 从理论上说，此种解释进路之目的在于：基于宪法对各部门法的统摄作用，以及宪法规定对其他法律规范的辐射效应，力求在宪法层面寻找支撑行政机关提起生态环境损害索赔之诉的规范依据，从而展示宪法教义学对环境法律制度创新（生态环境损害赔偿制度）的解释性功效。诚如凯尔森教授所言："一项法律制度之所以具有效力的唯一理由即在于它是以宪法规定之方式所创立。"③ 据此，我们可以尝试对我国 2018 年宪法修正案之"生态文明入宪"条款进行规范解读，并将其所蕴涵的宪法价值秩序和相应的国家环境保护义务理论运用至环境法律制度的具体领域（生态环境损害赔偿制度），借此明确行政机关提起生态环境损害赔偿诉讼的理论基础。可以说，此种从"宪法规范"到"具体制度"演绎路径，④ 符合法理学上法律适用之基本要求。

如前所陈，生态环境损害具体表征为环境要素、生物要素的不利改变，以及生态系统的功能退化，其特指生态环境本身之损害，明显不同于以环境为媒介而导致特定民事主体所遭受的人身伤害、财产损失；而生态环境损害赔偿实则是将环境危害行为人外部成本内部化之过程，其有别于传统意义上"对人"损害（人身伤害、财产损失等）之填补与赔偿。据此，蔡守秋教授曾明确指出，水流、土壤、森林等环境要素与自然资源乃不特定多数人所共享的"公众共用物"，而"公众共用物"所拥有的公共性、社会性特质决定其不能归属于任何组织或个人所独有。⑤ 但是，《改革方案》却将省级、市地级政府定位为本行政区域内的"生态环境损害赔偿权利人"，并明确赋予其具有依据私权意义上的自然资源国家所有权而提起生态环境损害索赔之诉的"权利"。显然，此种制度设计与解释进路有悖于生态环境之公共性、社会性特质，这也是缘何当前主流论调陷入解释困

① 陈海嵩：《生态环境治理现代化中的国家权力分工》，载《政法论丛》2021 年第 5 期。

② 彭中遥：《论政府提起生态环境损害赔偿诉讼的制度空间》，载《华中科技大学学报（社会科学版）》2021 年第 4 期。

③ ［奥］凯尔森：《法与国家的一般理论》，沈宗灵译，中国大百科全书出版社 1996 年版，第 175 页。

④ ［德］魏德士：《法理学》，丁小春译，法律出版社 2005 年版，第 60 页。

⑤ 蔡守秋：《论公众共用自然资源》，载《法学杂志》2018 年第 4 期。

境之根本原因。事实上，纵观"权利"一词之缘起与发展历程，即可发现其始终服务于个人利益。换言之，个人乃权利存在之基础与前提，任何一项基本权利之核心要旨均在于其所表现出来的个人主义。① 那么，行政机关提起生态环境损害赔偿诉讼是否为其出于维护自身权益之考量呢？笔者以为，答案显然是否定的。因为从宏观层面看，生态文明、绿色发展以及环境保护等公共利益乃全民所共享而绝非政府所独占；从微观层面看，政府各机构的绩效考核、行政人员的职务晋升等部门利益中亦难以包含公众共享之生态利益。据此可知，省级、市地级政府以"生态环境损害赔偿权利人"身份提起索赔诉讼之目的绝非在于维护其自身利益，而是为了维护全民之生态利益。当行政机关行使诉权并非为了其自身利益，而是为了维护公众所共享的环境公益时，此种权利之行使（提起生态环境损害赔偿诉讼）实则演化为一种责任或义务之承担。正如德国法学家耶林所指出那样：倘若以维护社会秩序与公共利益为目的，个体所主张之权利乃是其对社会所负担之义务。② 从这一意义上来说，行政机关行使诉权之行为（提起生态环境损害赔偿诉讼）已然并非一项权利，而是其对社会公众所承担的一项责任与义务。

以上分析表明，我们应当以生态环境之公共性、社会性特质为基点，将生态环境损害赔偿诉讼置于我国以环境保护为目标与义务的宪法规范中加以认识，进而将行政机关提起索赔诉讼之行为视为其履行国家环境保护义务的一种新途径、新方式。事实上，这一制度创新（生态环境损害赔偿诉讼制度）亦是贯彻落实我国宪法"国家根本任务"条款中"生态文明建设""美丽中国建设"的应有之义。有学者基于历史、价值及规范层面的分析指出，《宪法》（2018 年修正）第9 条、第 26 条共同构成了我国环境保护场域中的"国家目标条款"，上述条款乃是我国现行法律框架下"国家环境保护义务"的宪法依据所在，其对所有的国家权力（包括立法权、行政权、司法权以及法律监督权在内）均具备法律拘束力。③ 在环境保护"国家目标条款"的指引与约束下，所有的国家机关均须在宪

---

① ［美］贝思·J. 辛格：《实用主义、权利和民主》，王守昌译，上海译文出版社 2001 年版，第 5 页。

② ［德］鲁道夫·冯·耶林：《为权利而斗争》，胡宝海译，中国法制出版社 2004 年版，第 55 页。

③ 陈海嵩：《国家环境保护义务的溯源与展开》，载《法学研究》2014 年第 3 期。

法规定之权限范围内依法、独立行使其权力。与此同时，需要注意的是，尽管一国的政治体制、法律传统以及法制文化等因素共同决定了各个国家权力机关之间必然会存在着制衡与约束，但此种权力之"界分"并非决然难以逾越的屏障。事实上，在遵循环境法治基本规律与权力合理配置之前提下，为更好地履行国家环境保护义务，实现"生态文明建设""美丽中国建设"之宪法目标，各国家权力机关之间亦应积极寻求合作与互助。而按日计罚制度（立法权与行政权之间的合作）、检察机关环境公益诉讼制度（法律监督权与司法权之间的合作）则是其典型例证。依此理解，我们即可将宪法层面的国家环境保护义务条款（《宪法》第9条、第26条）认定为行政机关提起生态环境损害赔偿诉讼的理论基础，进而将行政机关提起生态环境损害索赔之诉的行为视为其为了更好践行国家环境保护目标、落实"损害担责"原则而积极寻求环境执法与环境司法合作之有益尝试。由此可见，从国家环境保护义务视角观之，行政机关在特殊情形下具备提起生态环境损害赔偿诉讼的正当理由。

此外，还有学者聚焦于自然资源的多元价值（生态价值、财产价值与社会价值），并以自然资源国家所有之法律实现机制为出发点，对我国《宪法》（2018年修正）第9条进行了体系化解读。例如，焦艳鹏教授指出："从宪法上形式意义的'国家所有'到实质意义上的'全民所有'之实现需要国家承担相应的法律义务，而宪法第9条第2款乃国家在自然资源领域承担相应义务之宪法依据。"① 又如巩固教授曾撰文明确将自然资源国家所有权界定为一项"公权"；申言之，自然资源国家所有权乃是国家为了全民利益（公共利益）而对自然资源利用加以积极干预之公权（分配、管理、保护），而非国家为了自我利益（政府利益）而对自然资源进行独占支配与排他使用之私权。② 本专题对此观点表示认同。笔者认为，我们在对环境保护"国家目标条款"（我国《宪法》第9条、第26条）进行规范解读之同时，亦须对我国《宪法》第9条第1款和第2款进行

---

① 焦艳鹏：《自然资源的多元价值与国家所有的法律实现》，载《法制与社会发展》2017年第1期。

② 巩固：《自然资源国家所有权"非公权说"检视》，载《中国法律评论》2017年第4期。

体系化理解。易言之，我们可以尝试将国家环境保护义务理论与公权意义上的自然资源国家所有权理论予以结合，将其视为我国生态环境损害赔偿诉讼的理论基础。此种解释进路不仅在一定程度上契合了我国生态文明体制改革与环境司法改革"顶层设计"之构想，而且凸显了生态环境与自然资源之公共性、社会性特质，还能够在宪法层面明确生态环境损害赔偿诉讼制度之规范依据，有利于确保我国生态环境损害赔偿制度改革朝着规范化与法治化之路迈进。

综上所述，私权意义上的自然资源国家所有权、公民环境权理论均存在固有局限性，将其作为我国生态环境损害赔偿诉讼的理论基础难免会引发诸多难以破解的困局与漏洞。前文分析表明，我们应当从生态环境之公共性、社会性特质出发，对我国《宪法》第 9 条、第 26 条之规定进行体系化解读，进而将宪法层面的国家环境保护义务与公权意义上的自然资源国家所有权作为我国生态环境损害赔偿诉讼的理论基础。如此理解，即可为行政机关在特殊情形下提起生态环境损害索赔之诉提供一种具有逻辑一致性与理论一贯性的解释方案。

三、总结与思考

从本质上分析，生态环境损害赔偿诉讼具有融合民事公益诉讼与环境行政执法的"混血"特征，故宜将其定性为一种"公法诉讼"。也即是说，"环境民事公益诉讼"只是其外观与表象，"公共执法"才是其本原所在。就其理论基础而言，应从生态环境之公共性、社会性特质出发，对我国《宪法》第 9 条、第 26 条进行体系化解读，将宪法层面的国家环境保护义务与公权意义上的自然资源国家所有权作为我国生态环境损害赔偿诉讼的理论基础。如此理解，可为行政机关提起生态环境损害索赔之诉提供一种合理的解释方案。

基于我国环境法治发展的现实国情与一般趋势，可初步判断：行政机关在特定情形下提起生态环境损害赔偿诉讼确实具有一定的合理性、正当性及必要性。但必须澄清的是，作为一种成本高昂、个案操作的司法救济机制，生态环境损害赔偿诉讼必然无法成为一种可普遍适用、随意启动的常规手段，而应是迫不得已时才出场的"替补队员"。换言之，唯有在公法救济模式尚不完善或无从发挥作用时，生态环境损害赔偿诉讼才可发挥补充性、兜底性作用。① 然而，目前我国正在推行的生态环境损害赔偿制度改革却未将"穷尽行政管制手段"作为政府提起索赔诉讼的前置要件。很显然，此种改革思路存在着"奉行司法本位主义"之误区，具有"公法义务向私法逃逸"之风险，必须予以警惕并及时纠正。事实上，要进一步完善我国生态环境损害救济法律机制，就必须尊重行政权与司法权之间的合理配置与功能边界，防止生态环境损害救济场域中的"司法缺位"一跃而致"司法错位与越位"，有损尚在建立中的环境法治。笔者建议，未来我国必须明确生态环境损害救济场域中行政权与司法权之间的主辅关系，依照"政府主导、依法实施、执法优先、司法补充"的原则进行制度安排与设计，并努力寻求公法（行政法）框架下的制度创新。据此，未来我国可以通过立法授权、行政执法能力的强化以及环境行政公益诉讼制度的完善等措施，力求建立起以公法为主导的生态环境损害救济法律机制。当然，相关学术研讨也应直面当前《改革方案》《民法典》等规范文本在概念运用与基础理论方面的不足，最终回归至公法学视域下对我国生态环境损害赔偿制度改革相关问题展开有效的学理探讨。

---

① 彭中遥：《生态环境损害赔偿诉讼制度研究》，中国社会科学出版社 2022 年版，第 245 页。

专题四　生态环境损害行政执法与民事司法衔接之论争

【目录】

【摘要及创新】

在生态文明建设大力推进的时代背景之下，中共中央、国务院颁布了《关于加快推进生态文明建设的意见》，旨在以健全生态文明制度体系为重点加快建设美丽中国。为在法治轨道上构建科学、协同、高效的生态文明制度体系，中共中央、国务院于2021年颁布《关于建立健全生态产品价值实现机制的意见》，其中明确指出"健全生态环境损害赔偿制度……完善生态环境损害行政执法与司法衔接机制"。

从制度法理层面考察可知，生态环境损害行政执法与环境民事司法两大救济机制在法治语境下协同衔接是科学、全面、有效地救济生态环境损害的题中之意，亦乃提高破坏生态环境违法成本之重要举措。然而，行政执法与民事司法乃救济生态环境损害的相邻制度，若不能建立科学、有效的法治衔接机制，极易导致两种机制陷入"叠床架屋""互为干扰"之泥淖，最终将影响生态环境损害的救济效果以及"美丽中国"的建设进程。

生态环境损害行政执法与环境民事司法在立法层面虽设置了不同的追责方式和责任承担形式，但究其本质，均为全面救济生态损害、保护国家环境，以及维护环境公益。故此，构建生态环境损害行政执法与民事司法的有效衔接机制，应将"科学且全面地救济受损的生态环境"作为法治轨道上两机制的衔接纲领。

具体而言，行政机关应在该原则指导下，充分考量"成本–收益"，甄选初次救济手段，并以其为基础，对救济结果和效果予以测评。测评的目的在于，是否将科学且全面地救济受损的生态环境之原则贯彻落实，并考虑是否有启动其他程序予以补充救济之必要性，最终实现生态环境损害行政执法与环境民事司法的有效衔接。此种做法表明，环境行政机关不应僵化救济模式与策略，摒弃"行政优先，司法殿后"等较为僵化的救济模式，确保"具体问题具体分析"，科学且个性化地确定每一生态环境损害的救济思路与方案。

专题四

生态环境损害行政执法与民事司法衔接之论争[*]

《关于建立健全生态产品价值实现机制的意见》针对生态环境损害行政执法司法两大机制在法治语境下的协同运作提出了要求。两种救济方式的协同发力不仅能够全面救济生态环境损害，亦是提高破坏生态环境违法成本的重要举措。但是，行政执法与民事司法乃救济生态环境损害的相邻措施，若不能建立科学、有效的法治衔接机制，极易导致两种机制遭受"叠床架屋""互为干扰"之诘难。故此，本专题将从生态环境损害执法与司法救济的法理分析着手，探讨两机制在法律关系、追责方式、制度旨归等三方面异同，并在此基础上，尝试提出生态环境损害行政执法与民事司法衔接的中国方案。

一、问题缘起：单一救济机制难以为生态文明建设保驾护航

中共中央、国务院颁布的《关于加快推进生态文明建设的意见》（以下简称《生态文明建设意见》）在总体要求中明确强调"以健全生态文明制度体系为重点……加快建设美丽中国"，并在基本原则中再次明确"建立系统完整的生态文明制度体系……为生态文明建设注入强大动力"。为因应上述文件之精神，中共中央办公厅、国务院办公厅（以下简称"两办"）颁布的《关于建立健全生态产品价值实现机制的意见》（以下简称《意见》）第五点明确指出要健全生态产

---

　　* 作者简介：陈哲，法学博士，湖南工商大学法学院讲师、硕士生导师。本专题的部分观点以"完善生态环境损害行政执法与民事司法衔接机制之路径"为题发表于《环境保护》2021 年第 14 期。专题内容在该文的基础上做了较大幅度的改动。

品保护补偿机制，其中第 16 条要求 "健全生态环境损害赔偿制度……完善生态环境损害行政执法与司法衔接机制"。而在法治语境下构建衔接机制，本质是促进生态环境损害行政执法与环境民事司法有效衔接，以促进生态文明的繁荣。在此背景下，积极回应并科学、有效地构建生态环境损害行政执法与民事司法①衔接机制，成为当前法学界亟待突破的重要课题。

生态环境损害在我国既可通过环境行政执法予以规制，亦可通过环境民事公益诉讼或生态环境损害诉讼实现救济。为此，一方面，学界分别针对两机制展开深入研究，在行政救济领域，主要涉及生态环境领域综合行政执法的立法优化②、行政执法权的配置问题、智能化行政执法③、行政执法规范化④、行政执法公众参与⑤，在民事司法救济领域，主要涉及生态环境司法救济体系的优化⑥、环境公益司法救济路径生态环境损害诉讼与环境民事公益诉讼关系⑦等。另一方面，学界也针对两机制如何衔接予以讨论，主要聚焦于环境民事公益诉讼

---

① 本专题生态环境损害民事司法包含《民事诉讼法》第 58 条所规定的环境公益诉讼，以及《民法典》与《生态环境损害赔偿制度改革方案》共同规定的生态环境损害赔偿诉讼。

② 参见李爱年、陈樱曼：《生态环境保护综合行政执法的现实困境与完善路径》，载《吉首大学学报（社会科学版）》2019 年第 4 期；李爱年、何双凤：《掣肘与破解：生态环境保护综合行政执法的立法不足与完善》，载《中国政法大学学报》2022 年第 2 期。

③ 参见赵惊涛、张丽娟：《智能化环境行政执法探析》，载《法学杂志》2018 年第 5 期。

④ 参见高利红、徐玺：《比例原则视角下环境行政执法规范化研究——以环境保护查封、扣押为切入点》，载《东南学术》2021 年第 3 期。

⑤ 参见于文红、张淼锦：《我国环境行政执法中公众参与机制的问题研究》，载《思想战线》2011 年第 S2 期。

⑥ 参见于文轩、孙昭宇：《生态环境损害司法救济体系的优化路径》，载《吉首大学学报（社会科学版）》2022 年第 4 期。

⑦ 参见巩固：《生态环境损害赔偿诉讼与环境民事公益诉讼关系探究——兼析〈民法典〉生态赔偿条款》，载《法学论坛》2022 年第 1 期；陈哲：《〈民法典〉时代生态环境损害赔偿诉讼与民事公益诉讼之统合论》，载《内蒙古社会科学》2022 年第 3 期；傅贤国：《〈民法典〉背景下生态环境损害赔偿诉讼的定位研究——兼论与环境民事公益诉讼的关系》，载《广西社会科学》2021 年第 10 期；李树训：《生态环境损害赔偿诉讼与环境民事公益诉讼竞合的第三重解法》，载《中国地质大学学报（社会科学版）》2021 年第 5 期；冯汝：《生态环境损害赔偿制度与环境公益诉讼制度的关系》，载《大连理工大学学报（社会科学版）》2021 年第 5 期。

中司法权与行政权的关系。① 上述成果为研究生态环境损害行政执法与民事司法衔接的法治路径奠定了坚实的基础。从制度目的层面而言，生态环境损害行政执法与民事司法之运行均旨在维护环境公共利益、推进生态文明建设，因此在功能上不免有重合之处。实践中，两种机制可能共同作用于同一案件，故极易导致两种救济机制陷入"叠床架屋""互为干扰"之困局。但也可能同时存在，单一机制救济"能力不足"而导致受损的环境公共利益未能得到充分保护、生态文明制度体系难以科学构建之窘境。例如，"2005 年松花江重大水污染事故"中，原国家环保总局仅对行政相对人施以 100 万元的行政处罚，而未追究其环境民事责任，由此出现了罚款"顶破天"仍便宜了责任人的法律尴尬。② 然而，我国现行规范仍未构建行之有效的生态环境损害行政执法与民事司法衔接机制，以供行政机关在实践中从容应对。正是由于立法付之阙如，导致实践中生态环境损害问题难以科学、合理地因应，《生态文明建设意见》和《意见》为此应运而生。是故，需在行政手段与司法手段有效衔接之基础上厘清不同救济手段之间的顺位关系，进而构建科学的生态环境损害行政执法与民事司法衔接机制，确保其能全面、高效地应对生态环境损害问题，并科学、有序地推动生态文明制度体系化构建。

二、机制辨析：生态环境损害执法与司法救济机制异曲同工

"生态兴则文明兴，生态衰则文明衰。"③ 生态环境是人类赖以生存和发展根基之所在。为全面保障生态环境，推动生态文明建设，我国设置了生态环境损害行政执法与环境民事司法两种制度原理迥然不同的机制来救济生态环境损害。生态环境损害行政执法乃调整环境行政主体与环境行政相对人之间所形成的行政法

---

① 参见陈海嵩：《生态环境治理现代化中的国家权力分工——宪法解释的视角》，载《政法论丛》2021 年第 5 期。

② 竺效：《反思松花江水污染事故行政罚款的法律尴尬——以生态损害填补责任制为视角》，载《法学》2007 年第 3 期。

③ 具体论述可参见习近平：《共谋绿色生活，共建美丽家园》，载《人民日报》2019 年 4 月 29 日。

律关系，而环境民事司法的适用前提乃是作为一方当事人的环境行政机关与环境危害行为人已形成民事法律关系。基于不同的法律关系，立法为两机制分别规定了法理基础不同、责任形态各异的追责内容和方式。两制度虽法理根基判然两途，但最终可在制度目的层面殊途同归，均为维护国家和社会公众环境利益、推动生态文明制度建设。两救济机制具有相同的制度功能和法之目的，为其法治衔接提供了法理和制度空间。

（一）法律关系：两制度的法理根基霄壤之别

法律关系是指，法律规范在调整人们的行为过程中所形成的一种特殊的社会关系，即具有法律上的权利与义务关系的形式的关系。① 法律关系的构成要素通常包括法律关系的主体②、法律关系的客体③、法律关系的内容④。因此，可从上述法律关系的构成要素着手，探析生态环境损害行政执法与环境民事司法两制度所涉法律关系的区别。循《宪法》第2条可知，人民乃国家权力的所有者，人民代表大会乃人民行使国家权力的机关。因此，《宪法》第89条与第126条明确表述为国务院"行使下列职权"以及人民法院"行使审判权"，而非将国家权力"切割"成不同成分，配给相关机关。可见，我国并非依循西方"三权分立"的政权理论来构建我国的政权结构，而是将不同性质的国家权力交由不同机关"行使"，这也同时表明，不同国家机关的权能由宪法或法律所明确。在生态环境领域，国务院基于《宪法》和环境领域内相关法律，可行使行政权直接保护和改善生态环境，同时也可依据《民法典》第246条行使国家所有权，以诉讼的方式救济受损的生态环境。申言之，我国法律赋予行政机关不同的权力（利），其既可选择行政执法来救济受损的生态环境，亦能提起诉讼来维护环境公共利益。正是基于行政机关的选择，在不同的救济方式中，其与环境危害行为人所形成的法律

① 孙国华：《中华法学大辞典 法理学卷》，中国检察出版社1997年版，第99页。

② 法律关系中权利的享有者和义务的承担者。具体论述可参见孙国华：《中华法学大辞典法理学卷》，中国检察出版社1997年版。

③ 主体的权利和义务所指向的对象。具体论述可参见孙国华：《中华法学大辞典法理学卷》，中国检察出版社1997年版。

④ 法律关系的内容，即权利和义务。具体论述可参见孙国华：《中华法学大辞典法理学卷》，中国检察出版社1997年版。

关系大相径庭。

从法理层面探析，行政机关所行使的行政权乃为实现行政管理目的，主动地介入国家事务当中。当其怠于行使权力，导致国家行政管理秩序受损害时，相应的监督机制即会启动，给予其一定程度的制约。因此，当生态环境受损，国家环境秩序遭受破坏时，行政主体应当主动出击以纠正失序的状态。值得注意的是，基于公法上"法无授权不可为"之原则，行政机关在维护行政秩序时，应当于法有据。行政法律关系形成之前提是行政机关以行政法律规范为基础，基于不同的规范与单个或多个主体形成的法律关系。是以，行政机关基于环境法律规范，运用行政权以行政执法之方式对受损的生态环境和环境公共权益予以救济，与环境危害行为人（行政相对人）之间形成的是环境行政法律关系。但是，当国家生态环境遭受污染，造成大气、地表水、地下水、土壤、森林等环境要素和植物、动物、微生物等生物要素的不利改变时，行政机关亦可转变角色，放弃或保留行政权的行使，成为有行政机关"之名"而无行政机关"之实"的民事主体。依据《民法典》第 1234 条和第 1235 条之规定，当环境危害行为人违反国家规定造成生态环境损害，行政机关可基于"国家规定"的授权，成为"国家规定的机关"，亦可依据《民事诉讼法》第 55 条，充当"法律规定的机关"，成为生态环境损害诉讼或环境民事公益诉讼的适格原告。① 在诉讼中，行政机关作为当事人一方，充当原告，以国家所有权为请求权基础。因此，无论是提起环境民事公益诉讼，抑或是实施生态环境损害诉讼，行政机关与环境侵权人之间所形成的是民事法律关系，而不因其具有行政权以致法律关系之属性发生改变。即便在生态环境损害诉讼或环境民事公益诉讼中，作为裁判者的人民法院，与原告行政机关、被告环境侵权行为人所形成的也是民事诉讼法律关系。

是故，行政机关依循不同的手段维护生态环境，既可与环境危害行为人形成行政法律关系，亦可形成（民事）诉讼法律关系。两种法律关系基于不同法律规范产生，彼此间相互独立，泾渭分明。②

---

① 陈哲：《〈民法典〉时代生态环境损害赔偿诉讼与民事公益诉讼之统合论》，载《内蒙古社会科学》2022 年第 3 期。

② 彭中遥：《论政府提起生态环境损害赔偿诉讼的制度空间》，载《华中科技大学学报（社会科学版）》2021 年第 4 期。

(二) 追责方式：两制度的责任内容判若鸿沟

由上可知，行政机关可通过行政行为与行政相对人建立行政法律关系，从而达到救济受损生态环境之目的。同时，其亦可另寻他径，基于国家所有权行使者之身份，① 与侵权人形成民事法律关系，进而向人民法院起诉寻求救济。由于形成的法律关系不同，追究行为人责任的方式也有所差异。

一方面，《环境保护法》《森林法》《土地管理法》《水法》《野生动物保护法》《矿产资源法》等环境单行法以及环境法规和规章对生态环境损害行政责任类型予以规定。梳理上述环境领域内相关法律法规可知，行政机关主要通过行政强制、行政强制措施和行政强制执行等手段来实现，例如罚款、责令限制生产、停产整治、责令停止生产或使用、责令停业、关闭、责令停止建设、责令恢复原状等。从实践的中情况来看，行政机关惯常运用罚款、责令停产停业等行政处罚方式来对环境危害行为予以制裁。因此，从这一层面而言，行政机关在作出行政行为时，应遵循"法无授权即禁止"原则，确定行政责任时应当做到"于法有据"。另一方面，政府提起生态环境损害赔偿诉讼或环境民事公益诉讼，要求环境危害行为人承担的均是民事责任，其主要被《民法典》所涵摄，相关环境类司法解释以及《生态环境损害赔偿制度改革方案》（以下简称《改革方案》）亦有涉及。整理上述法律及相关规范可知，环境类民事责任主要包括修复生态环境（恢复原状）、赔偿损失、停止侵害、排除妨碍、消除危险、赔礼道歉等。从最高人民法院发布的2019年度人民法院环境资源典型案例中十大环境公益诉讼及生态环境损害赔偿案件类型来看，其中所涉的7起环境民事公益诉讼及生态环境损害诉讼，适用最多的担责方式为修复生态环境与赔礼道歉（均为4次），其次为停止侵害与赔偿损失（3次），排除妨碍与消除危险的适用较少（仅1次）。由于生态环境损害乃由环境危害行为所致，受害人②除可要求侵权人承担上述责任外，还可主张其他费用，以填平基于环境侵权行为所致损害。例如，7起案件中

---

① 《民法典》第246条规定，法律规定属于国家所有的财产，属于国家所有即全民所有。国有财产由国务院代表国家行使所有权。由此可知，国务院并不享有国有财产的所有权，仅能代表国家行使所有权。

② 此处受害人应作广义理解，既可是自然人，亦可是自然资源全民所有人。

就有 3 起案件法院支持了律师费的主张。

上文明确了行政执法以及民事司法等两种方式救济受损生态环境所应承担不同责任的形式和种类，两种救济方式的追责方式在一定程度上确有可能存在功能和实际效果上的重合与相似。主要体现在如下三方面：第一，环境民事司法救济中的赔偿损失、修复生态环境与环境行政执法中的罚款、责令恢复原状可实现相似效果；第二，环境民事司法救济中的停止侵害、排除妨碍与环境行政执法中责令限制生产、停产整治，责令停止生产或使用或有相似功能；第三，环境民事司法救济中的恢复原状与环境行政执法中的责令恢复原状由于形式上的重合亦可导致功能与效果层面的一致。① 应当强调的是，赔礼道歉这种民事责任形式在环境行政执法中并未有能够与之对应的方式，而此种方式乃是环境侵权人向社会公众作出，并能直接起到警示与教育作用②的担责形式。由上所析，环境行政执法与生态环境损害民事司法的责任形式的确可能存在功能重合之问题，但功能上的重合并不会导致法律关系的混同，即使同时问责，仅在法理层面而言，亦可成立。因此，理论上行政机关可单独或同时适用不同的救济机制来对破坏环境的相关主体予以问责、追责。

（三）制度旨归：两制度均维护环境公共利益

如前所陈，环境行政执法与生态环境损害民事司法在追责形式之功能上具有重合之处，而这并非意味着两种不同的制度具有同一目的指向，行政权显然是为了维护行政秩序，司法权乃为解决纠纷而设。如此解释仅为一般意义上行政与诉讼制度目的界分之方式，放诸生态环境领域是否具有特殊性，还有待进一步研究。

《现代汉语词典》对"行政"作出如下释义：其一，指行使国家权力（的活

---

① 张辉：《环境行政权与司法权的协调与衔接——基于责任承担方式的视角》，载《法学论坛》2019 年第 4 期。

② 阙占文：《赔礼道歉在民事公益诉讼中的适用及其限制》，载《政法论坛》2019 年第 4 期。

动）；其二，指机关、企业、团体等内部的管理工作。① 由此可知，在国家层面，行政执法乃是为实现国家"管理"目的。放诸生态环境领域，从学理层面而言，环境行政执法之目的乃是"促进环境的保护和改善，防治污染和其他公害，保障公民的人身和社会环境安全"，② 以收保障国家环境公共管理秩序稳定之效。③其执法的对象为违反环境行政法律法规，造成了环境管理失序的行政相对人。从制度设计层面而言，环境行政执法是由行政机关到行政相对人的单向国家行为，是公权力对私权利规制的单向"输出"。而生态环境损害民事司法设立目的并非为了矫正国家环境公共管理失序之状态。依《改革方案》而言，生态环境诉讼是为了解决当事人之间的环境纠纷，使受害人环境权益得到相应救济，侵权人得到相应制裁。事实上，无论从学理上辨析，抑或从最高人民法院于 2020 年修订的《民事案件案由规定》而言，生态环境损害赔偿诉讼本质乃环境民事公益诉讼，④其乃为实现全面、高效地维护国家、社会公众环境权益之目的而构建。⑤

由上所析，从形式上观之，环境行政执法乃国家环境秩序维护之方式，而生态环境损害民事司法程序乃解决环境纠纷或维护环境权益之途径。但究其本质，两种方式最终都收维护社会公众环境利益之效。仅举一例而言，环境行政执法中的责令恢复原状与生态环境损害赔偿诉讼中的恢复原状均为使受损之生态环境恢复原状之方式，使社会公众不受不利因素改变环境之影响。其区别只是行政选择的方式不同来实现相同目的，可谓殊途同归。因此，无论行政机关运用环境行政执法，抑或启动生态环境损害司法程序，均为救济受损生态环境之方式或手段。目的和手段在哲学范畴中乃是彰显"主观-客观"之关系的一组哲学范畴。因

---

① 中国社会科学院语言研究所词典编辑室：《现代汉语词典》，商务印书馆 2012 年版，第 1458、1412 页。

② 张福德：《环境行政执法效率的经济分析》，载《中南大学学报（社会科学版）》2012 年第 4 期。

③ 於方、韩梅、田超：《论环境责任与赔偿法律制度的完善》，载《环境保护》2018 年第 16 期。

④ 占善刚、陈哲：《〈民法典〉实施背景下生态环境损害赔偿诉讼定位研究》，载《干旱区资源与环境》2021 年第 3 期。

⑤ 陈俊宇、徐澜波：《生态环境损害赔偿磋商协议之性质厘定与司法效果》，载《当代法学》2022 年第 6 期。

此，应从两者之关系分析着手，进而分析作为手段的环境行政执法与生态环境损害诉讼所实现的目的为何。康德指出："一切目的的主体是人。"① 因此，目的是人类思维形成产物后的一种主观反映，而手段是实现目的的一种客观存在。② 换言之，"只有人才有目的，并且选择相应的手段来达到自己的目的"。③ 虽然从制度设计所欲实现的最表层目的而言，环境行政执法乃为维护环境行政秩序所创，生态环境诉讼是为救济受害人环境民事权益而立，两者的确实现了不同的"制度目的"。但从制度设立的终极目的而言，并非单纯地为维护某一种法律秩序或救济某一民事权利，而是通过秩序的恢复以及权利的救济实现"保障与维护生态环境"之目的。④ 申言之，行政机关看似通过相异的方式建立了不同的法律关系，进而实现不同的制度目的，但最终都救济了受损的生态环境，保障了社会公众和国家的环境利益。是以，在探寻某一制度所欲实现的目的时，不应仅拘泥于制度表面所产生的现实收效，更需关注和探寻该制度设计时，以及运行后，所实现的终极或深层目标。

三、制度构建：生态环境损害执法与司法救济机制双向衔接

前文论述业已表明生态环境损害行政执法与环境民事司法两种制度均以维护环境公共利益为制度旨归，单独依靠某一机制难以为生态文明建设保驾护航。基于此，生态环境损害行政执法与民事司法救济机制间的双向衔接，成为科学、有效因应上述问题的合理手段。两机制的双向衔接应在明确衔接纲领或衔接原则的前提下展开，以救济主体为出发点，制定相应的衔接策略，最终以衔接纲领为基本指引，以衔接策略为基本思路，确立切实可行的衔接方法。

---

① ［德］康德：《道德形而上学原理》，苗力田译，上海人民出版社 2012 年版，第 83 页。

② 陈哲：《完善生态环境损害行政执法与民事司法衔接机制之路径》，载《环境保护》2021 年第 14 期。

③ 林伟：《关于哲学目的-手段范畴的探讨》，载《马克思主义与现实》2005 年第 5 期。

④ 彭中遥：《生态损害赔偿磋商制度的法律性质及发展方向》，载《中国人口·资源与环境》2020 年第 10 期。

（一）衔接纲领：科学且全面地救济受损的生态环境

循环境法制定沿革可知，国家逐步重视生态环境的保障。自《中华人民共和国环境保护法（试行）》对国家环境保护的相关职责予以明确规定后，全国人民代表大会常务委员会于 2014 年修订《环境保护法》进一步强化"保护环境"的重要性，将其作为"基本国策"。自此，其他相关领域内的法律规范亦持续跟进，2012 年修订的《民事诉讼法》第 55 条①规定了环境民事公益诉讼制度，赋予法律规定的机关和组织环境民事公益诉讼的原告资格。为拓宽环境公益诉讼起诉主体、加大环境保护力度、推动生态文明建设，2017 年《民事诉讼法》再次修订，在原第 55 条②之基础上增加第 2 款，规定检察机关可以成为环境民事公益诉讼的适格原告。为进一步加强对生态环境的保护，2015 年和 2017 年我国在政策层面制定了《生态环境损害赔偿制度改革试点方案》与《改革方案》，将生态环境损害赔偿诉讼推向台前。从我国不断在生态环境救济场域内的制度创新可知，单纯依靠行政执法或民事司法已不能实现生态环境损害的全面救济。为科学且全面地救济受损的生态环境，我国通过法律与政策的"双保险"来实现上述目的。

环境行政执法"单打独斗"的力量不足在学界已形成共识，在司法实践中亦有相关案例予以佐证。具体而言，其一，环境行政执法中行政机关与行政相对人形成行政法律关系，仅能依据《行政处罚法》及相关环境法律法规加以处罚，在某些具体个案中难以实现全面制裁、震慑与遏制环境违法行为之目的。"松花江重大水污染事故"中罚款"顶破天"仍便宜了责任人的尴尬境地实为最佳例证。纵览我国行政法领域内维护行政管理秩序的手段，行政处罚的确是行政执法中最直接、收效最快的方式，行政机关亦经常依托此种方式实现行政管理目的。然而，我国环境行政处罚中财产罚、行为罚、声誉罚均显乏力。具言之，法律所规定的财产罚额度难以实现环境修复费用的全覆盖；行为罚在环境行政执法中的路

---

① 2022 年该条文序号已被修改为 58。

② 2022 年该条文序号已被修改为 58。

径不畅；声誉罚由于未能对环境危害行为人产生实质影响，故难以产生其应有效果。① 以上所言，是导致环境行政执法时常呈"疲软无力"之态的重要原因。其二，行政执法需遵循"法无授权即禁止"原则，由于立法没有对相关费用的承担等相关问题予以明确。因此，在环境行政执法机关与环境危害人所建立的行政法律关系中，环保部门不能要求环境危害人承担前期环境行政执法调查、勘验等费用，亦无法要求其作出类似于民法中"赔礼道歉"的行为，从而对社会公众加以教育和警示。② 是以，无论是在具体个案中，抑或是针对环境行政执法中的相关问题，仅依靠环境行政执法难以实现生态环境保护的周全应对。

诚然，仅依靠环境行政执法难以全面救济生态环境损害，亦非表明仅依靠生态环境损害民事司法即可实现对生态环境损害问题的周延应对。生态环境损害民事司法在生态环境损害救济领域的孤军奋战，显现出如下问题。一方面，诉讼的救济门槛较高，致使生态环境损害民事司法的救济能力受限。以《固体废物污染环境防治法》为例，其第 121～122 条规定了生态环境损害赔偿诉讼。但上述条文明确起诉的条件为"损害国家利益、社会公共利益、给国家造成重大损失"，由此可知，行政机关依靠生态环境损害民事司法仅能对环境危害行为人造成了实际危害后果的行为予以制裁，无法对环境危害行为人所实施的并未造成实际损害的环境危害行为予以规制。另一方面，诉讼无法作出限制人身自由的判决，③ 致使难以对环境危害行为人施以自由罚。如前所述，生态环境损害赔偿诉讼请求权范围与环境民事公益诉讼的求偿范围业已在相关司法解释、法律法规等规范中予以明确。虽然，民事法律遵循"法无禁止即自由"之原则，但行政机关即便提起生态环境损害赔偿诉讼或环境民事公益诉讼，法院均难以作出限制侵权人人身自由的裁判，从而产生震慑之效。由此可见，单一机制救济机制在应对生态环境损害时有"势单力薄"之嫌，难以科学、全面地救济生态环境损害。从制度目的而

① 汪劲：《环保法治三十年：我们成功了吗？中国环保法治蓝皮书：1979—2010》，北京大学出版社 2011 年版，第 178～191 页。

② 陈哲：《完善生态环境损害行政执法与民事司法衔接机制之路径》，载《环境保护》2021 年第 14 期。

③ 此处所言诉讼无法作出限制人身自由的判决是指，生态环境损害民事司法无法作出限制当事人人身自由的判决。

言，仅依靠行政执法无法全面恢复国家环境管理有序之状态，只通过生态环境损害民事司法难以充分实现环境纠纷之解决。

一言以蔽之，在"科学且全面地救济受损的生态环境"之纲领指引下，通过集合多重制度之合力，构建生态环境损害救济的制度群来应对生态环境保护问题，不仅在制度构建层面具有科学性和实效性，在法理层面同样具有正当性与合法性。如此而为，既是国家积极承担生态环境保护责任的充分体现，亦是对全面、有效维护社会公众环境利益的最佳回应。故此，在完善生态环境损害行政执法与民事司法衔接制度时，应严格贯彻落实该原则。

（二）衔接策略：政府救济手段的选择权应得到尊重

从整个生态环境救济而言，生态环境行政执法与民事司法衔接之核心在于两者之间能够有效"衔接"，充分发挥制度合力。根据《现代汉语词典》，"衔接"指"事物相连接：两个阶段必须衔接起来"。① 由此可知，衔接的前提乃是存有两个相互独立的阶段，将两个阶段连接在一起，即为"衔接"，若只有一个阶段，则衔接的问题不存在。显然，基于不同法律关系的环境行政执法与生态环境损害民事司法存在衔接空间。就生态环境损害救济而言，建立生态环境损害行政执法与民事司法衔接的必要性在于发挥制度合力，全面实现对生态环境损害的救济。而无论行政执法，抑或生态环境损害民事司法，行政机关均乃程序之发起者。因此，行政执法与生态环境民事司法的衔接空间在于其中任一机制的在先适用，既可是行政执法与生态环境民事司法的衔接，亦可是两者的反向衔接，但无论先后顺序为何，均是两大救济机制间法治衔接的重要部分。需明确的是，即便实践中出现两种机制同时并行之局面，鉴于诉讼指挥权由人民法院行使，其可中止生态环境民事司法的审理，如此不仅使两种机制之运行依然存有先后顺序，亦能保障机制的科学衔接。

事实上，在环境危害行为人之行为导致生态环境损害后，行政机关将面临选择，是通过行政执法来规制，还是通过民事司法予以救济。如何选择救济方式，

---

① 中国社会科学院语言研究所词典编辑室：《现代汉语词典》，商务印书馆 2012 年版，第 1458、1412 页。

涉及成本与收益的分析与考量。波斯纳法官曾言："对于公平正义的追求，不能无视代价。"他的这句名言，直接为经济分析和法学问题构筑了连通的桥梁；而这座桥梁的基石即为"成本"这一概念。在经济学里，成本这个概念的重要性，几乎等同于公平正义在法学领域的重要性。如果能降低成本，即可把省下的资源，用于其他途径之上，以使物尽其用。因此，成本与收益之关系，与物竞天择之意涵相吻合；为了生存繁衍，人们（动物亦不例外）会尽其所能地采取各种手段节约资源，降低成本。① 因此，行政机关在救济生态环境损害时，无论是以公权力机关之身份行使行政权，还是扮演普通民事主体之角色成为两诉的适格原告，其目的均为低成本、高收益地救济受损的生态环境。当行政执法机制被优先适用时，如下几方面因素行政机关应予以考量。其一，行政机关可主动出击，防患于未然，将可能导致较大损害后果并潜在的环境危害行为"扼杀在摇篮之中"。其二，行政执法具有救济手段便捷、灵活，执行速度快捷、高效等优势，将其运用于规制环境危害行为可高效实现制度目的。其三，当面临重大生态环境损害时，行政执法的"单打独斗"可能面临追责"畸轻"的非难。其四，环境行政执法属具体行政行为，行政相对人若不服则会通过行政复议、行政诉讼予以救济。当行政复议或行政诉讼对环境行政执法作出不利评价时，不仅可能导致行政执法资源的浪费，亦可能导致行政机关需"另起炉灶"，转战生态环境损害民事司法救济生态环境损害。此时，行政机关被问责、相关责任人被追责事小，生态环境损害民事司法的救济效率降低才是环境公共利益救济之殇。与之对应，倘若行政机关优先选择生态环境民事司法救济时，其亦会权衡优先适用该项制度的"成本与收益"。例如，当未造成较大的生态环境损害时，提起诉讼可能会缺乏法律依据。并且行政机关也需考虑，诉讼周期相对较长，一审判决不具有可执行性，若拖延至二审，可能难以及时地救济受损的生态环境。② 并且，行政机关作为原告提起诉讼，其将丧失案件的决定权。但诉讼的优势在于可以终局性地救济受损的生态环境，并可通过判决要求环境危害人通过"赔礼道歉"来产生警示与

---

① 熊秉元：《正义的成本——当法律遇上经济学》，东方出版社 2014 年版，第 193 页。

② 陈哲：《纠纷解决机制的内在机理及选择》，载《太原理工大学学报（社会科学版）》2021 年第 4 期。

教育效果。

综上所析，行政机关优先选择何种救济机制因应生态环境损害应是在充分考量"成本－收益"后所作之决定。单一救济机制的优势与缺陷上文业已阐明，而个案有其特殊性，若直接僵化救济策略，诸如采用"行政优先①，司法殿后"等救济模式，难以做到"具体问题具体分析"，这也无异于限制行政机关有针对性地处理个案。因此，在明确生态环境损害行政执法与民事司法之衔接机制时应尊重行政机关的选择，不能将救济模式予以固化。若仅依靠一种制度即可解决问题，衔接的空间不存在，而行政机关在选择某一方式后无法解决问题时，则应考虑在先的机制如何与后启动的机制衔接问题。而这种衔接也应遵循全面救济生态环境损害之原则，在后机制作为在先机制的补充，避免出现责任"畸轻"或"畸重"等问题。

（三）衔接方法："甄选－测评－填补"的程序协同

当生态环境损害结果发生时，环境行政机关则应立即响应，对其进行救济，实现维护环境公共利益之目的。前文业已明确，无论是环境行政执法，抑或是生态环境损害民事司法均乃维护环境公共利益之手段。因此，当生态环境损害结果出现时，环境行政机关首先应甄选合理并高效的救济机制予以回应。当所选择之机制（程序）进行中或终止后，环境行政机关应就所选机制（程序）之救济效果予以测评。测评的目的在于，是否将科学且全面地救济受损的生态环境之原则贯彻落实。若环境行政执法（生态环境损害民事司法）充分贯彻该原则，则无须启动生态环境损害民事司法机制（环境行政执法）。相反，环境行政机关在测评其所选择机制之实施效果后，发现生态环境损害未能得到充分救济，应立即启动另一机制（程序）作为补位，以填补在先机制（程序）未能涵涉之部分，进而确保科学且全面地救济受损的生态环境之原则能够得以有效落实。

申言之，在科学且全面地救济受损的生态环境原则之指引下，行政机关所甄选的救济机制应得到充分尊重。但当环境行政执法或民事司法已在推进或结束

①　王明远：《论我国环境公益诉讼的发展方向：基于行政权与司法权关系理论的分析》，载《中国法学》2016年第1期。

时，行政机关应全面测评所选机制的救济效果，以确定是否有衔接之空间和必要。如此，既可避免单一机制追责所导致责任"畸轻"之尴尬，亦能解决双重机制叠加适用致使责任"畸重"之问题。上文已经明确环境行政执法与生态环境损害民事司法基于不同法律关系运行，因此两种机制叠加适用不存在理论上的障碍，这也乃生态环境损害行政执法与民事司法衔接之正当性依据。正如上文所析，若单一机制已可充分落实科学且全面地救济受损的生态环境之原则，讨论两种救济机制之衔接已无空间。例如，环境危害行为人所造成的损害，可由环境行政执法之责令修复的行政行为全覆盖，且行政相对人已充分履行修复受损生态环境的行政法律责任，此时再通过生态环境损害民事司法机制，请求环境危害人承担恢复原状（修复生态）的民事责任，实无必要。故此，环境行政机关此时无须再提起仅请求修复生态的生态环境损害赔偿诉讼。此处应当明确，环境行政机关要求环境危害行为人承担恢复原状（修复生态）民事责任的请求权虽已丧失，但并非表明环境行政机关无法通过生态环境损害民事机制主张《民法典》第1235条所赋予其的其他权利。例如，"生态环境受到损害至修复完成期间服务功能丧失导致的损失""生态环境损害调查、鉴定评估等费用"，以及"防止损害的发生和扩大所支出的合理费用"。若环境行政机关甄选生态环境损害民事司法作为在先的救济机制，当受损的生态环境已无法修复，仅可请求环境危害人承担赔偿责任，这亦非表明在人民法院作出判决后，环境行政机关无法基于行政法律关系对行政相对人作出其他具体行政行为（行政处罚）。当然，行政机关不能无视诉讼结果，应当考虑赔偿的金额，在合理的行政裁量范围内决定适当的罚金数额。

是故，在生态环境救济场域，应有效贯彻科学且全面地救济受损的生态环境之原则。环境行政机关不应僵化救济模式与策略，应从具体案件出发，以"甄选-测评-填补"程序协同的救济机制为维护社会公众环境公共利益保驾护航。

四、结　　语

探究生态环境损害行政执法与民事司法衔接之前提在于两种制度有先后适用的空间。本专题认为，生态环境损害行政执法与生态环境损害民事司法基于不同法律关系而形成，虽然两种机制之间有相异的追责方式，但尚能殊途同归，实现救济受损生态环境、维护国家与社会环境公共利益、推动生态文明机制建设的目的。因此，不能简单地叠加适用两种制度。未来，我国可在相应规范中明确科学且全面地救济受损的生态环境之原则，并在该项原则的指引下，建立健全相关的衔接制度。具言之，通过科学合理的制度设计，建立并完善一套行之有效的"甄选-测评-填补"机制。这一机制的建立不仅可以充分救济受损的生态环境，减少行政机关行政执法之掣肘，还能充分发挥其解决生态环境损害问题的主观能动性。

专题五　生态环境损害政府问责之论争

【摘要及创新】

　　在中国生态环境损害赔偿的制度设计中，政府承担着索赔者与被问责者的双重身份。然而，自党的十八大以来，环境保护的重要性日益凸显，已成为官员晋升评价的关键指标。在中国"政治锦标赛"式的晋升体制下，问责无疑成为官员晋升的重要挑战。因此，是否存在官员因为惧怕被问责而掩盖生态环境损害事实，最终致使环境公共利益受损的情形？

本专题旨在探索这一问题，并寻找我国生态环境问责制度的规范基础，对其属性进行厘清。

本专题认为，中国的生态环境问责制度是一项以党内法规和生态环境政策为规范基础，以《中央生态环境保护督察工作规定》、环保督察制度和问责依据为主体构成的制度。在实践中，该制度具有基层性、广泛性和严厉性三大特点。尽管生态环境问责制度一方面有利于督促地方党委和政府履行生态环境保护职责；但另一方面，也给地方政府带来了较大的政治压力，进而影响了生态环境损害赔偿制度的有效实施。在这种压力下，如何引导地方政府积极提起生态环境损害赔偿诉讼成为亟待解决的问题。本专题的创新之处包括：一是构建生态环保领域干部容错机制；二是实现生态环境问责制度法制化改革；三是实现生态环境问责机制的多元化转型。

专题五

生态环境损害政府问责之论争[*]

在生态环境损害赔偿制度中，国务院授权省级、市地级政府（包括直辖市所辖的区县级政府）作为本行政区域内生态环境损害赔偿权利人，有权开展生态环境损害赔偿的各项工作。由于环境保护是我国政府的基本职责，所以当政府未能履行或消极履行生态环境损害赔偿职责，又或者政府本身就是生态环境损害的致害者时，对其进行责任追究也是题中应有之义。此时，政府兼具索赔者与被问责者的双重身份——尽管具体的责任部门可能存在差异。但问题是，自党的十八大以来环境保护的重要性日益凸显，成为官员晋升的重要考核指标；而在我国"政治锦标赛"式的晋升体制下，问责无疑又是官员晋升的重大不利因素。申言之，官员是否会因为惧怕被问责而掩盖生态环境损害事实，最终致使环境公共利益受损？在本专题，我们便试图回答这些问题。

一、生态环境问责制度的理论展开

有关生态环境问责制度的理论展开可以分为三个部分做展开：第一，生态环境问责制度凭什么存在？第二，生态环境问责要向谁问责？第三，生态环境问责制度和其他类似制度相比区别在哪？只有弄清楚这三个问题我们才可以形成对生态环境问责制度的清晰认识。

---

* 作者简介：程飞鸿，法学博士，上海社会科学院助理研究员。本专题主要内容来自作者与张梓太教授合作的《我们需要什么样的生态环境问责制度？——兼议生态环境损害赔偿中地方政府的两难困境》，发表于《河北法学》2020 年第 3 期。本专题在该文的基础上做了较大幅度的改动。

(一) 生态环境问责制度的规范基础

保护生态环境是政府的基本义务，因此，当政府未能履行环保职责或履行环保职责不到位时，对其进行责任追究，是生态环境问责制度存在的逻辑前提。在此逻辑下，所谓"督政"应运而生。自 2013 年以来，环保部各督查中心分别在株洲、渭南、廊坊和鄂州等地开展了综合督查试点工作。2014 年 5 月，环境保护部印发《环境保护部约谈暂行办法》，规定环境保护部约见未履行环境保护职责或履行职责不到位的地方政府及其相关部门有关负责人。2014 年年底，环保部印发《综合督查工作暂行办法》，明确提出环境监管执法从"督企"到"督政"的转变。

诚然，"督政"改变了以往"督企"的状况，发挥了相当不错的成效，① 但其并未触碰到我国的本质国情——地方政府整治环境污染，成效如何，关键还得看地方党委的配合支持力度。抛开党委而强调政府的责任，必然会出现权责不一，成效不足的现象。② 一些地方党委满足于只督政、不督党委的状况，没有真正重视环境治理；地方政府长期处于"吃力不讨好"的境地。为了解决这些问题，2015 年 7 月中央深化改革小组十四次会议审议通过了《环境保护督察方案（试行）》，其中重点强调环境保护工作的"党政同责"，将地方党委与政府的环保责任同时作为重点监督对象，由此也标志着我国生态环境问责制度从单纯的"督政"到"党政同责"的重要转变。这种被问责主体的扩张，更意味着我国的生态环境问责已经脱离了单纯行政问责的范畴，成为生态环境党政法治建设的重要一环。

那么，一个很显然的问题是，何为生态环境党政法治？这里存在一个近似的概念，即"党内法治"。一些学者认为，所谓的党内法治就是以党内法规为基础，与国家法治、社会法治相并列的一种制度现象。③ 而"党政法治"显然不同于

---

① 常纪文、王鑫：《由督企、督政到督地方党委：环境监督模式转变的历史逻辑》，载《环境保护》2016 年第 7 期。

② 梁忠：《从问责政府到党政同责》，载《中国矿业大学学报（社会科学版）》2018 年第 1 期。

③ 肖金明：《关于党内法治概念的一般认识》，载《山东社会科学》2016 年第 6 期。

"党内法治"，这里的"政"包含"行政机关""行政权"之意，所以其规范依据就不仅有党内法规，还有法律法规。法律是有明确的界定标准的，因此研究生态环境问责制度的各项内容之关键，还是要厘清"党内法规"这个原点性概念。

学界对"党内法规"的内涵和外延尚未形成共识，存在"狭义说"和"广义说"两种观点。"狭义说"认为："中国共产党党内法规是由党的特定主体依照程序制定，体现党的意志和要求，调整党内政治、组织、权利与义务、权力与责任等重要关系，规范党组织的工作、活动和党员行为，具有明确性、规范性和强制性的行为规矩的总称。"[1] 同时，《中国共产党党内法规制定条例》第 3 条及第 5 条的规定："党内法规是党的中央组织，中央纪律检查委员会以及党中央工作机关和省、自治区、直辖市党委制定的体现党的统一意志、规范党的领导和党的建设活动、依靠党的纪律保证实施的专门规章制度"，并且"党内法规的名称为党章、准则、条例、规则、规定、办法、细则"。照此观点，当前生态环境领域的党内法规主要有三部，分别是《党政领导干部生态环境损害责任追究办法（试行）》（以下简称《责任追究办法（试行）》）、《生态文明建设目标评价考核办法》和《中央生态环境保护督察工作规定》（以下简称《环保督察规定》），其目的是倒逼地方各级党委重视生态环境保护。但这样的论断显然不符合我国生态环境问责制度发展的事实，因为如《关于加快推进生态文明建设的意见》《生态文明体制改革总体方案》《关于全面加强生态环境保护、坚决打好污染防治攻坚战的意见》等生态环境领域的党的规范性文件，都对我国生态环境问责制度的建设做出了重要部署和不可估量的作用。有学者就指出我们不应狭隘地看待生态环境党政法治，"如果将绝大多数的'规范性文件'排除在党政法治范畴之外，无视其在生态环境法治建设中发挥的重要作用，无疑有'削足适履'之嫌，并进而与生态文明建设及体制机制改革的现实大相径庭"。[2]

"广义说"则主张："广义的'党内法规'概念，即'依规治党'之'规'，不仅包括狭义的'党内法规'，而且包括党的纪律、党的规矩等在内。"[3] 据此，

① 李林：《科学定义"党内法规"概念的几个问题》，载《东方法学》2017 年第 4 期。
② 陈海嵩：《生态环境政党法治的生成及其规范化》，载《法学》2019 年第 5 期。
③ 李林：《科学定义"党内法规"概念的几个问题》，载《东方法学》2017 年第 4 期。

大量以方案、意见和通知等形式发布的党的规范性文件皆可归入其中。环境法学界主要受"广义说"的影响，① 笔者亦是其拥趸。究其原因，十八大以来中国生态环境法治呈现明显的"高位驱动"特性，政党成为推进中国环境法治发展的核心要素。党内法规也从单纯地调整党内关系外溢到党外领域，超越了"党内"的语义范畴。所以，结合我国的实际国情和党内法规的现实作用，对生态环境领域党内法规的理解持"广义说"才较为妥当，但这里也要强调三点：第一，坚持明确和规范党内法规的边界不仅是我国党政法治建设的基本要求，还是从严治党和依法治党的现实需要；第二，长期以来我国党内法规边界不清的事实也不应被忽视，这种历史因素所带来的惯性必将长期反映在我国的党内法规制定当中；第三，为了追求表述之准确，建议采用"环境保护党政规范性文件"较为妥当。

(二) 生态环境问责制度的问责对象

生态环境问责制度的问责对象是什么？这是我们紧接着要回答的问题。厘清该问题的重要性在于，生态环境问责制度以环境保护党政规范性文件为规范基础，相较法律法规，问责对象的不确定因素更多。如果不能厘清生态环境问责制度的对象，对其性质的分析就会变得混沌模糊。但好在万变不离其宗，生态环境问责制度的实质仍是以对党政领导干部及相关公职人员的责任追究为主线，抓住这条主线就可以相对容易地把握问责对象。

在我国当前的环境保护法治体系下，生态环境问责的依据主要有两类：一类是以《环境保护法》和《公务员法》为代表的法律法规；另一类是以《责任追究办法（试行）》和《环保督察规定》为代表的环境保护党政规范性文件。从问责对象上看，两者存在一定程度的重合。《环境保护法》和《公务员法》属于行政问责，针对的是"地方各级人民政府、县级以上人民政府环境保护主管部门和其他负有环境保护监督管理职责的部门工作人员"。《责任追究办法（试行）》和《环保督察规定》兼具行政问责和党内问责的双重特质，属于党政问责。《责任追究办法（试行）》虽属于环境保护党政规范性文件，但其针对"县级以上

---

① 陈海嵩：《环境法典编纂中的生态环境政党法治问题探析》，载《法商研究》2022 年第 6 期。

地方各级党委和政府及其有关工作部门的领导成员，中央和国家机关有关工作部门领导成员；上列工作部门的有关机构领导人员"。而《环保督察规定》则是针对部门进行督察问责，包括：（1）省、自治区、直辖市党委和政府及其有关部门，并可以下沉至有关地市级党委和政府及其有关部门；（2）承担重要生态环境保护职责的国务院有关部门；（3）从事的生产经营活动对生态环境影响较大的有关中央企业；（4）其他中央要求督察的单位。具体的问责对象包括被督察问责部门的领导成员和工作人员。

　　两类文件实际将问责对象分为领导成员和工作人员两类，又以党员身份为界限，分为党员身份的领导成员和非党员身份的领导成员。按照前述之规定，对工作人员进行行政问责，适用《环境保护法》和《公务员法》；对党员身份的领导成员，由于其失责行为往往同时触犯两类责任，所以既要进行党内问责，又要进行行政问责。问题是对非党员身份的领导成员应适用国法还是党法？此时存在两种解释。第一种解释是从两种依据的适用范围出发，认为应当对非党员身份的领导成员适用法律。其的原因在于，《责任追究办法（试行）》是党内法规，强制力来自政党内部的组织纪律，① 不能适用于非党员干部。第二种解释则主张从问责效果和问责目的出发，认为应当适用《责任追究办法（试行）》。《环境保护法》第 68 条规定了八种处分情形，并规定"对直接负责的主管人员和其他直接责任人员给予记过、记大过或者降级处分；造成严重后果的，给予撤职或者开除处分，其主要负责人应当引咎辞职"。相较而言，《责任追究办法（试行）》中罗列了 21 种应当被问责的情形，不仅比《环境保护法》更加明确、具体，很多还是《环境保护法》中未曾规定的情形，比如限制、干扰、阻碍生态环境和资源监管执法工作的，以及干预司法活动，插手生态环境和资源方面具体司法案件处理的；《责任追究办法（试行）》的问责方式更为综合多样，既有诫勉、责令公开道歉，又有组织处理（包括调离岗位、引咎辞职、责令辞职、免职、降职等）和党纪政纪处分，问责程度也呈现出梯度式的明显区分。

　　这两种方案各有利弊。采用"法律说"无疑更加稳定，缺点则是操作性相对

---

　　① 周叶中：《论"党纪新条例"的法技术与法属性》，载《武汉大学学报（人文科学版）》2016 年第 1 期。

欠缺；采用"环保党政规范性文件"说则问责的方式和内容更加明确、具体，不过也存在变动的风险。笔者认为，从法教义学的角度来说，非党员身份的领导成员属于《责任追究办法（试行）》的调整范围无疑，且其操作性更强。争议的根本在于作为教义的《责任追究办法（试行）》能否进行这样的规定。但这种争议本身就违反了法教义学的运作模式——诚如王泽鉴先生所言："法教义学是一门将现行实在法秩序作为坚定信奉而不加怀疑的前提，并以此为出发点开展体系化与解释工作的规范科学。"① 法教义学需以对法秩序的坚定信奉为基础。

（三）生态环境问责制度的性质厘清

生态环境问责制度作为一种尚未完全成熟的制度，存在不少急需探索之处，并且它与后文所欲提及的生态环境损害赔偿制度之间也有着千丝万缕的关联。如果仅止步于规范基础和问责对象，显然无助于深入的分析和研究。此处将着重围绕有关生态环境问责制度的三个问题，勾勒出生态环境问责制度性质的全貌。

1. 问题一：生态环境问责属于行政问责吗？

长期以来，行政问责一直在我国生态环境问责制度中占据主导地位，不论是理论界还是实务界都对两者有所混淆。这是因为生态环境问题涉及面广、复杂性强，政府在生态环境保护中拥有主导地位，而行政问责作为政府管理中的一种常用方式，能够通过约束和惩戒行政部门和官员的失职、渎职行为，促使其履行职责，提高政府的环境治理能力。不仅如此，生态环境问责制度与行政问责也有着密切的历史渊源。早在 1996 年山东省监察厅、山东省人事厅、山东省环境保护局就发布了《关于违反环境保护法规行政处分暂行规定》，试图加强环境行政管理。而 2005 年国务院颁布的《关于落实科学发展观加强环境保护的决定》亦明确规定"建立问责制，切实解决地方保护主义干预环境执法的问题"，"对因决策失误造成重大环境事故、严重干扰正常环境执法的领导干部和公职人员，要追究责任"。随后在 2006 年公布的《环境保护违法违纪行为处分暂行规定》则对

---

① 王泽鉴：《人格权法——法释义学、比较法、案例研究》，北京大学出版社 2013 年版，第 11 页。

国家行政机关及其工作人员、企业中由国家行政机关任命的人员的环境保护违法违纪行为进行了较为详细的规定。

从生态环境问责制度由"督政"向"党政同责"的转变来看，生态环境问责制度早已脱离了单纯的行政问责范畴。因为相较以往的单纯"督政"而言，"党政同责"主要通过党内的追责机制来进行责任追究，并借此强化问责的力度。在这样的模式下，生态环境问责制度关注的重点与其说是问责党委和政府，毋宁说更侧重于解决党政权责不一的问题。① 这也是笔者主张生态环境问责制度属于生态环境党政法治建设的重要原因。不仅如此，有学者通过对问责要素关键词词频数的数据分析后认为，自 2010 年以来，中央及地方政府日益重视司法问责和社会监督的效用，整个生态环境问责制度体系逐渐呈现多种问责模式多元发展的趋势。② 在此意义上，生态环境问责制度也与行政问责有着本质的不同。

具体来说，不同之处可以总结为以下几点：在对象上，生态环境问责的对象包括地方各级人民政府、县级以上人民政府环保主管部门和其他负有环保监管职责的部门公务人员、各级党委成员，行政问责的对象包括国家行政机关及其公务人员；在内容上，生态环境问责的内容则是环保主管部门和其他负有环保监管职责的部门公务人员、各级党委成员在环保事务中的失职行为，行政问责的内容则是国家机关及其公务人员在行政管理事务中的失职行为；在规范依据上，生态环境问责的规范依据为法律和环境保护党政规范性文件，行政问责的规范依据则是以国家法律法规为限。概言之，生态环境问责和行政问责是不同的概念，两者的交叉处在于环境行政问责，生态环境问责是环境行政问责的上位概念。

2. 问题二：生态环境问责的责任内容和责任形式是什么？

通过前文的论述可知，生态环境问责的规范依据包含法律和环保党政规范性文件，前者指向法律责任，后者指向党政责任。这里重点阐述后者。

所谓党政责任体现了从严管党、从严治党的要求，是党纪责任和政纪责任的

---

① 《一把制度利剑 一道制度屏障——中共中央组织部有关负责人就〈党政领导干部生态环境损害责任追究办法（试行）〉答记者问》，载《中国生态文明》2015 年第 3 期。

② 姜国俊、罗凯方：《中国环境问责制度的嬗变特征与演进逻辑——基于政策文本的分析》，载《行政论坛》2019 年第 26 期。

统称。一般来说，党政责任包含主体责任、领导责任以及对党员干部的纪律处分三种类型。主体责任源自《党委（党组）落实全面从严治党主体责任规定》的规定。领导责任包括全面领导责任、第一责任（承担者为党政主要负责人）、主要领导责任和重要领导责任。对党员干部的责任，一类是采取给予党纪处分方式，另一类是采取非党纪处分方式，后者是党内法规中针对党员领导干部的次要方式。①

在生态环境问责中，法律责任和党纪责任是并存的。具体而言，在对地方政府和其他负有环境保护监督管理职责的部门工作人员的问责上，适用法律责任；在对地方各级党委和政府及其有关工作部门的领导成员的问责上，适用党政责任；而在对非党员身份的领导成员的问责上，则囿于不同观点的影响，处于两种责任之间摇摆的状态。但笔者认为，从教义学的角度来看，对非党员身份的领导成员适用党政责任才较为妥当。

产生这种富有阶梯层次的责任适用方式的根源，关键还是在于"党内法规严于国家法律"，其根本依据是党员的自愿与同意行为，即党员对自身基本权利的主观放弃。② 对领导干部适用相对严厉的党政责任，而对工作人员则适用相对宽松的法律责任。因此，生态环境问责的内容兼具法律责任和党政责任。

3. 问题三：生态环境问责制度是同体问责还是异体问责？

对于生态环境问责制度是同体问责还是异体问责这个问题，我们需要从两个方面进行讨论。一方面，我们不能对"党政同责"作出狭义的理解，即片面地将对党委的问责和对政府的问责相剥离，进而把生态环境问责制度视为异体问责的一种形式。实际上，政府的行政行为往往是经由领导班子统一决策后作出的，党委在其中扮演了重要角色。因此，党委和政府的一体性决定了生态环境问责制度在本质上仍是同体问责。另一方面，生态环境问责制度更依赖行政问责和党内责任追究机制，而非社会问责、法律问责等机制。在前述学者的数据分析中也特别

---

① 季珏彦：《党纪与国法的对话——违纪行为与违法犯罪行为的比较分析》，中国方正出版社 2019 年版，第 60~61 页。

② 张海涛：《"党内法规严于国家法律"的理论反思与正当性阐释》，载《社会主义研究》2019 年第 1 期。

指出："2017 年，'行政问责'类的词频数仍然大幅高于其他两类高频词（'法律问责'类和'社会问责'类）……行政问责所占比重远超其他两类内容。"①这种在多元型转型中仍旧存在的偏态型问责，也是生态环境问责属于同体问责的标志。同体问责较之异体问责缺陷明显，例如其中总是不可避免地表现出民主性缺失、公正性欠缺、稳定性不足等问题。② 因而，长期以来一直为理论界和实务界所诟病。如果生态环境问责制度一直保持同体问责的性质，问责效果必然会大打折扣。由此看来，如何促进生态环境问责制度从同体问责向异体问责的转变，实现真正的多元化问责，即成为未来生态环境问责制度发展的重要方向。

（四）作为特殊类型的中央环保督察制度

在生态环境问责制度中，最引人注目的莫过于中央环保督察制度。自"党政同责"成为全社会的共识后，2015 年 7 月，中央深改组第十四次会议审议通过了《环境保护督察方案（试行）》，随后由中共中央办公厅、国务院办公厅的名义予以印发（厅字〔2015〕21 号），将原先的"督查"发展为"督察"，以党中央、国务院的名义赋予环保督察以更高的权威与"刚性"，强调环境保护工作的"党政同责"和"一岗双责"。③

我国的中央环保督察制度包含例行督察、专项督察和"回头看"三部分，其中例行督察是常规，专项督察针对重点，"回头看"则对例行督察整改工作开展情况、重点整改任务完成情况和生态环境保护长效机制建设情况等进行再次督察。从制度构造上而言，这种主干明确，重点兼顾，还有自身监督机制的制度已经较为完善。在督察对象上，虽然例行督察的对象包含省、自治区、直辖市党委和政府及其有关部门（可以下沉至有关地市级党委和政府及其有关部门）、承担重要生态环境保护职责的国务院有关部门，以及从事的生产经营活动对生态环境

---

① 姜国俊，罗凯方：《中国环境问责制度的嬗变特征与演进逻辑——基于政策文本的分析》，载《行政论坛》2019 年第 26 期。

② 韩志明：《制度的虚置与行动者的缺席——基于同体问责与异体问责问题的分析》，《天津社会科学》2011 年第 4 期。

③ 陈海嵩：《环保督察制度法治化：定位、困境及其出路》，载《法学评论》2017 年第 3 期。

影响较大的有关中央企业三部分，但在实践中，中央环保督察制度更侧重对政府和生态环境保护职能部门的督察。

中央环保督察制度的核心在于中央权威的介入，并将督察的结果视作党政领导干部考核的重要依据。从推进机制看，中央环保督察采取了"运动型治理"的政府运作模式，其特点是以自上而下的方式动员、调动体制内的各种资源，以上级权威强力推进督查工作并在短期内取得效果。问题在于，"运动型治理"能否保证中央环保督察效果的可持续性与制度运作的持久性？从法经济学角度分析，运动式的执法不可能从根本上起到预防和威慑违反者的作用，反而会促成违法者不断地"钻执法漏洞"。因为在执法过程中违规者和执法者之间的博弈是一种典型的不完全信息博弈，执法者对于违规行为的信息获取，始终处于被动和滞后的地位，这决定了间歇性、选择性执法不能成为有效遏制违法的方式，需要建构法治化、规范化的中央环保督察机制。

作为推动中央环保督察制度法制化进程的重要一步，《环保督察规定》的地位也由此凸显。在《环保督察规定》尚未出台前，不少学者就认为中央环保督察制度的规范效力存在缺漏。① "原先的《环境保护督察方案（试行）》在制定程序、可预测性、严谨性以及权威性上较之一般法律或党内法规都有明显不足，因此需要对中央环保督察制度进行法制化改造。"② 《环保督察规定》虽然属于党内法规，但它的出台在一定程度上满足了法制化改造的需求。

二、生态环境问责制度的实践样态

实践是检验理论的唯一标准。因此，仅凭理论上的分析尚不足以使我们洞悉生态环境问责制度的全貌，我们必须对实践中生态环境问责制度的运行状况与运行特点进行分析和考量。为了更直观地展示这些状况和特点，笔者采用生态环境部公布的第一轮和第二轮环保督察的各项公开数据为蓝本，分别制作了如下图

---

① 陈海嵩：《环保督察制度法治化：定位、困境及其出路》，载《法学评论》2017年第3期。

② 谢秋凌：《法治视阈下我国中央环保督察制度研究》，载《山西师大学报（社会科学版）》2018年第6期。

表。通过对这些数据的分析和图表的直观展示，生态环境问责制度的三个主要特点映入了我们的视野当中：

第一，问责对象的基层性。生态环境问责对象的基层性主要体现在被问责对象的级别不高。在图5-1和图5-2中我们可以直观地看到，被问责的厅级领导干部数量要明显少于处级以下领导干部的数量，而图中没有显示的省部级领导干部问责数量则更是寥寥。事实上，在第一轮中央环保督察中，除了甘肃省的3名省部级领导干部因祁连山国家级自然保护区生态环境问题受到问责之外，其他省份和直辖市均没有省部级领导干部的被问责情况。笔者认为，造成这两种现象有两点原因：第一，这符合党政机关权力分配的倒金字塔结构特征，即处于权力分布顶端的人数相对较少，处于权力分布底端的人数相对较多。因此在被问责人员的比例上呈现倒金字塔式分布。第二，处级及以下领导干部的诸多行政行为直接作用于生态环境，相较而言，更容易导致生态环境问题的发生或者激化环境法律关系主体的矛盾。而厅级以上领导干部尤其是部级领导干部更侧重较大的环境决策或重大环境规划，这些宏观层面的举措一般都配备了完善的决策和监督机制，所以问责相对较少。

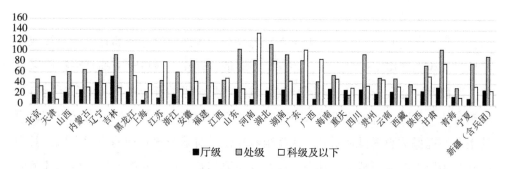

图 5-1　首轮例行督察移交问题被追责问责人员级别情况

第二，问责覆盖的广泛性。这种广泛性体现在：一是如图5-3和表5-1所示，几乎所有类别的党政机关均在问责之列。二是地方党委和政府所属部门的被问责人员之多，牵涉部门之广，都远超其他党政机关。仅仅如表5-1所示，就有环保、国土、水利、住建、林业和工信等多个部门被问责。导致这两种现象产生的原因既有生态环境自身之故，也有党政机关内部的原因。首先，就生态环境自身

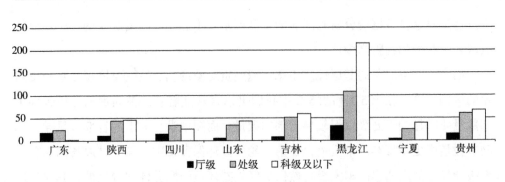

图 5-2 第二轮中央环保督察移交问题被追责问责人员级别情况

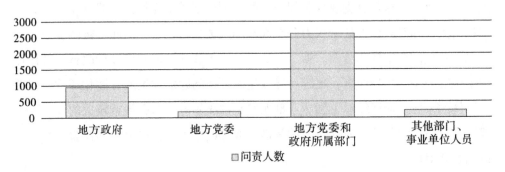

图 5-3 首轮例行督察问责的部门分布情况

而言，生态环境问题的发生原因通常较为复杂，各部门的行为都有可能直接或间接地促成生态环境事件的发生，并且生态环境事件在多数情况下都是跨行政区域的，所以就可能会造成多个不同行政区域内的党政机关都会对某一生态环境事件负有责任。其次，就党政机关自身而言，党委和政府之间关系模糊，党委和政府的生态环境保护职责很难划分。这就很容易使得对某个党政机关问责之后，其中的党政领导干部都会被牵扯其中。这几种原因相互交织，共同导致了生态环境问责制度具有广泛性这一特点的产生。

表 5-1   地方党委和政府所属部门问责分布情况

部门	环保	国土	水利	住建	林业	工信	发改	城管	农业	海洋	质监	交通	其他部门
问责人数	537	326	308	262	211	197	145	135	118	80	50	21	226

第三，问责结果的严厉性。在表5-2和表5-3中，笔者对部分地区首轮例行督察问责情况和部分地区第二轮中央环保督察问责情况做了统计，不少地方的被问责人员还适用了多种处理方式。进一步分析，我们亦能发现大多数的被问责人员都通过组织处理和党纪政纪的方式予以处分，但只有极少部分人移送了司法机关。这一现象无疑符合前述我们得出的生态环境问责制度主要依赖同体问责而缺乏异体问责的论断。不仅如此，这种严厉性还体现在问责时限上。《责任追究办法（试行）》中就明确规定"实行生态环境损害责任终身追究制"，"对违背科学发展要求、造成生态环境和资源严重破坏的，责任人不论是否已调离、提拔或者退休，都必须严格追责"。以终身时长为追责期限，不仅对党政领导干部任期内的行为进行了约束，还延伸至其任期后，可以使他们在任期内对于涉及环境的决策和举措慎之又慎。但终身制问责也促使严厉性的特点得以凸显。

表 5-2 部分地区首轮例行督察问责情况统计

地域	组织处理（人）	党纪政纪处分（人）	移送司法机关（人）	总问责人数
北京	34	64	0	98
内蒙古	32	92	0	124
上海	29	42	0	71
江苏	37	93	7	137
广东	55	152	0	207
黑龙江	29	141	0	170
江西	44	66	0	106
河南	75	156	0	227
湖北	36	198	8	221
广西	53	88	0	141
云南	42	55	13	110
宁夏	57	72	0	125
重庆	36	45	0	79
陕西	49	114	0	154
甘肃	43	163	2	218

表 5-3　　　　　　部分地区第二轮中央环保督察问责情况统计

地域	诫勉处理（人）	组织处理（人）	党纪政纪处分（人）	移送司法机关（人）	总问责人数
广东	16	34	20	0	44
陕西	14	22	63	2	101
四川	0	30	45	0	75
山东	31	26	56	0	82
吉林	26	55	36	0	118
黑龙江	89	61	205	0	355
宁夏	30	3	35	0	68
贵州	55	23	62	0	142

综上所述，通过生态环境部发布的数据，我们总结出了生态环境问责制度的三大特点，由此也昭示出制度隐忧。第一个隐忧，大批环保及相关领域的基层领导干部面临问责和处罚，而他们又是我国相关工作的生力军。随着生态环境问责工作的不断深入，这些被问责领导干部的缺位必然会对生态环境工作的开展造成极为不利的影响。第二个隐忧，如果勇于探索、敢于创新的领导干部没有达到预期目标，生态环境问责制度是否会对其进行问责？并且，由于问责是终身的，此时看上去比较创新的行为可能在未来被证明并非最佳选择，甚至可能是比较差的选择，那么对这些领导干部的问责是否会打击其他领导干部创新工作的积极性？第三个隐忧，如果环保工作只是为了避免问责和处罚，而没有更多的长远考虑和规划，那么环保工作很可能会失去长期性和系统性，这会对环保事业的可持续发展产生负面影响。

由此，我们从理论和实践两个层面展开分析，并最终通过生态环境问责制度的三个特点完成了对其整体样貌的勾勒。我们必须看到：一方面，生态环境问责制度已经构建了一种较为全面和严格的问责体系。生态环境问责制度通过"党政同责"的问责结构，对督促地方党政领导的履行环境保护职责，解决重大环境问题有着巨大帮助。另一方面，生态环境问责制度也给地方政府带来了较大的压力。问题在于，这种压力是否会经由党政领导干部及相关人员传导至生态环境损害赔偿制度的有效实施？我们将在后文中对这个问题进行重点讨论。

三、由问责引发的生态环境损害赔偿两难困境

地方政府在保护生态环境利益中的重要作用，但地方政府在生态环境损害赔偿制度中却存在着明显的两难困境。2019年6月，最高人民法院发布了人民法院保障生态环境损害赔偿制度改革的五个典型案例，笔者在分析这五个典型案例后发现，在这些案例中，地方政府都没有明显过错可言。当政府无过错、相关领导干部无须承担责任时，其必然会选择积极提起生态环境损害赔偿诉讼。可是如果当政府对生态环境损害事件的发生确有责任时，这种两难困境就立刻显现。

（一）地方政府能否放弃生态环境损害赔偿诉讼的诉权

在前文中，我们已经简要论及了地方政府需要积极行使生态环境损害赔偿诉讼的诉权。但政府能不能自由处分这一诉权？事实上，如果政府可以自由处分生态环境损害赔偿诉讼的诉权，也就不存在所谓两难困境一说。因为地方政府完全可以凭借放弃诉权而形成一种自主选择。所以，对这一问题的回答就成为我们整个研究能否存在的前提。当然，我们首先需要明确的是：提起生态环境损害赔偿诉讼的权源究竟是什么？对此，诸位学者们众说纷纭，难成一致。

主流理论认为，国家所有权乃是国家对国有财产所享有的占有、使用、收益和处分的权利，是全民所有制在法律上的表现。[①] 所以除少数法定例外情形外，我国自然资源全部为国家所有，由国务院"代表国家行使所有权"，普通主体只能通过用益物权性质的"自然资源使用权"对资源进行实际支配和利用。

这种观点又可以进一步细分为自然资源国家所有权公权说和自然资源国家所有权私权说。持公权说的学者们认为：第一，"国家机关无须具体授权即可代表国家行使权力，处理事务正是公法领域国家与政府关系的常态"，而"之所以要对侵害国有自然资源的行为进行惩罚是因为侵害行为对公法秩序的违反"。[②] 换

---

① 王利明：《物权法论》，中国政法大学出版社2003年版，第272页。
② 巩固：《自然资源国家所有权公权说》，载《法学研究》2013年第4期。

言之，地方政府的生态环境损害索赔权并非来自一般意义所有权人对其所有物的物权性救济，而是出于地方政府对环境管理秩序的维护。因此，当政府或相应机关严重失职或者管理不善，导致资源物致害的，便可以追究管理者的行政责任。第二，政府有能力且适合承担生态环境损害修复组织协调工作。① 这是因为在现阶段，社会组织在能力、规模以及资质上相对欠缺，政府在维护生态环境利益上具有能力优势。因此可以说，公权说不仅对国家机关提起生态环境损害赔偿诉讼的合理性作出了解释，还对国家所有权与民法上的所有权进行了区分，具有一定的合理性。

不同于公权说，私权说体现了更为典型的民法思维。该理论将生态环境视作民法上的物，以物权制度作为生态环境损害赔偿制度的参照模板，并最终实现对生态环境损害的救济。但这一观点始终饱受质疑。很多学者认为"自然资源国家所有权不符合物权特定性、可处分性、私法救济性的特征，对自然资源的利用也不符合用益物权非消耗性、不发生物权变动等特性，故而不能对其作私权化的理解"。② 事实上，自然资源国家所有权和一般意义的所有权存在明显不同，只有所有权之名，没有所有权之实。

不过，即便公权说相较于私权说占据一定理论优势，它也并非没有瑕疵。这种瑕疵的根源在于自然资源国家所有权理论本身。依照《深化党和国家机构改革方案》的规定，由自然资源部统一行使全民所有自然资源资产所有者职责。换言之，行使生态环境损害赔偿索赔权的主体不应是地方政府，而是各级自然资源部门。这便与生态环境损害赔偿制度的构造发生了冲突，其中的理论缺陷也有待学者们进一步完善。

除了自然资源国家所有权理论外，还有不少学者试图以环境权为生态环境损害赔偿制度提供一种权利本源和法理基础。相关论者认为，生态环境损害行为侵

---

① 吴惟予：《生态环境损害赔偿中的利益代表机制研究——以社会公共利益与国家利益为分析工具》，《河北法学》2019 年第 3 期。

② 张宝：《生态环境损害政府索赔权与监管权的适用关系辨析》，载《法学论坛》2017年第 3 期。

犯的权益具有典型的公益性,[1] 只有将生态环境损害的公共性和社会性特质作为理论认识的基石及制度建构的原点,方才符合生态环境损害赔偿制度的内在规律性,[2] 而环境权恰好兼具这两种特性。不仅如此,环境权拥有的基本人权属性要求国家和政府,必须为公民提供超越生存底线的保障。将环境权作为生态环境损害赔偿诉讼的权源,意味着地方政府的索赔权来源是全体公民。换言之,这种索赔权与我们一般意义上理解的损害赔偿请求权不同。地方政府之所以可以提起生态环境损害赔偿诉讼,既是出于对生态环境利益的维护,又是出于对公民基本人权的保护。

笔者通过观点的列举无非是想说明,地方政府不能放弃生态环境损害赔偿诉讼的诉权,提起生态环境损害赔偿诉讼是政府应尽的职责,而非一种可以随意支配处分的权利。需要注意的是,当地方政府消极提起生态环境损害赔偿诉讼时,其行为应当被视作行政不作为,并且考虑到生态环境损害和公民环境权利得不到及时的救济,地方政府此时应当被加重问责。

(二) 两难困境的具体指向及其实质

既然地方政府不能放弃生态环境损害赔偿诉讼的诉权,且当其消极提起生态环境损害赔偿诉讼构成行政不作为,应被加重问责。由此塑造了两难困境的基本条件。为了更好地展示这一两难困境,笔者绘制了图 5-4,当然其中一些具体问题还需进一步说明。

所谓"两难困境",是指地方政府在生态环境损害赔偿诉讼中面临"积极起诉,仍被问责"和"消极起诉,加重问责"的两难困境。造成这种两难困境背后的原因是,生态环境问题已经成为一个极具敏感性的政治话题,政府在处理相关事件时需要考虑到各方利益的平衡。这不仅包括政府、企业和公民等环境利益主体的平衡,还包括长期被忽视的政府内部利益平衡。因此,对于地方政府而言,积极起诉和消极起诉都不是最理想的选择。积极起诉容易引起社会的不满和

---

① 何燕,李爱年:《生态环境损害担责之民事责任认定》,载《河北法学》2019 年第 1 期。

② 陈海嵩:《生态环境损害赔偿制度的反思与重构——宪法解释的视角》,载《东方法学》2018 年第 6 期。

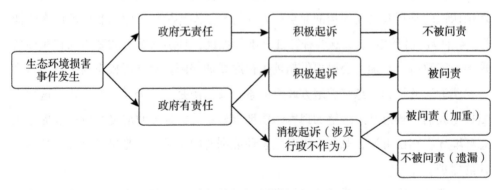

图 5-4　生态环境损害赔偿制度两难路径图

质疑，同时也会让地方政府面临额外的压力和问责。消极起诉则容易让人产生政府不作为、保护利益集团的印象，更会让地方政府面临法律责任和政治责任的双重压力。但是有人可能会说，面对此种两难困境，地方政府选择积极起诉难道不是最优解吗？毕竟"吃力不讨好"远没有被问责来得严重。但事实并没有想象得那么简单。

首先，如果地方政府提起生态环境损害赔偿诉讼后仍被问责，会打击其起诉的意愿。尽管提起诉讼本应是地方政府的职责，而生态环境问责制度则是对行政机关党委领导和公务人员的监督机制，但是地方政府仍然需要考虑其工作的成果，而不仅仅是职责的履行。从地方政府的角度看，"积极起诉，仍被问责"的结果很难令人满意。这当然不是说我们就应当减轻政府起诉后相关责任人员的问责力度。这样的做法不仅难言公平正义，更有矫枉过正之嫌。为了缓解地方政府"吃力不讨好"的局面，我们应当将目光重点聚焦在如何保护尽职履责的公职人员之上，只有通过构建完善的容错机制，鼓励生态环境领域的党政干部及公职人员勇于创新、担当作为、尽职履责，才是引导地方政府积极起诉的正确做法。

其次，生态环境问责制度面临着稳定性不足和长效性缺失两大难题。在一般的问责制度中，执法者相较违规者总是处于信息获取被动和滞后的状态，违规者通常能够充分利用信息不对称来规避惩罚。① 这种情况在生态环境事件中同样存

————————

① 王锡锌：《中国行政执法困境的个案解读》，载《法学研究》2005 年第 3 期。

在，且由于我国当前的生态环境问责制度并没有实现法制化的改造，违规者与执法者之间的不完全信息博弈被放大了。为了解决这些问题，中央环保督察才设置了"回头看"措施，但其终究不能和具有稳定性和可预期性的法律相提并论。

最后，地方政府对逃避问责抱有侥幸心理。这是由生态环境问责制度稳定性不足和长效性缺失带来的显见后果。出于侥幸心理的作用，地方政府的领导干部或者相关公职人员就有可能以漏报、瞒报等行为来逃避问责追究。而且，囿于生态环境问责制度的同体问责属性，仅凭其自身的制度运转很难做到疏而不漏，这也从另一方面助长了侥幸心理的产生。例如，在 2017 年被环保督察调查核实的祁连山生态环境破坏问题就有侥幸心理作祟的痕迹。实际上，该问题早在 2015 年就已经被发现，原环保部、原国家林业局就曾经公开约谈张掖市政府、甘肃省林业厅和祁连山国家级自然保护区管理局主要负责人，并就祁连山国家级自然保护区生态环境问题进行通报。但甘肃省各级地方政府及相关人员瞒报、漏报，相关修复和整治工作进展缓慢，最终使祁连山生态环境进一步恶化。

综上所述，我们应当看到，与其说地方政府在提起生态环境损害赔偿中存在两难困境，毋宁说这是问责制度的本身和其缺陷双重作用的必然结果。如果要强行消解这一两难困境，最省力的解决方式就是从生态环境损害赔偿权利主体出发，增加赔偿权利主体抑或是将地方政府移出赔偿权利主体的范畴。但这些做法不仅不符合相关立法的规定，也无关本专题之要旨，如何引导地方政府积极起诉才是重点。结合前述的分析，消解两难困境的突破口实际上已经清晰明了。具体而言，可以归结为以下三点：第一，构建完善的容错机制，鼓励生态环境领域的党政干部及公职人员，勇于创新，担当作为，尽职履责；第二，实现生态环境问责制度的法制化改造，以保证问责制度的稳定性和问责效果的长效性；第三，完成生态环境问责制度从同体问责向异体问责的转变，以多元化问责为未来生态环境问责的主要形式。

四、摆脱两难困境的具体路径

作为解决这一问题的具体路径，构建生态环保领域干部容错机制、实现生态环境问责制度法制化的改造、完成生态环境问责机制多元化的转变，不仅可以加强对环境问题的监管和治理，也可以为干部提供更为宽松的工作环境和更大的发展空间，同时也有利于推动环保工作与经济社会发展的协调发展。下面就将这几个方面进行探讨。

（一）构建生态环保领域干部容错机制

2019 年 1 月，浙江省生态环境厅印发了《关于进一步激励生态环保干部改革创新当担当作为容错免责的实施意见（试行）》，这是全国范围内首份专门针对环保干部容错免责的实施意见。该文件划定了 12 种免责情形，包括在贯彻执行上级指示决策部署中，为推动发展、攻坚克难，主动解决问题而大胆探索、先行先试出现失误或错误；在实施重要规划、落实污染防治目标、推进环境质量改善和生态环保督察整改过程中，因自我加压、提高标准，客观原因致使自定目标任务未能完成等。而在随后的 4 月，山东省生态环境厅也印发了《山东省生态环境系统干部履职尽责容错纠错实施办法（试行）》，囊括了 12 种履职尽责的情形和 10 种从轻减轻处理或者予以免责情形。河南省也于同年 12 月发布了《河南省生态环境综合行政执法机构及其执法人员履职尽责容错纠错实施办法》。

这些行为无疑表明地方政府已经逐渐意识到敢于担当、敢于负责的干部才是环保工作可持续进行的核心，为他们撑腰鼓劲乃是生态环境问责制度的本义。当然，为了更好地推进生态环保领域干部容错机制在全国范围内的展开，仅仅依靠地方环保主管部门出台的实施意见和实施办法显然并不能满足现实的需要。首先，生态环保领域干部容错机制需要更加明确、全面的政策支持。在全国范围内推广干部容错机制需要政府在法律、制度和政策上的明确支持和规范。仅仅依靠地方环保主管部门出台的实施意见和实施办法可能缺乏全国性的协调和统一性，难以形成全局性的影响和推动力。其次，干部容错机制需要跨部门、跨地区的合作和协调。生态环保工作需要各部门、各地区的协同合作，形成整体推进的格局。如果仅仅依靠地方环保主管部门出台的实施意见和实施办法，难以实现部门之间、地区之间的协同合作，容易出现信息不对称、政策不协调等问题，从而影响干部容错机制的落实和推广。最后，干部容错机制需要社会的广泛参与和监督。生态环保工作事关公众的切身利益，需要引导公众积极参与到环保工作中来，发挥公众的监督作用，确保干部容错机制不被滥用和扭曲。

为此，我们需要在全国层面出台效力位阶至少不低于行政法规或党内法规的制度性规定，而地方政府可以结合各地的具体情况出台相应的地方性法规予以配合，最终形成生态环保领域干部容错的纵深机制。而在这些法律文件的内容上，攻坚克难、勇于探索、先行先试、大胆创新、自我加压、主动担当、大胆履职等应当成为界定容错免责的关键词。这些关键词不仅是设置容错机制的要求，更是生态环境问责制度未来转型的风向标。

（二）　实现生态环境问责制度法制化的改造

实现生态环境问责制度法制化的改造无疑是确保其制度稳定性和问责效果长效性的最有力的手段。既然环境保护党政规范性文件是生态环境问责制度的主要规范基础，这就不免在稳定性上稍显不足。不仅如此，这些环境保护党政规范性文件也未曾从法律的角度出发，给予生态环境问责制度充足的法理论证。因此，只有通过对生态环境问责制度法制化的改造，以期形成较为稳定的法律制度体系，并对其进行法学基本理论的完善，方能从根本上解决这些问题。那么问题即在于完善法律依据时应持何种思路，笔者认为我们不妨从生态环境问责制度实践的特点入手，因为这些特点恰恰能够从最直观的层面反映最核心的问题。

在前文中，我们已经论证了生态环境问责制度具有基层性、广泛性和严厉性三大特点，但并非所有的这些特点都是突破口。例如，基层性就更多地表现了一种权力的结构和党政机关的运行方式，而广泛性在一定程度上也只是反映了生态环境事件的特点。所以，我们关注的重点应当集中于由广泛性暴露的党委和政府之间权力界限不清的问题以及如何对严厉性进行法制化和适度化处理之上。

首先，在党委和政府的权力界限问题上，正如前文所揭示的，党委和政府的权力界限十分模糊，两者在生态环境保护中应当分别承担什么样的责任也没有明确的答案。正因如此，当生态环境问责制度实现从"督政"到"党政同责"的转变之后，才会取得瞩目的成效。但随着党内法规制度的愈发成熟和完善，简单地将"党"和"政"混同并不适宜。实际上，有学者就指出："如果规范对象涉及党组织和党员以外的公权力机关和公职人员的，应该以国家法律的形式出现。"① 因此,对于生态环境问责制度法制化的改造,当务之急就是对政府及其相关部门的公务人员制定相应的国家法律,并且为了使得这一立法可以成为生态环境问责制度的新的主体构成,其效力位阶应当比照党内法规在党内立法中地位,即以法律的形式制定才较为妥当。

其次,在对严厉性进行法制化和适度化的处理上,我们第一步需要明确的是问责的标准。在《责任追究办法(试行)》中,受制于党内法规的局限性,不少责任追究条款都表述为"应当追究责任",但应当追究的责任大小却并没有一个明确的标准。没有一个明确的问责标准,就很容易使得被问责的党政领导干部成为宣泄民众情绪的出口。这样的情况只能使得环保工作相关人员人人自危,无心专注本职工作,进而陷入恶性循环。

不仅如此,我们也需要拥有类似于《公务员法》中的申诉救济机制。申诉救济机制和前述的容错机制是对生态环境领域干部的双重保障。生态环境保护行业是高危行业,不能仅依靠情怀留住人,要依靠制度激励人、保护人、吸引人,这样才能将人才优势转化为环保优势。② 虽然《责任追究办法(试行)》第14条规定,受到责任追究的人员对责任追究不服的,可以向作出责任追究决定的机关和部门提出书面申诉。但从实践层面考量,该条的实际操作意义并不大。其中的原因不仅在于该条没有对作出决定的机关和部门回复的时限予以限制,更在于作出责任追究决定的机关和部门能否公平公正地处理申诉意见。所以,笔者建议完善生态环境问责制度的申诉救济机制时应当围绕以下两点展开:第一,引入上级机关作为处理申诉意见的机关。不过考虑到上一级机关事务繁忙,不宜将其直接作为处理申诉的主体,即被问责主体应当首先向作出决定的机关和部门提出申诉,不服的才可以向上一级机关和部门提出申诉。第二,明确回复申诉控告的时间和逾期不回复的责任。例如15日或者30日的期限就较为适宜。因为这样既可以保证受理申诉的机关和部门有充分的时间进行核查,又可以足够保证被问责人员的权利及时得到救济。

① 付子堂:《法治体系内的党内法规探析》,载《中共中央党校学报》2015年第3期。
② 张梓太、程飞鸿:《索赔与问责:生态环境损害赔偿制度设计的两难选择》,载《中国应用法学》2019年第1期。

(三) 完成生态环境问责机制多元化的转变

一个完善的问责机制需要兼顾同体问责和异体问责，生态环境问责制度的完善也必须遵循这种规律。① 在现有的制度背景下，同体问责方式的"党政同责"，对于生态环境问责制度取得了重要的成效。然而，同体问责所带来的问责程序不完善、官员复出不规范等问题，并不能仅凭制度本身解决。② 此外，正如前文所述，这种较为单一的监督问责机制能否做到完全的覆盖和排查，仍存在疏漏的可能，因此也加剧了地方政府逃避问责的心理。

因此，要想实现有效监督，就必须对整个生态环境问责机制的架构进行调整，以多元化的问责机制对党政领导干部及相关公职人员进行全方位的约束。不过，根据"如无必要勿增实体"的奥卡姆剃刀原则，在现有的制度安排下，我们亦无须全新创设其他的异体问责制度，凭借人大、法院、检察院以及公众监督对政府的异体问责功能就可以较好地实现生态环境问责机制的多元化建构。但关键在于，我们需要将在既有的制度基础上，形成一种良好有效的监督机制。具体而言，人大可以加强对政府生态环境行政行为的质询，而检察院也应继续完善检察建议制度、建立专家辅助人制度和构建专业化人才队伍，并以环境行政公益诉讼对政府行政机关形成良好的监督。③ 在人大监督和司法监督之外，公众监督也同样不可或缺。我们可以充分利用社交媒体的优势，凭借诸如微信、微博、短视频等社交平台或媒介，实现对地方政府的全方位监督。

五、结　　语

虽然生态环境问责制度是监督和约束生态环境领域党政领导干部的重要制度，但它的本义从来都不是问责和处分。如何在监督和约束的同时，规范地方政府及相关部门的环境监督管理行为，并为敢于担当、敢于负责的干部撑腰鼓劲才

---

① 韩志明：《对行政问责模式的比较分析及反思》，载《探索》2011 年第 4 期。

② 段振东：《行政同体问责制研究》，吉林大学 2014 年博士学位论文。

③ 桂萍、贾飞林：《检察机关提起行政公益诉讼制度刍议》，载《行政与法》2019 年第 6 期。

是生态环境问责制度应有的制度内涵。这种对生态环境问责制度本义的思考，也正契合了积极引导地方政府参与生态环境损害赔偿制度的现实需要。未来的我们需要什么样的生态环境问责制度？有法制化保障并兼具人情味的生态环境问责制度，才是该项制度未来应有的发展方向。

专题六　生态环境损害政府索赔权问题之论争

【摘要及创新】

生态环境损害索赔权的法律性质是生态环境损害赔偿制度规范构建的逻辑起点。目前，学界围绕该问题形成了民事权利说、行政权力说、区分混合说（索赔权性质因自然资源种类不同而有别）和一体混合说（各类自然资源损害索赔权同时具有民事权利和行政权力双重属性）四种学说。但既有学说局限于生态环境损害赔偿制度的内部视角，倾向于简单地移植域外理论，且侧重于功能分析，欠缺体系性的规范分析。

本专题的研究目的在于系统梳理既有学说的论证逻辑以及彼此之间的"攻防对立"，综合运用规范性法解释学方法和功能性比较分析方法证成行政权力说。

生态环境损害索赔权是公权性自然资源国家所有权的程序性权能，其法律性质应当是行政权。索赔权的法律性质与索赔权的实施机制不应混淆。即使索赔权是行政权力，其亦可经由私法性程序机制实现目的。从索赔权的实体法依据来看，《民法典》第1234条和第1235条均属于程序性条款，并未明确索赔权的实体法依据。

由于生态环境损害索赔权是自然资源国家所有权的程序性权能，且自然资源国家所有权是同时涵盖宪法、行政法、私法乃至刑法等不同法律维度的法律体系，我们应当采取一种体系性方法。这种体系性方法包含两层维度，一是对不同部门法法律的体系性解释，二是对多元生态环境损害救济制度的体系性解释。基于生态环境损害索赔权的行政权属性，生态环境损害赔偿制度的改革思路应当是回归公法，强化行政权在生态环境损害救济过程中的效力。

专题六

生态环境损害政府索赔权问题之论争[*]

当特定的社会利益诉求无法在既有法律制度框架中获得满足，并积累到一定程度，法律制度就会走向变革之路。近年来，在渤海湾溢油污染、松花江水污染、常州外国语学校土壤污染等诸多事件中，受损生态环境未得到及时、充分的修复或赔偿。在此背景下，社会对生态环境公共利益的救济诉求开始酝酿、汇聚，最终促使党和国家推动法律制度变革，创设了生态环境损害赔偿制度。尽管2020年《民法典》已经为生态环境损害赔偿制度提供了正式法律依据，但作为一项新生制度，其在整体法秩序中的体系定位仍付之阙如，犹如游走在公法和私法之间的"孤儿"。追根溯源，未清晰认识甚至误解了行政机关在生态环境损害赔偿制度框架中所享有索赔权的法律性质，是造成这一困境的根本缘由。

索赔权法律性质是生态环境损害赔偿制度规范构建的逻辑起点。如果将绝对化公法和私法二元论作为法律制度释义学前提，生态环境损害赔偿制度有两种规范构建方案，一是民事权利方案，在私法框架中构筑生态环境损害赔偿制度，相应规范运行应遵循民事法理逻辑；二是将索赔权定性为行政权力，生态环境损害赔偿制度归于公法体系，其运行应体现行政法原理。随着纯粹公私法二元的观点逐渐式微，尽管民事权利无法借由行政执法通道实现的法理仍牢不可破，但私法理念和私法方式在公法中不断渗透已经使得行政权力可以借由私法实现规范构建。换言之，即使生态环境损害索赔权是行政权力，其也可以体现为私法样态；

──────────
* 作者简介：程玉，法学博士，北京航空航天大学法学院助理教授、硕士生导师。本专题主要内容以"生态环境损害索赔权的法律性质与规范调适"为题发表于《法制与社会发展》2022年第5期。

113

由生态环境损害赔偿制度采用私法性规范构建方案并不能直接推导出索赔权是民事权利。

目前，我国立法者尚未官方释明索赔权的法律性质。生态环境损害赔偿制度的体系定位不明，在实践中无法与其他既有法律制度实现协同、联动，这在一定程度上造成了我国环境法律制度体系的紊乱。为避免体系紊乱、促进生态环境损害赔偿制度的健康生长，环境法学界开始探索行政机关生态环境损害索赔权的法律性质，并形成了大量研究成果。不同学者借助不同的理论框架和论证逻辑提出了多种学说。对特定权利（力）法律性质的界定应以法解释学为主导方法，探寻一种能够与既有法律体系融贯、共生的法权设计逻辑，同时兼顾功能面向的制度成本和法律实效。本专题研究目的在于系统梳理既有学说的论证逻辑以及彼此之间的"攻防对立"，综合运用规范性法解释学方法和功能性比较分析方法证成行政权力说，并以此为基础对生态环境损害赔偿制度进行规范调适。

一、生态环境损害索赔权法律性质的认知分歧

生态环境损害索赔权的法律性质究竟是什么？学界众说纷纭，至今仍然没有出现一种被广泛接受的一般理论。目前，学界主要形成了四种观点，一是民事权利说，二是行政权力说，三是混合说，四是无须定性说。诚然，若仅从实用主义角度考虑，一套行之有效的生态环境损害赔偿制度规则已足够，索赔权法律性质的确无关紧要。但法律制度体系必须是一种融贯性存在，若缺乏明确的索赔权法律性质作为指引，对生态环境损害赔偿制度与既有制度的衔接、整合纯粹是对法律素材的简单剪裁、拼接，不仅易产生融贯性不足困境，所得结果也无法获得坚实的法理基础和说服力。由此，笔者认为，采取打包方式混合论证索赔权的正当性来源（混合说）或直接对索赔权法律性质避而不谈的方案（无须定性说）均不可取。

（一）民事权利说及其论证逻辑

2015 年和 2017 年《生态环境损害赔偿制度改革方案》均未明确生态环境损害赔偿制度的理论基础，而在实践中，最高人民法院和生态环境部均倾向于将自

然资源国家所有权作为其理论基础。对于生态环境损害赔偿制度的具体实施程序——磋商和诉讼，地方行政机关和法院也普遍将其定性为民事磋商和民事纠纷。或许正是由于这些非立法者的"官方解释"，不少学者主张将生态环境损害索赔权定性为私法意义上的自然资源国家所有权（民事权利）。

民事权利说一经提出便遭受多方质疑。其一，以民事权利解释索赔权是以司法权主导生态环境公共利益救济，这种放弃既有行政执法机制转而采用司法机制的制度设计可能会打破诉讼两造平等，行政机关易避权卸责，浪费稀缺的司法资源，并可能违背法律漏洞填补理论。① 其二，民事权利说易使"国家所有"异化为"政府私有"，使自然资源保护陷入"利益博弈""黑箱操作"困境。② 其三，自然资源与生态环境具有不同的内涵和外延，并且我国自然资源国家所有权无法涵盖集体所有的自然资源，这会限缩生态环境损害赔偿制度的适用范围。③

持有民事权利说的学者针对这些质疑依次作出回应。首先，正是由于公法规范的欠缺和执法机制的疲软，才借助自然资源国家所有权赋予行政机关的公共利益保护职责，并且政府可作为私法主体，这已是普遍共识。④ 其次，私权意义上自然资源国家所有权的运行并非不受限制，而是基于国家与全民之间的公共信托关系，被课以公益约束，主要体现为行政主体不得私自处分自然资源。⑤ 最后，对于不属于国家所有的自然资源或生态环境，该派学者主张以政府环境监管职责或者公共信托理论来解释行政主体的行政执法权或诉讼权。⑥事实上，在回应第三点质疑时，该派学者的观点已经相当接近于本专题所称的"区分混合说"。

---

① 张宝：《生态环境损害政府索赔制度的性质与定位》，载《现代法学》2020 年第 3 期。

② 王社坤、吴亦九：《生态环境损害政府索赔的诉权基础：反思与重塑》，载《江苏大学学报（社会科学版）》2021 年第 5 期。

③ 薄晓波：《三元模式归于二元模式：论环境公益救济诉讼体系之重构》，载《中国地质大学学报（社会科学版）》2020 年第 4 期。

④ 曹明德：《〈民法典〉生态环境损害赔偿条款辨析》，载《法律科学》2022 年第 1 期。

⑤ 李兴宇：《生态环境损害赔偿诉讼的类型重塑：以所有权与监管权的区分为视角》，载《行政法学研究》2021 年第 2 期。

⑥ 曹明德：《〈民法典〉生态环境损害赔偿条款辨析》，载《法律科学》2022 年第 1 期。

（二） 行政权力说及其论证逻辑

鉴于民事权利说的弊端，不少学者试图引入与生态环境公共利益具有天然兼容性的行政权来定性索赔权，即行政权力说。持该观点的学者或直接从《宪法》第 9 条第 2 款、第 26 条、第 89 条以及《环境保护法》第 6 条推导出国家环境保护义务，① 或借助公益信托理论之壳论证索赔权的行政权性质。② 行政权力说不仅具有将自然资源和生态环境一体纳入的理论优势，还可以为政府行使索赔权设定边界，确保其不会肆意处分自然资源和生态环境。

然而，该学说也遭受了多方面的质疑，主要包括：其一，否认我国法律体系已明确承认的私权意义上的自然资源国家所有权，背离现实。③ 其二，按照"公权力不得处分，行政权不得通过诉讼实现救济"的原理，④ 该说无法圆满解释生态环境损害赔偿磋商和诉讼程序的平等、自愿特征。其三，行政权力说存在忽视自然资源所有权人权益的嫌疑。一方面，在国家环境保护义务框架中，所有自然资源均应被纳入生态环境范畴，由行政主体一体监管、执法、修复和追责，这可能会侵犯集体所有权人的权益。另一方面，不少地方政府指定生态环境部门行使索赔权，可能会剥离、虚置自然资源部门依法律代行的所有权权益。⑤

对于这些质疑，持行政权力说的学者亦作出了相应回应：一是私权意义上国家所有权只能辐射至自然资源的经济价值，无法涵盖生态环境损害赔偿制度旨在救济的生态价值。⑥ 二是在现代协商行政背景下，行政权运行方式已不再局限于

---

① 张宝：《生态环境损害政府索赔制度的性质与定位》，载《现代法学》2020 年第 3 期。

② 王社坤、吴亦九：《生态环境损害政府索赔的诉权基础：反思与重塑》，载《江苏大学学报（社会科学版）》2021 年第 5 期。

③ 林彦《自然资源国家所有权的行使主体：以立法为中心的考察》，载《交大法学》2015 年第 2 期。

④ 程啸：《侵权责任法》，法律出版社 2015 年版，第 113 页。

⑤ 程玉：《我国生态环境损害赔偿制度的理论基础与制度完善》，载《中国政法大学学报》2022 年第 1 期。

⑥ 邹雄、陈山：《我国生态环境损害赔偿权利人权源的法理透视》，载《福建师范大学学报（哲学社会科学版）》2021 年第 4 期。

刚性执法，开始转向协商行政和"执法诉讼"。① 三是作为所有权人的集体经济组织和自然资源管理部门均有可能造成自然资源损害，只有通过行政权才可以实现有效救济。有学者主张，自然资源监督管理部门针对自然资源损害的救济可被理解为通过行政权方式（行政处罚、行政强制）实施的自力救济。②

（三）区分混合说与一体混合说

鉴于行政权力说和民事权利说均有理论缺陷，有学者基于折中考虑提出了混合说。根据所采取的标准不同，"混合说"可以细分为"区分混合说"和"一体混合说"。

持"区分混合说"的学者认为，应根据不同的适用范围或索赔客体（不同种类的自然资源），确立不同性质的索赔权。对于国家所有的自然资源，索赔权是民事权利，对于不能归属于国家所有的自然资源和生态环境，索赔权是行政权。③ 该说的优势在于，其不仅可以同时涵盖自然资源和生态环境，周延地解释生态环境损害赔偿制度，还可以兼顾生态环境损害赔偿制度的公法特征（行政执法）和私法特征（平等协商和自主诉讼）。但该说通过区分索赔客体来定性索赔权的做法存在两方面的局限性。其一，容易导致法律制度的碎片化，不利于生态环境损害赔偿制度法律体系的融贯性。其二，在识别归国家所有权调整的自然资源时，是以法律规定为标准，还是以自然资源产权登记为依据，目前存在争议。

"一体混合说"主张不区分索赔客体，即行政主体对各类自然资源的索赔权均同时具有行政权力和民事权利的双重属性。基于生态环境损害赔偿制度同时具有行政执法和私法程序的特征，持"一体混合说"的学者借鉴宪法框架中的双阶理论，将行政主体定性为宪法权利主体，其在生态环境损害赔偿制度中兼具民事主体和行政主体的双重法律地位。有学者据此将磋商定性为行政磋商，而将诉讼

---

① 彭中遥：《论政府提起生态环境损害赔偿诉讼的制度空间》，载《华中科技大学学报》2021年第4期。

② 孙宪忠：《国家所有权的行使和保护研究》，中国社会科学出版社2014年版，第235页。

③ 曹明德：《〈民法典〉生态环境损害赔偿条款辨析》，载《法律科学》2022年第1期。

定性为民事诉讼。① 还有学者进一步将生态环境损害赔偿磋商分解为适用行政法律关系的磋商决定阶段、适用民事法律关系的磋商形成以及履行阶段。② "一体混合说"的解释优势与"区分混合说"的解释优势相同，但其也存在客观的理论局限性。首先，"一体混合说"不符合"民事权利和行政权力不能合一"的基本法理，且存在背离当下国家自然资源产权制度改革思路的风险。其次，将统一的法律制度人为分割为"二阶"，使法律关系复杂化，并不利于法律适用。最后，杂糅私权意义上的自然资源国家所有权和公法意义上的国家环境保护义务，这容易造成理论上的张力，严重损害生态环境损害赔偿制度法律体系的融贯性。

（四）对既有论争之评析

综观既有学说，一个基本的共识是，生态环境损害索赔权很难完全被归为民事权利或者行政权力。区分混合说和一体混合说正是基于这种共识才试图区分索赔客体，进而对索赔权作出不同定性，或者直接承认索赔权的双重属性。民事权利说虽然将索赔权定性为私法意义上的自然资源国家所有权，但为了确保政府不会肆意处分自然资源，不得不借助公共信托理论为该私权设定公法义务。即使是行政权力说，其也承认索赔权不同于传统的行政权，是"公法性质、私法操作"的公共利益保护请求权，③ 其运行过程呈现浓厚的私法特征。总体上看，既有学说虽都能在一定程度上为生态环境损害索赔权提供解释，但均不充分，导致对索赔权性质问题始终聚讼纷纭，无法为生态环境损害赔偿制度提供坚实的法理支撑。

首先，既有学说局限于生态环境损害赔偿制度的内部视角，未能立足于多元生态环境损害救济制度的体系化视角思考索赔权的法律性质。生态环境损害赔偿制度的功能目标是维护和救济生态环境公共利益，会与传统行政执法机制、环境

---

① 肖萍、卢群：《论生态环境损害赔偿权利人的法律地位》，载《江西社会科学》2019年第6期。

② 刘莉、胡攀：《生态环境损害赔偿磋商制度的双阶构造解释论》，载《甘肃政法学院学报》2019年第1期。

③ 张宝：《生态环境损害政府索赔制度的性质与定位》，载《现代法学》2020年第3期。

民事公益诉讼、环境行政公益诉讼等制度发生交织重叠，索赔权性质的确定尤其需要采用融合内部和外部的整体主义视角。

其次，既有学说在证成索赔权性质时未能形成一以贯之的理论基础，普遍倾向于简单移植国外的公共信托理论。有趣的是，持有相互对立观点的民事权利说和行政权力说在理论基础方面实现了"殊途同归"。还有学者直接融合了公共信托理论与自然资源国家所有权理论，并提出自然资源国家所有权是索赔权的程序性权源，而公共信托义务是索赔权的实体性权利诉求。① 然而，对于公共信托理论在中国是否具有可适用性，以及如何发展本土化公共信托理论以融贯解释既有的国家环境保护义务和自然资源国家所有权，已有学说鲜有论及。

最后，既有研究多运用功能分析方法。一些尝试进行法律规范分析的学者，其关注点仍较为平面化，论证思路也相对随意，经常根据需要自由选择合适的法律规范，或者经由《宪法》第9条、第10条和原《物权法》第46~49条推导出私法意义上的自然资源国家所有权，或者经由《宪法》第9条第2款、第26条、第89条和《环境保护法》第6条、第28条推导出行政权。对于前述宪法条款与《民法典》物权编、单行环境资源法等法律规范的联接问题，既有学说未采纳体系性的解释方法。

鉴于既有学说之不足，本专题以多元生态环境损害救济制度体系作为讨论场域，立足于中国特色社会主义公有制的现实背景，适度借鉴英美法系的公共信托理论模型，综合运用体系性和层次化的法解释学方法系统解读《宪法》与部门法之间的"规范联接"，并兼顾功能主义分析，提出符合中国国情的生态环境损害索赔权法律性质学说，厘清立法机关、行政机关、法院和公众之间的权利义务关系，进而为我国生态环境损害赔偿制度的规范调适提供对策。

二、生态环境损害索赔权性质界定的域外方案及其移植困境

如果自然实体及其功能均被定义为自然资源，那么，生态环境不能是自然资

---

① 王小钢：《生态环境损害赔偿诉讼的公共信托理论阐释》，载《法学论坛》2018年第6期。

源的思想障碍便可被突破，生态环境可被理解为广义的、动态的自然资源。由于生态环境损害赔偿制度旨在修复和赔偿生态环境功能遭受的损害，对生态环境损害索赔权性质的理解可以置于（广义的）自然资源公共财产权框架中进行。一般而言，自然实体提供的这些静态或动态功能具有典型的公共产品属性，无法为个人所有，因此属于社会公共财产范畴。为了有效保护和持续供给自然资源公共财产，各国普遍授权政府行政主体进行管理，并形成了不同的自然资源公共财产权理论。英美法系国家和大陆法系国家以罗马法的公共物理论为肇端，分别建构了公共信托理论和公产（公物）理论。而以苏联为代表的社会主义国家尤其强调自然资源公共财产的公共性，确立了统一、抽象的国家所有权理论。中国遵循了社会主义国家的特有模式，并基于抽象、统一的国家所有权创设了"特别物权理论"。由此，值得我们审慎思考的问题是，在理解我国生态环境损害索赔权的法律性质时，应采取何种立场？是坚守传统的国家所有权理论，还是通过法律移植引进域外的公共信托理论或公产（公物）理论？

（一）不具有解释力的公产（公物）理论

大陆法系国家继承了古代罗马法中的"不可私有物"理论以及公法和私法二元区分的学说，在自然资源权属方面，以公物（或公产）制度为核心建构了一套完整的制度体系。该体系大致可以区分为四个层次。第一层次的自然资源接近于罗马法中的共有物，主要是指一些无法由政府进行排他性支配的自然资源，每个社会共同体成员均可尽情使用，比如阳光、空气、海洋等。第二层次的自然资源是作为国有（公有）公产的自然资源，通常包括旨在促进公共福祉、不能在市场上流通、只能进行公益性保护和开发的国有自然资源。一般而言，公园、河流、湖泊等自然资源被作为国有（公有）公产，公众一般无须许可即可使用。第三层次的自然资源是作为国有（公有）私产的自然资源。作为国有（公有）私产的自然资源，不是供公众或公务使用，而是作为财政收入的实现手段被使用，可以进入市场流通，以实现国库收入最大化的目标。① 因此，可转化为资源性产品的可消耗性自然资源（比如石油、天然气等）由于不能持续地供公众利用，往往被

---

① 邓峰：《国有资产的定性及其转让对价》，载《法律科学》2006年第1期。

纳入国有（公有）私产范畴中，与私人财产一样受到私法调整。① 第四层次的自然资源是直接归由私人所有的自然资源。与英美法系国家相似，大陆法系国家也承认并非所有自然资源均归由国家或政府所有，小部分附属于私人土地的、对于公众影响较小且欠缺公共使用意义的自然资源可被归类为私人所有权的客体。

　　大陆法系国家之所以区分不同类型的自然资源，是为了实现对不同自然资源的分类保护，这明显不同于英美法系国家将所有类别的自然资源和生态环境一体纳入公共信托理论的做法。共用物（类似于民法中的无主物）一般由从国家主权衍生出的行政权负责调控，② 而属于私产的自然资源则与私人财产一样受私法支配。最具争议的是作为国家公产的自然资源。法国采用"公有财产权体系",③ 公产的法律性质和保护由公法调整。当第三人的行为导致公产发生毁损、侵占和丧失时，公产管理机关享有警察权力，制定公产保管条例，对违反条例者予以处罚。④ 而德国采用"修正的私有财产权体系",⑤ 公产所有权是特别的私有财产权，当作为公产的自然资源遭受损害时，公产所有人可依《民法典》第 823 条请求损害赔偿。⑥

　　然而，这种公产理论对于明确我国生态环境损害索赔权的性质并没有解释力。原因在于，大陆法系国家的法律实践已经表明，公产理论相对僵化，特定物能否成为公产需要立法者进行"筛选"。首先，立法者需要比较将其交由国家去获得收入（实现全民共享）的价值与将其交由每个公民自由使用的价值,⑦ 然后再经过法定命名程序确定。⑧ 一般而言，大陆法系国家仅将海洋和河川湖泊等（静态）自然资源确定为公产，而（动态）自然资源（生态环境功能）被排除在

① 肖泽晟：《社会公共财产与国家私产的分野》，载《浙江学刊》2007 年第 6 期。
② 廖霞林：《我国自然资源损害民事责任研究》，法律出版社 2016 年版，第 137 页。
③ 罗洁珍：《法国财产法》，中国法制出版社 2008 年版，第 663 页。
④ 王名扬：《法国行政法》，北京大学出版社 2016 年版，第 264～266 页。
⑤ 程雪阳：《中国宪法上国家所有的规范含义》，载《法学研究》2018 年第 6 期。
⑥ ［德］汉斯·J. 沃尔夫等：《行政法》（第二卷），高家伟译，商务印书馆 2002 年版，第 480 页。
⑦ 李蕊：《论我国公有产权的双向度配置》，载《法商研究》2019 年第 3 期。
⑧ ［德］汉斯·J. 沃尔夫等：《行政法》（第二卷），高家伟译，商务印书馆 2002 年版，第 466～469 页。

公产范围之外，这直接导致大陆法系国家的公产所有人（行政主体）无法依据"公产法"就（动态）自然资源损害请求赔偿。比如，法国自然资源损害赔偿诉讼的依据并非公产理论，而是其《民法典》第 1247 条为生态环境集体利益设定的保护性规范。荷兰判例法也授权行政主体依据其《民法典》第 6 编第 162 条维护生态环境公益。意大利环境法则明确承认行政主体的自然资源损害索赔权并非基于其权利受到侵害，而是建立在其行使公共权力以保护公共权利的基础上。正是在此意义上，理论界一般将意大行政主体的自然资源损害索赔权定性为"公法性质、私法操作"的请求权。在德国，尽管其《民法典》第 823 条在一定程度上能救济作为国家公产的自然资源所受到的损害，但其无法涵盖生态环境功能，对此损害，德国行政主体只能依据《环境损害法》以及相关环境单行法的规定，通过行政执法方式进行救济，并且德国法并不允许行政主体发起索赔诉讼。

这些域外实践共同揭示了大陆法系公产理论在解释生态环境损害索赔权性质时的乏力。这或许正是国内学者在将生态环境损害赔偿诉讼定性为"公产诉讼"时存在犹疑的原因。①

（二）"水土不服"的公共信托理论

大陆法系国家的实践经验已经表明，公产（公物）理论因过于僵化和封闭而并未成为生态环境损害赔偿制度的理论基础。在事实上，我国公产法理论和实践都严重滞后，公产（公物）理论也不宜作为明确我国行政主体索赔权性质的工具。那么，盛行于英美法系国家（尤其是美国）的公共信托理论可否作为理解生态环境损害索赔权性质的基本立场呢？

诚然，公共信托理论在解释生态环境损害索赔权的法律性质时具有理论优势。首先，公共信托理论继承了普通法一贯的灵活性法律传统。该理论采用了动态的法律关系视角，能清晰界定和平衡公众、立法机关、行政机关和法院对于自然资源公共信托财产的复杂的权利义务关系。综观美国现行环境立法，以公共信托理论为基础构建的自然资源损害赔偿制度具有复杂且动态的运作模式（参见图

---

① 巩固：《生态环境损害赔偿诉讼与环境民事公益诉讼关系探究》，载《法学论坛》2022 年第 1 期。

6-1）。由此，公共信托理论对英美法系国家生态环境损害索赔权具有充分的解释力，生态环境损害索赔权对于确保自然资源公共信托有效运行至关重要。

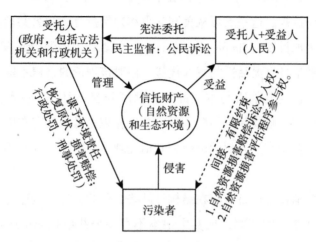

图 6-1　美国自然资源公共信托理论的基本模式

在公共信托理论框架中，生态环境损害索赔权的法律属性如何呢？美国学者将公共信托的实质结构界定为信托资源的双重所有权：一是政府作为受托人享有的普通法所有权；二是当代及后代的普通公众作为公共信托受益人享有的衡平法所有权。① 受托人享有的普通法所有权是其启动自然资源损害赔偿和解或诉讼的权利基础，其并不能被简单归为民法所有权，因为受托人无法如民法所有权人那般对财产进行占有、使用、收益和处分。受托人不享有收益权能，其处分权能也不得随意转让。从权利起源角度来看，受托人对公共信托财产的权利实际上来源于政府对可通航航道的具有管制性权力（Regulatory Powers）性质的准财产权（Quasi-Property Rights）。② 因此，普通法所有权的实质是公法上的管理职权，是国家基于公众授权获得的对信托资源进行规制（公共支配）的权力。这种规制权既体现为受托人通过立法权和行政权对信托资源进行可持续管理，也包含受托人

---

① Barton H. Thompson, "The Public Trust Doctrine: a Conservative Reconstruction and Defense", *Southeastern Environmental Law Journal*, Vol. 15, 2006, p. 47.

② Roger W. Findley and Daniel A. Farber, "Environmental Law in a Nutshell", *West Group*. 2000, p. 262.

对信托资源受益人负有的积极义务，即根据受益人的需求利用和保护公共信托资源。作为受益人的公众所享有的衡平法所有权也不能简单等同于民法所有权。①尽管其套用了"财产权"的外壳，但在实质上，其是广大公众对公共信托自然资源享有的集体受益权。这一点可从美国学界和判例持有的"公共信托应当在财产法范围内理解为地役权（Simple Easement）"的观点中得到印证。②

公共信托理论具有灵活性的解释优势，但对该理论的移植不能仅考虑其功能优势，还需仔细检视其能否与本国的法律秩序兼容。中国在引入公共信托理论前，在逻辑上应首先解决一个问题，即公共信托理论是否具有在中国生长的制度环境？事实上，至少有三方面困难使公共信托理论在中国制度环境中难以实现良好生长。

首先，公共信托理论自身存在结构性缺陷。公共信托只是理论家的一种理论抽象，是纯粹观念上的产物，现实中根本不存在公共信托理论所描绘的信托契约、信托财产、委托主体等基本构成要素。然而，虚构的理论并非必然不具有科学性。对特定理论是否存在缺陷的考察，不能仅停留于对假设的批判，我们还需要进一步考察理论本身是否自洽以及实践效果如何。公共信托理论的两方面结构性缺陷决定我们在考虑引入该理论时需要慎之又慎。一方面，公共信托理论内部的权利义务结构并不平衡。其一，公共信托理论遵循三权分立原理，以法院制衡立法机关和行政机关。这种拔高法院权力的做法易产生双重困境：一是对自然资源公共财产的保护将过分依赖于法院和法官的环保偏好；二是公共信托理论可能诱发"反民主性困境"——法院可能假借公共信托名义篡夺立法权和行政权。③其二，在公共信托基本模式中，作为委托人和受益人的公众的权利十分受限。二者虽有权通过民主监督和公民诉讼约束政府行为，但这种监督途径具有间接性（缓不济急）。同时，公众无法直接约束污染者，只能间接参与受托人主导的自然资源损害评估和追责程序。另一方面，公共信托理论可能与自然资源法的发展趋势背离。公共信托的本质是保守性的，其作用在于保护财产并对其进行利用，故

---

① 吴卫星：《环境权理论的新展开》，北京大学出版社 2018 年版，第 37~38 页。

② James L. Haffman，"Fish Out of Water：The Public Trust Doctrine in a Constitutional Democracy"，*Issues in Legal Scholarship*，Vol. 3，No. 1（2005），p. 120.

③ 李冰强：《公共信托理论批判》，法律出版社 2017 年版，第 129 页。

其无法解释现代社会中政府在自然资源公共财产管理方面转向积极利用者的角色转变。此外，公共信托理论弱化了原财产权人对其财产享有的绝对化权利，这会在一定程度上抑制其作为权利人对信托资源进行投资的积极性。换言之，公共信托理论虽有利于保护自然资源公共财产，但也可能诱发经济低效率，陷入极端环保主义立场。

其次，公共信托理论深植于英美法系国家特有的法制历史传统。英美法系国家的公共信托之所以发达，与其两方面的法制传统密切相关。一是普通法发达的信托传统。信托起源于英国，它是普通法皇冠上的宝石。由于独特的灵活性，信托特别适合被用来鼓励交易和促进商品流转。因此，信托制度在社会经济生活中被广泛应用，从遗产继承、宗教事业，被推广到个人理财、社会公益等方面。在现代社会，公共信托已被广泛应用于自然资源公共财产保护。但这种（公益）信托精神在中国能否成立以及在多大范围内成立，仍是未知之数。二是英美法系国家特有的财产权分割法律技术传统。英美学者认为，信托的实质在于财产权分割，即将信托财产上的权利（所有权）一分为二。受托人为了他人的利益享有信托财产普通法上的所有权（legal title），受益人则享有信托财产衡平法上的所有权（equitable title）。双重所有权之所以能成立，主要是因为英美法系国家不承认绝对、单一的所有权概念，财产所有权根据社会生活需要可以灵活组合和分解。相反，大陆法系国家深受罗马法的影响，长期以来坚持所有权绝对性原则，即所有权不可分离，即使其部分权能发生短时间分离，也是可恢复的。此一元主义的所有权理念（一物一权）无法解释信托财产同时负载两项所有权的现象。

最后，公共信托理论对政府权力合法性的社会契约论式解读不符合中国国情。社会契约论作为一种流行的国家学说，经常被用来解释社会如何形成、国家缘何得以建立，以及社会和国家之间具有怎样的关系等问题。尽管社会契约论在英国和美国的版本并不完全一致，但其核心意旨均是透过"原始状态"和"契约"这两个核心概念连接起整个关于国家起源、形成以及政府权力合法性的逻辑框架。由于自然资源公共信托理论与社会契约论的具体构造相同，即都通过拟制契约为政府管制自然资源尤其是私人所有的自然资源提供依据，因此，自然资源公共信托理论可以被视为社会契约论在自然资源领域的扩展适用形态。在一定程度上可以说，社会契约论在英美法系国家有着深厚的历史传统，为公共信托理论的证成提供了源源不断的合法性依据。然而，尽管社会契约论在中国也曾经有过"星星之火"，但始终未能成"燎原之势"。事实上，马克思通过分析资产阶级发展的历史对社会契约论进行了无情的批判。① 在我国，在良好生态环境已经成为"最普惠的民生福祉"的背景下，国家对自然资源的全面规制权力无法经由衍生自社会契约论的公共信托理论获得合宪性证成。

三、生态环境损害索赔权公权性质的法理证成

基于尊重既有理论传统的考虑，我们在移植域外方案之前还需要思考：生于我国本土的自然资源国家所有权理论能否作为融贯解释行政主体索赔权的理论工具？依据主流观点，自然资源国家所有权理论的突出特征是赋予虚幻的国家主体私权意义上的自然资源所有权。由于主体（国家）和客体（自然资源）的内涵均具有不确定性（由此导致权利义务内容也不确定），以及公法规则的约束有所欠缺，行政主体不仅较少顾及"自然资源全民共享性利益的公平分配"问题，而且相对忽视自然资源的生态环境价值，更偏重于自然资源的经济价值。对此，党和国家创设了专门的生态环境损害赔偿制度，赋予行政主体索赔权，以期矫正实践中自然资源生态环境功能的"流失"。从中可以看出，（私权性）自然资源国家所有权和生态环境损害索赔权之间存在巨大张力，前者无法定性和解释后者。此外，强行将索赔权定性为（私权性）自然资源国家所有权也与域外立法趋势相悖。前文关于大陆法系国家生态环境损害索赔权规范依据和英美法系国家公共信托理论的分析已经表明，行政主体行使索赔权实质上是一种旨在维护公共利益的公权力行为。由此，为了破解（私权性）自然资源国家所有权无法证成生态环境损害索赔权的理论困境，我们需要转向自然资源国家所有权的公权说。基于关于自然资源国家所有权性质的学理纷争，我们有理由怀疑那种先验地将自然资源国家所有权理解为私权的观点的正确性。笔者认为，自然资源国家所有权应当是一种公共权力，并且公权说可以作为明确索赔权性质的理论工具。

---

① 洪小兵：《马克思对社会契约论的批判及其现实意义》，载《武汉大学学报（人文科学版）》2009 年第 1 期。

（一）　自然资源国家所有权公权说的“复兴”

1. 自然资源国家所有权的本质是公共支配权

当下中国学界的主流观点是“自然资源国家所有权是民事权利”，但近年来，在众多学者的持续推动下，纯粹私权说受到了较为全面的检讨。不过，既有观点还存在不足，它们或者固守所有权概念形式上的统一性，或者仅侧重于打通宪法所有权和民法所有权的法理通道，再或者因直接回避自然资源国家所有权基础性质的判断而导致制度体系构建的基石不稳。笔者认为，自然资源国家所有权是纯粹的“公权”，是国家对于自然资源公共财产的公共支配权。有学者系统论证了公权说成立的正反面理由，笔者在此不予赘述，仅对关乎私权说成立的两点关键理由进行驳斥，以作补充论证。

首先，在自然资源权属配置方面，社会主义市场经济与计划经济的核心区别在于国家是否以行政指令或者行政命令的方式配置自然资源使用权，并直接控制自然资源、参与市场经营。由此，自然资源使用权市场化配置的实现即可满足社会主义市场经济发展的需要。换言之，我们须确保私法主体（包括作为私法主体的政府）享有私权性质的自然资源使用权，因为只有私权才能确保市场经济中平等交易的安定性要求。但这并不能直接推出如下结论，即性质上属于公共财产的自然资源在民法体系中必须被设定为所有权的标的。“国家所有权只是形成资源利用秩序的前提，资源使用权才是建立秩序的关键。”① 事实上，将自然资源国家所有权定性为私权也容易引发双重困境。在理论维度，该观点无法回应“国家不能享有民事权利”“全民无法成为民事主体”“自然资源无法特定为民法上的物”等法解释难题。在实践维度，私法上的所有权技术令国家所有权行使主体在不失去经济管理权的同时，获得了作为主观权利与典型绝对权的所有权，这对经济管理权形成了技术补强。这种赋权效果契合了改革开放以来以经济建设为中心的效率型发展模式，但也造成了市场模式与经济系统缺乏约束、过度扩张等问题。原因在于，国家所有权平等适用私法所有权概念及其一般规则，使行政主体

---

① 巩固：《自然资源国家所有权公权说》，载《法学研究》2013 年第 4 期。

在代行所有权的过程中可自由穿梭于市场与管制之间，方便地腾挪于规则解释者与规则适用对象的双重位置上。①

其次，从法律技术角度来看，自然资源用益物权也并非只能经由民法所有权通过权能分离机制生成。在事实上，传统所有权权能分离理论不宜被用来解释自然资源用益物权的生成。这是因为该理论的逻辑前提（所有权具有排他性）事实上并不成立。一般而言，公众对自然资源的利用，以自由支配为原则（不存在一个排他性的所有权），以法定限制为例外。自然资源属于公共物品，具有公共性和有限性特征，这就意味着该利用的原初状态是任何人均可自由支配自然资源。只不过为了实现有效配置、保护自然资源的公共利益目标，需要创设用益物权以赋予特定主体支配相应自然资源的权利。自然资源用益物权制度与其说是赋予了国民支配国有自然资源的权利，不如说是对这种自由的限制。在既有制度实践中，自然资源物权（使用权）也并非利用人从作为民事主体的国家那里通过民事行为继受而来，而是从作为公权行使者的管理部门的行政行为（如许可、划拨）中取得，是由公法上的分配行政行为催生的私权果实。② 在社会主义市场经济下，对于需要有偿取得的自然资源而言，其用益物权的生成逻辑可以被概括为："行政许可+有偿取得+可以流转"。这种分配行政的规范构造使得（私权性）自然资源用益物权与（公权性）自然资源国家所有权可以并存，国家通过许可制度可将其代为支配的自然资源出让给特定主体并由其享有（私权性）自然资源用益物权。③ 由此，尽管行政主体在确立自然资源用益物权时经常会采用出让、出租等对价方式（类似于民事行为），但其实质并非民事法律行为，而是以行政许可为内核的行政协议。④

2. 生态环境损害索赔权是自然资源国家所有权的程序性权能

自然资源国家所有权虽名为所有权，但作为一种公共权力，其实质并不是一种以意思自治为基础的民法所有权，而是一种公共支配权，是一种"对物的行政

---

① 谢海定：《国家所有的法律表达及其解释》，载《中国法学》2016 年第 2 期。
② 巩固：《自然资源国家所有权公权说再论》，载《法学研究》2015 年第 2 期。
③ 王天华：《分配行政与民事权益》，载《中国法律评论》2020 年第 6 期。
④ 陈国栋：《行政协议的许可化研究》，载《环球法律评论》2021 年第 6 期。

权力",有学者称之为自然资源的"产权管制权"。① 在社会主义公有制背景下,国家之所以针对几乎所有自然资源享有公共支配权,是因为作为生产资料的自然资源所负载的利益通常具有公共性(高度的公益性和权属不确定性)和有限性,不宜由私人所有,否则易造成资源配置效率低下甚至公地悲剧。因此,国家干预自然资源管理具有正当性和必要性。然而,权力是权利的逻辑产物,权力的正当性和合法性来源于其对权利的尊重和保障。这一点对于公共权力而言尤为重要,公共权力的正当性来源于权利主体的授权。从法权逻辑来看,国家对自然资源的公共支配权力来源于不特定公众(全民)对自然资源享有的权利,公众仅有限地授权国家代为管护自然资源。这种有限性体现为两个方面:一是国家在行使自然资源公共支配权(对自然资源的有效管理、分配和保护)时应当始终遵循"公正优先,兼顾效率"的价值约束。二是公众作为自然资源的终极所有者和实际受益人,在政府主体履职不力,背离"全民"利益时,有权实施监督和约束,拥有诉请损害赔偿救济、"代位"求偿的补充性权利。②

作为一种公共支配权,自然资源国家所有权应当通过公权力行为来行使,但其在行使形式上并不局限于行政权力,还应包括立法权力和司法权力。立足于自然资源利用的"流程",自然资源国家所有权的权力内容应当包括"分配""管制""救济"。其中,"分配"和"管制"属于前端,解决的是将自然资源分配给何种主体利用以及在利用过程中应该遵循何种管制规范的问题,而救济调整的是自然资源遭受损害后由谁负责补救以及如何补救的问题。由此,在国家代管(支配)的自然资源遭受损害时,行政主体应当有权启动公共权力以追究侵害者的法律责任。在现代社会,这种法律责任已经从单一的制裁责任转向"修复+制裁"的双重责任。并且,随着公法私法化和司法能动主义的发展,公共权力运行程序并不限于高权行政决定,相应责任追究程序也从传统行政执法转变为"行政执法+司法诉讼"的双重机制。由此,在司法诉讼中,行政主体行使索赔权便可以

---

① 王克稳:《自然资源国家所有权的性质反思与制度重构》,载《中外法学》2019 年第 3 期。

② 巩固:《生态环境损害赔偿诉讼与环境民事公益诉讼关系探究》,载《法学论坛》2022 年第 1 期。

被理解为自然资源国家所有权所蕴含的程序性权能的法律表达。换言之，无论是通过传统行政执法还是经由司法诉讼追究自然资源损害赔偿责任，均属于自然资源国家所有权（公权力）事后救济权能的实际运行，都是国家权力的多元化行使方式。① 生态环境损害索赔权仅是自然资源国家所有权（行政权）的一种事后追责实现手段，是现代政府以灵活方式履行环保义务、行使环境监管权力、扩展环境监管职责的表现。② 我们不能因手段具有私法化特征就径直将该手段旨在实现的权利定性为私权，否则就犯了以手段混淆目的、本末倒置的逻辑谬误。

（二）生态环境损害索赔权依据的体系性解释

《民法典》第1234条和第1235条均属于程序性条款，并未明确索赔权的实体法依据，生态环境损害索赔权的实体法依据还需另外探寻。由于生态环境损害索赔权是自然资源国家所有权的程序性权能，且自然资源国家所有权是同时涵盖宪法、行政法、私法乃至刑法等不同法律维度的法律体系，我们应当采取一种体系性方法。这种体系性方法包含两层维度，一是对不同部门法法律的体系性解释，二是对多元生态环境损害救济制度的体系性解释。

1. 自然资源国家所有权实体法依据的体系性解释

自然资源国家所有权相关规范条款不仅涉及《宪法》层面的国家所有生态保护条款（包括《宪法》第9条、第10条、第12条、第26条、第89条），还包括《民法典》物权编以及各单行环境资源法中规定的自然资源国家所有权条款。在法教义学视野中，这些法律规范并非彼此无关地平行并存，而是其间有各种脉络关联，这些规范共同形塑了自然资源国家所有权法律规范体系。

首先，《宪法》第9条和第10条规定的"自然资源国家所有"和"土地资源国家所有"是对社会主义公有制背景下国家垄断重要生产资料所有权的规范表达。经由《宪法》授权，国家取得了对这些自然资源的公共支配权，并同时负有

① 陈海嵩：《生态环境损害赔偿制度的反思与重构》，载《东方法学》2018年第6期。
② 王旭光、魏文超等：《生态环境损害赔偿案件的若干规定（试行）的理解与适用》，载《人民司法》2019年第34期。

义务来管理、利用和保护这些自然资源。学界普遍认为，应当将第9条和第10条置于《宪法》关于"基本经济制度"相关规定的模块中进行体系性考察。① 有学者据此推论，第9条的规定并非意在使全部自然资源归国家所有，"只有那些能够决定国民经济命脉并影响国民生计的自然资源需要归属于国家所有"。② 笔者认为，该观点值得商榷，姑且不论判断自然资源的重要性存在困难（从生态系统和经济可持续发展角度观察，所有自然资源都具有重要性），这种做法也无法解释现实中国家对于第9条并未列明之自然资源进行管制立法的制度现象。因此，第9条中的"等"应作"等外等"的广义解释，其包括人类已发现的和未发现的一切自然资源。③ 第9条规定的自然资源是第12条规定的社会主义公共财产法秩序的重要组成部分。其次，自然资源虽不同于生态环境，但二者载体同一，均指向自然实体，环境容量和生态服务等生态环境功能也应被称为（动态的）自然资源。基于一体化解释第26条和第9条的需要，笔者认为，《宪法》第9条第2款中保障"合理利用"的内涵主要涉及国家负有的保障自然资源的经济收益由全民共享的义务（指向自然资源的经济社会价值），而《宪法》第26条第1款中的环境保护义务指向自然资源的生态价值。最后，《宪法》中的自然资源国家所有规范同时为立法机关、行政机关和司法机关设定了自然资源保护义务，第89条可视为是对国家行政机关相应义务的明确设定。

宪法上自然资源国家所有的规范目标有赖于具体部门法的贯彻和落实。本专题主张自然资源国家所有权是一种"对物的行政权"，其在《物权法》中的规定不宜被理解为对（私权性）自然资源国家所有权的创设性规定，而应被理解为宪法规范的重复规定。④ 此重复规定的规范意义仅在于为经特许所形成之自然资源用益物权提供一种宪法依据。同理，各自然资源单行法中规定的自然资源国家所有或国家所有权也并非为了创设一种公法权利，而仅是为行政机关管制自然资源

① 焦艳鹏：《自然资源的多元价值与国家所有的法律实现》，载《法制与社会发展》2017年第1期。
② 刘卫先：《自然资源属于国家所有的解释迷雾及其澄清》，载《政法论丛》2020年第5期。
③ 崔建远：《自然资源物权法律制度研究》，法律出版社2012年版，第27页。
④ 张牧遥：《国有自然资源特许使用权研究》，中国社会科学出版社2018年版，第106页。

提供一种来自宪法的权力依据。有学者可能会质疑：既然生态环境损害索赔权的法律规范被置于《民法典》侵权责任编中，那么，其就属于私法权利。笔者提倡区分"民法典中的规范"和"民法规范"。既然公法可规定私法性关系，私法自然也可规定公法性关系。对于那些与私益保障密切关联、与民法规范源远流长且制度实践需要借用相关民法规范的公法性制度的创新来说，在《民法典》中对该制度进行规定也有其价值与必要性，第 1234 条和第 1235 条即属于此类条款（公法性程序法规范）。因此，跻身于民法体系并不能改变生态环境损害索赔权作为自然资源国家所有权（公共支配权）的程序性权能的公法权力属性。

2. 多元生态环境损害救济制度工具的体系性解释

《民法典》第 1234 条将行政主体、检察机关和社会组织一体规定为生态环境损害索赔权的主体。事实上，传统行政执法机制（包括行政命令、行政磋商）实际上也能发挥生态环境损害救济功能。这些制度工具的规范目标相同（救济生态环境公共利益），意味着其索赔权的理论基础在本源意义上应当具有一致性。然而，从表面来看，自然资源国家所有权只能为检察机关和行政机关等公权力主体的索赔权以及传统行政执法机制提供正当性说明，社会组织的索赔权无法直接从自然资源国家所有权中获得证成。笔者认为，此观点是对自然资源国家所有权理论的片面理解，其仅关注到了自然资源国家所有权的静态维度（权力概念），而忽略了其动态维度，即"公众自然资源权利-自然资源国家所有权"的动态法律关系。我国《宪法》虽未明确规定公众自然资源权利，但在自然资源国家所有权公权说的法权逻辑中，公众自然资源权利应当作为授权来源而存在。这种公众自然资源权利不仅是对国家正当支配（包括分配和管制）自然资源的授权，更是在其背离"全民利益"时发挥终极约束作用的规范基础。一般而言，公众自然资源权利同时具有个体性与集体性特征，前者体现为公民个体对抗国家对其对自然资源的生存性使用的干涉，后者则体现为公众作为整体有权要求国家以符合公共利益的方式来管理、利用和保护各类自然资源。由此，社会组织代表公共利益提起生态环境损害索赔诉讼就可以被理解为公众授权环保组织保护其享有的集体性自然资源权利。

在此意义上，行政主体的生态环境损害索赔权和社会组织的环境民事公益诉讼权被一体纳入生态环境公共利益维护请求权的工具箱中，这将有助于增强生态环境公益保护法律体系的融贯性。但这也表明社会组织和行政主体的请求权在规范正当性来源方面并无差异（均由公众经民主程序授权），很难说谁应垄断或优先享有索赔权。因此，符合何种条件的社会组织可以提起诉讼，以及在社会组织、行政主体、检察机关之中，何者应该被赋予生态环境公共利益的优先代表权，只能交由立法者基于功能主义理由审慎裁断。一般而言，基于行政机关的专业优势和明确的问责机制，各国倾向于赋予行政机关优先性或垄断性的索赔权。①

---

① 巩固：《生态损害赔偿制度的模式比较与中国选择》，载《比较法研究》2022 年第 2 期。

 专题七　环境侵权惩罚性赔偿制度之论争

【目录】

【摘要及创新】

　　《民法典》第 1232 条在环境侵权领域引入了惩罚性赔偿制度，是民法适当承担生态环境公益保护功能的体现，亦是对十九大提出的建设美丽中国构想的法治回应。惩罚性赔偿制度肇始于英美法系，意在惩罚和遏制严重的侵权行为。在环境侵权领域引入该制度，可通过适当的利益倾斜，激发环境污染、生态破坏案件中被侵权人的维权积极性，形成对生态环境危害行为的威慑，并成为生态环境危害行为公法规制手段之补充，表明我国在立法层面进行了更为严格的生态环境保护制度构建。

　　在环境侵权领域妥善适用惩罚性赔偿制度，则应当全面洞悉该制度引入环境

侵权领域的积极功能与潜在负面效应、梳理该制度在解释与适用过程中的主要论争点。考察我国此前在消费者权益保护、食品安全等领域业已施行的惩罚性赔偿制度的运行实效，并结合该制度之固有属性可知，该制度在环境侵权领域之创设，亦可能引发滥诉风险提升、对生产活动形成过分阻遏以及同质性责任叠加等潜在负面效果。

由此，明晰惩罚性赔偿制度在环境侵权领域的规范要素，准确识别该责任适用情形，避免不适当地扩大该责任的适用范围，是适用该制度的应然选择。这就要求对法条文本进行解读，厘清环境侵权惩罚性赔偿责任之规范要素，将该条文中的"法律"做狭义理解，明确责任的构成要件以及"被侵权人"的具体含义。

为防止环境侵权惩罚性赔偿制度之负面效应，对该法条之司法适用予以适当规制殊为必要。具体路径包括三个方面：其一，在相关实施细则中对惩罚性赔偿金数额采用"固定金额+弹性金额"的立法模式，并结合既有领域的惩罚性赔偿司法适用之典型案例，尽量使个案中利益衡量标准趋于统一；其二，将针对同一行为所设置的看似相对独立却在内核上具有同质性的责任进行整合，避免该制度与行政罚款、刑事罚金叠加适用而导致环境危害行为人之法律责任过重，违背"罚当其过"的秩序原理；其三，在惩罚性赔偿责任适用的时间范围方面，司法机关须注意结合相关司法解释，并比照公法责任之"有利溯及"等原则，遵循"法律规则优先于法律原则"等理念，准确认定该责任适用之时间范围。

环境侵权惩罚性赔偿制度之论争*

习近平总书记在十九大报告中提出"实行最严格的生态环境保护制度，形成绿色发展方式和生活方式""强化排污者责任，健全环保信用评价、信息强制性披露、严惩重罚等制度"。① 作为对建设美丽中国构想的回应，十三届全国人大三次会议通过的《民法典》为用"最严格的制度、最严密的法治保护生态环境"提供了民法制度保障。② 其中，第 1232 条将"惩罚性赔偿"这一制度首次引入环境侵权领域。由此，环境侵权领域成为继第 1185 条知识产权领域、第 1207 条产品责任领域之后，《民法典》侵权责任编中第三处引入"惩罚性赔偿"制度的领域。这一制度的确立，使得满足一定条件的环境侵权行为的责任性质由"填补性"转变为"填补性+惩罚性"，一方面可通过提高环境危害违法成本来震慑可能发生的环境危害行为，另一方面由于实施细则尚未得到明确，该制度的司法适用可能存在诸多问题。"法律条文不是孤立制定的，是立法者对社会上各种现存的利益加以综合平衡的结果，其本身就包含着一定社会整体对公平和正义的具体

---

* 作者简介：王冲，法学博士，上海师范大学哲学与法政学院讲师。本专题主要内容以《〈民法典〉环境侵权惩罚性赔偿制度之审视与规制》发表于《重庆大学学报（社会科学版）》2023 年第 5 期。

① 习近平：《决胜全面建成小康社会 夺取新时代中国特色社会主义伟大胜利——在中国共产党第十九次全国代表大会上的报告》，载共产党员网：http://www.12371.cn/2017/10/27/ARTI1509103656574313.shtml，2023 年 5 月 10 日最后访问。

② 吕忠梅：《以"绿色民法典"回应时代需求》，载《光明日报》2020 年 5 月 28 日，第 6 版。

理解。"① 因此本专题拟对环境侵权惩罚性赔偿制度进行审视，探求立法者原旨，分析《民法典》第 1232 条的规范意涵，同时结合全国首例适用《民法典》环境侵权惩罚性赔偿条款的案件，对该制度在制定及适用过程中所产生的主要论争进行探讨，继而提出相应的规制路径构想。

一、环境侵权惩罚性赔偿制度之理论论争展开

惩罚性赔偿主要是美国法中与补偿性赔偿相对应的一项特殊民事赔偿制度，它通过让加害人承担超出实际损害数额的赔偿，以达到惩罚和遏制严重侵权行为的目的。② 惩罚性赔偿制度引入环境侵权领域的做法所昭示的是立法上更为严格的环境保护制度构建，但我们同时也需要对围绕该制度所产生的论争，给予其适当的定位，进而实现其积极功能。

（一）功能定位与合理性证成

惩罚性赔偿制度源自英美法系，肇始于英国 1763 年的 Wikes v. Wood 案，③ 至 19 世纪中叶，惩罚性赔偿制度成为美国侵权法的重要组成部分。④ 与刑法"惩罚及预防"的目的不同，民法的主要目的在于"补偿"。有学者认为，惩罚性赔偿是以"惩罚"为首要功能，⑤ 但惩罚功能本身不能成为"损害赔偿责任成立的理由"。⑥ 从概念上解构"惩罚性赔偿金"，其核心功能为"赔偿"，即应当

---

① 孟勤国：《也论电视节目预告表的法律保护与利益平衡》，载《法学研究》1996 年第 2 期。

② 张新宝、李倩：《惩罚性赔偿的立法选择》，载《清华法学》2009 年第 4 期。

③ 该案中上诉法官认为："损害赔偿制度不仅要填补被害人损失，而且要惩罚违法行为，以制止未来的类似情形再次发生。因此，陪审团有权判决比实际损害更高的赔偿金额。"转引自徐海燕：《我国导入惩罚性赔偿制度的法学思考》，载《杭州师范学院学报（社会科学版）》2004 年第 2 期。值得注意的是，本案中的惩罚性赔偿制度被运用于规制行政机关滥用权力的行为而非民事侵权领域。

④ 张新宝、李倩：《惩罚性赔偿的立法选择》，载《清华法学》2009 年第 4 期。

⑤ 申进忠：《惩罚性赔偿在我国环境侵权中的适用》，载《天津法学》2020 年第 3 期。

⑥ ［德］格哈德·瓦格纳：《损害赔偿法德未来——商业化、惩罚性赔偿、集体性损害》，王程芳译，中国法制出版社 2012 年版，第 20 页。

以损害填补为核心，赔偿数额的衡量基准为被侵权人之权利被侵犯的程度，其核心要义在于对民事主体之间的利益进行平衡，又因其冠以"惩罚性"作为限定，意以"对侵权人施加财产方面的惩戒"作为附加功能。因而在惩罚性赔偿制度中，被侵权人的所获得的利益大于其实际损失，打破了"损害填补"的应有之义，使得被侵权人与侵权人之间的利益再次处于不均衡的状态。单纯就侵权人与被侵权人的利益平衡进行考量，似乎这一制度存在着逻辑上的不周延性。因而以德国为代表的传统大陆法系在学理研究与立法实践方面对其总是采取较为暧昧的态度。① 分析该制度存在的必要性，若由"这一制度得以在争议中沿用"推论出"这一制度有其存在价值"，便会陷入休谟问题的困境。因此，对该制度之研讨应当从利益衡量理论角度进行理论溯源与实践功能阐述，实现由"应然"到"实然"的证成。

首先，就个案利益衡量角度而言，惩罚性赔偿制度引入环境侵权领域是对被侵权人权利救济方式的创新，并能激发被侵权人的维权积极性。基于生态环境危害行为造成损害的长期性与潜伏性特点，环境私益诉讼损害赔偿存在的难点主要包括两个方面：其一为损害程度证明难，其二为环境侵权行为与损害后果之间因果关系证明难。若仅适用填补性损害赔偿，从被侵权人起诉前的预期来看，在为维权所付出的人力、时间与经济成本可能远远高于所获得赔偿的情况下，被侵权人往往怠于行使其诉权，大量侵权事实无法进入司法程序得到救济；即使案件顺利进入司法程序，从实效性来看，由于上述难点的存在，被侵权人的权利救济程度明显不足。② 如此一来，污染者与被侵权人之间的利益平衡被打破却无有效救济途径。有学者主张，应当将惩罚性赔偿制度视为"奖励性赔偿"，③"一种责任

---

① 尽管如此，德国法对惩罚性赔偿制度仍有以下几个方面的发展：1. 有关痛苦和创伤的赔偿方面；2. 有关知识产权的赔偿方面；3. 有关雇佣关系中的性别歧视方面。参见石睿：《惩罚性赔偿制度之立法证成》，吉林大学 2007 年博士学位论文，第 7~9 页。

② 例如在著名的"儿童血铅超标案"终审判决（〔2015〕衡中法民四终字第 272 号）中，原告主张的 206 万元赔偿金额最终只有 2.6 万元获得了支持，但法院同时判决对原告本应承担的诉讼费用"决定予以免收"，似乎法官无法在法律上找到更多支持其主张的依据，却又实有同情的意味。

③ 李友根：《惩罚性赔偿制度的中国模式研究》，载《法制与社会发展》2015 年第 6 期。

的性质不仅取决于其所处的部门法的特性及其预设的责任功能，而且取决于不同部门法学思维传统，应当将该制度视为在经济法中的'激励性报偿'责任"。① 在惩罚性赔偿制度引入环境侵权领域之前，一些制度缺陷实际上对被侵权人权利救济带来一定的不便，最典型的是环境侵权责任与产品侵权责任之竞合的情形，例如在装修致使室内环境污染造成人身或财产损害的案件中，② 被侵权人可选择请求侵权人承担环境侵权责任或消费侵权责任，若选择提起环境侵权之诉，依原《侵权责任法》之规定，采用举证责任倒置规则，被侵权人之举证负担轻，但不可主张诉请惩罚性赔偿，损害救济程度不足；若选择提起消费侵权之诉，被侵权人可主张惩罚性赔偿，但举证负担相对较重。环境侵权惩罚性赔偿制度的确立，恰恰解决了此类案件中被侵权人的"两难"境地——主张环境侵权责任时既无须承担过重的举证责任，又可诉请侵权人承担惩罚性赔偿责任，这不失为一种救济手段与救济程度方面的"激励"。因此，将其视为"激励性"的权利救济方式，一方面能够显著提升被侵权人的权利救济程度，弥补其潜伏性损失；另一方面能够使被侵权人的可预见利益显著增加，促使其在此激励下主动维权。

其次，就促进社会利益的角度而言，环境侵权惩罚性赔偿制度的确立是对既有以及潜在环境污染者的威慑，促使其达到"成本内化"。《民法典》所确立的作为社会性私权的环境权利，不是传统财产权和人身权观念中的纯粹"个人"私权。由于环境具有"整体性""共有性"和环境侵害具有"公害性"，侵权行为人只要侵犯了某一公民的环境权，就意味着对"群体"环境权乃至一定"社会利益"的侵犯。③ 在环境侵权领域，预防型手段应当优先于补偿型与修复型手段，立法者倾向于通过平衡具体法律关系中的权利与义务，来达到威慑法律关系

① 刘水林：《论民法的"惩罚性赔偿"与经济法的"激励性报偿"》，载《上海财经大学学报》2009 年第 4 期。

② 关于室内装修污染致人损害是否属于环境侵权案件，全国首例家装污染案"栗明诉南京华彩建筑装饰工程公司环境污染损害赔偿纠纷案"（〔2002〕玄民初字第 1715 号）中法院认为："装修这一产业行为，若行为不当，首先导致的是空气这一生态自然环境因素被污染，然后被污染的空气又造成人体的生命健康受到危害……完全符合学理界对环境污染的定义。""本案属于环境污染侵权之诉，应当适用环境污染侵权的特殊规则。"此后"一汽丰田汽车销售有限公司诉北京国金轩餐饮管理有限公司等环境污染责任纠纷案"（〔2015〕朝民初字第 35867 号）等案件中延续了这一做法。

③ 吕忠梅：《绿色民法典：环境问题的应对之路》，载《法商研究》2003 年第 6 期。

当事人（主要指侵权人）一方，乃至潜在实施环境侵权行为的不特定第三人，从而促进社会整体利益的增加。惩罚性赔偿制度引入环境侵权领域，可使从事生产活动的人"畏惧"可能承担的高额赔偿金，进而在从事生产活动过程中注意采用符合环境保护法律规范的方式。在这一过程中，最理想的模式为：生产者使用符合法律规范的手段从事生产活动，为社会增加财富的同时尽量避免使他人权益受到减损，即实现了"帕累托最优"。

最后，就环境危害行为规制手段的效能而言，环境侵权惩罚性赔偿制度的确立是对生态环境危害行为公法规制手段的补充。国外有学者曾提炼出惩罚性赔偿制度的七项功能，其中第五项为"诱导私人执法"；① 也有学者认为该制度具有鼓励私人总检察官（private attorney general）制度之适用以及为刑法与侵权法架起沟通桥梁的功能。② 刑事规制手段具有谦抑性，针对广泛存在的、尚未构成犯罪的环境危害行为，并不能起到规制作用。生态损害救济、环境公益维护主要依靠行政管制模式来实现，此乃世界各国之普遍经验与共通做法。③ 但行政规制手段可能存在缺陷：一方面，行政规制可能存在不及时的现象，若污染行为侵犯到私人权益，"面对失范的社会秩序，首先采取行动的最可能是违法行为的受害者"，④ 其维权积极性与效率较高；另一方面，企业从事生产活动通常能够为地方政府带来较高的经济效益，若执法者与行为人达成"共谋"，生产者违法成本低于守法成本，出于本能的利益驱动，其会怠于采取环保措施，造成环境危害行为长期存在却无法受到有效规制，公共利益长期处于被侵害的状态。若将惩罚性赔偿请求权赋予环境侵权领域的私主体，则能够鼓励被侵权人对部分环境危害行为追责，并对可能发生的类似行为起到预防之效，在一定程度上弥补公法规制手

---

① Dorsey D. Ellis, JR, "Fairness and Efficiency in the Law of Punitive Damages", *Southern California Law Review*, Vol. 56：1, 1982, pp. 1-78.

② Michael Rustad & Thomas Koenig, "The Historical Continuity of Punitive Damages Awards：Reforming the Tort Reformers", *The American University Law Review*, Vol. 42：4, 1993, pp. 1269-1334.

③ 彭中遥：《生态损害赔偿磋商制度的法律性质及发展方向》，载《中国人口·资源与环境》2020年第10期。

④ 江帆、朱战威：《惩罚性赔偿：规范演进、社会机理与未来趋势》，载《学术论坛》2019年第3期。

段之不足。

(二) 潜在的负面效果反思

首先，该制度的施行违反了"不得因被侵权而获利"的原则，可能形成过度激励，带来滥诉后果。更为严重的是，一些并未受有实际损害的民事主体出于"贪利"的思想，将该制度变为营利手段，给司法实践带来了诸多困扰。譬如，在 2015 年《食品安全法》修订之前，出现了"职业打假人"以商品包装、标签说明、成分标识等不符合国家标准为由向经营者主张食品安全责任并要求十倍赔偿，但其自身并未受到实际损失，并且此种做法在当时已经形成了固定模式。[①]因此在 2015 年修订《食品安全法》时，立法者将"食品的标签、说明书存在不影响食品安全且不会对消费者造成误导的瑕疵"排除在可请求惩罚性赔偿的范围之外。若将惩罚性赔偿制度适用于环境侵权领域却无有效规制则可能会产生同样的问题，即一方面使得财富不合理地分配给恶意的索赔人，另一方面导致相当一部分司法资源浪费在恶意索赔的"滥诉"中，难以达到立法者所期望的制度效果。

其次，过分的"阻遏"可能导致民事主体从事生产意愿降低。目前《民法典》第 1232 条尚缺乏实施细则，赔偿金额不受具体可证明的金钱损失约束，同时缺乏明确具体的衡量标准，因而在司法适用过程中可能遇到窘境。与从事产品销售活动不同的是，环境污染与生态破坏后果通常由生产活动所衍生，而生产活动能够带来社会总体利益的增加。若在先前的案件中侵权人承担了过高的惩罚性赔偿，利益的天平过度倒向被侵权人一方，所带来的阻遏效果可能不仅仅及于导致该案中损害结果的特定生产行为，也可能挫伤民事主体从事类似生产活动的积极性，造成社会总体利益的消极减少。

最后，在私法领域加入"惩罚"功能，可能带来环境危害行为规制领域具有同质性目的的惩罚手段相冲突以及环境危害行为人责任过重的问题。"在生态文明建设逐步推进以及环境司法改革不断深化之背景下，符合法定条件的环保组

---

① 黄洁：《紧盯食品标签类问题讨要十倍赔偿，"职业打假"多涉及食品维权案》，载《法制日报》2016 年 9 月 9 日，第 8 版。

织、检察机关以及环保行政机关往往倾向于采取更为积极主动的措施来处理环境事故"，[①] 此种现状已经可能来带规制机关与规制手段交叠的弊端。而前文所述的惩罚性赔偿制度之"补充"功能若不能建立在配套措施完善的基础之上，则可能进一步带来如下问题：公法与私法规制路径混同，衔接不畅，一个行为同时触发民事惩罚性赔偿责任、刑事罚金责任与行政处罚责任，不仅使得公法规制手段与私法规制手段同时作用于一个行为的调查与惩罚，造成资源浪费，也可能造成行为人若同时承担这三项具有惩罚性质的责任，显然不甚合理。此外，在行为人财产有限的情形下，三项责任承担的顺位若不明确，可能导致特定被侵权人受损权利难以得到充分救济。

二、围绕《民法典》第 1232 条之规范论争梳理

惩罚性赔偿制度引入环境侵权领域虽然具有潜在的负面效果，但该制度业已在《民法典》中确立，那么适用该制度就成为相关案件裁判的必然选择。梳理该制度在解释与适用过程中的主要论争点，明晰该制度的规范要素，准确识别该责任适用情形，避免不适当地扩大该责任的适用范围，是适用该制度的应然选择。

（一）"法律"的菜单拉伸

《民法典》第 1232 条对侵权行为的定性为"违反法律规定"，则"合法性"可作为针对惩罚性赔偿责任的抗辩事由。这就要求对于该条文中"法律"的菜单进行拉伸，使之具有清晰的界定。实际上，《民法典》中"惩罚性赔偿责任"比一般的环境侵权责任在立法上拥有更高的适用标准。《民法典》第 1229 条的规定为侵权责任编条文中最常见的填补性赔偿责任，其构成要件包括"侵权人实施了污染环境、破坏生态的行为"以及"该行为造成他人的损害"，理论源流可追溯至"忍受限度论"，即如果损害超过忍受限度，加害人就应当承担赔偿责任，其

---

① 彭中遥：《论生态环境损害赔偿诉讼与环境公益诉讼之衔接》，载《重庆大学学报（社会科学版）》2021 年第 3 期。

要义之一包括"行政法上的合法行为只限于不受行政法的制裁，并不能成为私法上免除民事责任的理由"。① 《民法典》第 1232 条的"惩罚性赔偿责任"构成要件则在此基础上进行了限缩，增加了侵权人主观状态与后果程度的要求，责任适用范围相应地变窄。有学者主张，为体现对惩罚赔偿违法性要件要求的严格性，对该条中"法律"应当作狭义理解，不包括效力层级较低的行政法规、地方法规、部门规章等。② 也有学者主张将环境侵权惩罚性赔偿制度中的"违法行为"限定为违反国家环境行政法律法规的规定。③ 还有学者从"违法性"的角度指出适用惩罚性赔偿责任的环境侵权行为应当具有违反环境行政法律或环境刑事法律的特征。④

此处的"法律"应当做狭义理解。虽然在环境污染的规制领域中，行政手段因其灵活性、专业性等特征，承担着较多的污染防治责任，行政法规、地方法规、部门规章在环境污染治理领域中自然扮演着重要的角色，⑤ 但若将此条文的"法律"作广义理解，则会将民事主体进行合法性抗辩的可能性降低。这一做法可能使个案中的被侵权人利益最大化，却可能使得从事生产活动的民事主体因行为所承担的法律后果具有较高的不可预测性，从而抑制生产积极性，有损于社会公共利益。由此，既然行为的合法性可作为惩罚性赔偿的抗辩事由，在"法无禁止即自由"的前提下，若对"法律"进行狭义解释，实际上使侵权人具有了更多的抗辩可能性，尽量避免对惩罚性赔偿责任适用范围的不当扩张，使惩罚性赔偿遵循谦抑性原则。

在确定《民法典》第 1232 条中"法律"的范围之后，一个无法避免的问题是："违反法律规定"若做反对解释，是否即不应当承担惩罚性赔偿责任？有学者指出"可作反对解释的法律条文，其外延必须是封闭的，即已将适用对象涵盖

---

① 王明远：《环境侵权救济法律制度》，中国法制出版社 2001 年版，第 186 页。

② 申进忠：《惩罚性赔偿在我国环境侵权中的适用》，载《天津法学》2020 年第 3 期。

③ 季林云、韩梅：《环境损害惩罚性赔偿制度探析》，载《环境保护》2017 年第 20 期。

④ 王树义、刘琳：《论惩罚性赔偿及其在环境侵权案件中的适用》，载《学习与实践》2017 年第 8 期。

⑤ 《环境保护法》第 15、16 条表明省、自治区、直辖市人民政府可对国家环境质量标准中未作规定的项目，制定地方环境质量标准、地方污染物排放标准。

无遗"。① 在"违反法律规定"这一条件中，采用上述方式明确"法律"的范围之后，该条文即有了精确含义，其反对解释（"不违反法律规定"）可得作为合法性抗辩，即承担惩罚性赔偿责任的环境侵权行为必须为明确违反法律规定的行为，若排污行为未违反法律规定，则不应当承担惩罚性赔偿责任。这一解释旨在将法律未作出规范的排污行为排除在惩罚性赔偿责任之外，限缩该责任的适用范围。

（二）责任构成要件的展开

《民法典》第 1232 条规定，承担惩罚性赔偿责任的环境侵权行为须符合"故意污染环境、破坏生态造成严重后果"的特征，对该规定进行分析，可将其三层意旨展开如下：

其一，侵权人的主观方面为故意。在侵权责任的构成要件理论②方面，"三要件说将行为违法性与过错合并，采过错吸收违法性的立场"。③ 在《民法典》出台之前，"经侵权责任法和环境保护法的共同整合，环境污染侵权形成了一元化无过错归责机制，进而使环境污染侵权的构成要件事实上简化为污染行为、损害事实与因果关系"。④《侵权责任法》第 65 条规定的环境侵权责任即是无过错责任，同时不强调行为的违法性，只要行为造成侵权后果，均应当承担责任。作为普通环境侵权责任的规定，《民法典》第 1229 条在违法性与过错性的关系处理上延续了这一做法，但第 1232 条惩罚性赔偿责任所具有的惩罚、遏止及预防的功能要求其注重行为人的主观恶性，从而将"违法性"与"过错性"从责任要件中析出，除将"违法性"作为前提之外，还要求该行为系出于"故意"。此种规定应当被认为是普通环境侵权责任的进阶，即以填补性的无过错责任为基础，

---

① 梁慧星：《电视节目预告表的法律保护与利益衡量》，载《法学研究》1995 年第 2 期。

② 依照"违法性"是否能够被"过错性"吸收，侵权责任的构成要件理论可分为"三要件说"与"四要件说"，其中三要件说认为侵权责任的构成要件包括损害、过错、因果关系，"四要件说"认为侵权责任的构成要件包括违法性、损害、过错、因果关系。

③ 王利明：《侵权责任法研究（上）》，中国人民大学出版社 2010 年版，第 301 页。

④ 胡卫：《过错优先：环境污染侵权中行为人过错的功能分析》，载《政法论丛》2019 年第 6 期。

在其之上为情节更为恶劣的"违法+故意"的侵权行为赋予更为严苛的责任,形成"金字塔型"的责任结构形式。

其二,侵权行为表现为污染环境和破坏生态的行为。《民法典》侵权责任编将"破坏生态"的行为纳入了调整范围,由此,其并不再局限于对区域性、暂时性、突发性的环境污染行为的调整,对于影响更为严重的生态破坏行为同样可得适用。"'生态破坏责任'类似日本译自法国的'纯环境损害',指没有具体的自然人、法人为具体受害人,损害的是公共或者国家利益。"① 行为人无论实施了具体的污染环境的行为,还是造成了纯粹的生态损害,只要符合惩罚性赔偿责任的其他要件,均须承担相应的责任。

其三,侵权行为造成的后果程度要求为"严重"。《民法典》第1232条表述为"故意污染环境、破坏生态造成严重后果的",此处也较易引发相关论争,即该"严重后果"应当解释为"污染环境、破坏生态"的"严重后果",还是针对被侵权人权益侵犯的"严重后果"?这一条文规定于侵权责任编,其主要目的在于保护私权利,并非逾越其制度功能,重点承担保护环境公益的任务,因而其所要求的"严重"应当是针对被侵权人受损权益本身而言,即造成了被侵权人人身或财产的重大损害。此外,本条内容应当与以下两项内容有所区别:第一,应当与单纯的环境污染、生态破坏责任中的"严重后果"相区别,有学者认为在当前尚未有专门法规定何谓"严重后果"时,可予以参照《关于办理环境污染刑事案件适用法律若干问题的解释》第1~3条的规定,② 此种"参照"并不完全妥当,原因在于这几项内容所注重的是对污染环境行为本身严重程度的认定,侧重于对环境公共利益的救济而非侵权人与被侵权人之间的利益平衡。第二,应当与精神损害赔偿中的"严重后果"相区别。虽然在17—18世纪,惩罚性赔偿主要目的和功能在于弥补受害人的精神损害,③ 但时至今日,该制度与精神损害赔偿

---

① 刘士国:《民法典"环境污染和生态破坏责任"评析》,载《东方法学》2020年第4期。

② 陈学敏:《环境侵权损害惩罚性赔偿制度的规制——基于〈民法典〉第1232条的省思》,载《中国政法大学学报》2020年第6期。

③ 刘水林:《论民法的"惩罚性赔偿"与经济法的"激励性报偿"》,载《上海财经大学学报》2009年第4期。

制度产生了一定的分化，承担着不同的制度功能。精神损害赔偿为填补性损害赔偿，主要着眼于填补被侵权人不可量化的心灵伤害，惩罚功能为次要，赔偿依据更多依赖于法官的主观认定，而惩罚性赔偿制度则更倾向于惩罚与遏制功能，赔偿依据为侵权人行为所造成的可量化的人身或财产损害。

（三）"被侵权人"的限定

"被侵权人有权请求相应的惩罚性赔偿"的表述将环境侵权惩罚性赔偿责任的请求权主体限定在"被侵权人"的范围内。由此产生的论争是：在环境侵权案件中，"被侵权人"通常数量较多，除特定被侵权人之外，该项责任的请求权是否应当及于不特定被侵权人，能否适用于公益诉讼或生态环境损害赔偿诉讼？关于这一问题，学界存在两种对立的观点。一种观点支持惩罚性赔偿可由公益诉讼原告主张。在《民法典》出台之前已有学者对之进行了思考，认为在环境侵权公益诉讼中，仅预防性环境公益诉讼不应适用该项制度。[1]《民法典》出台之后，持该观点的人大多是从惩罚性赔偿制度的惩罚、遏制及预防的功能出发来论证其观点，[2] 或引入"公法私法化"的理论，认为环境公益诉讼是一种借助私法诉讼程序实现公共政策、保护环境公益的诉讼，与惩罚性赔偿一样属于"公法私法化"的具体体现。[3] 在 2021 年 1 月 4 日作出判决的浮梁县人民检察院与被告浙江海蓝化工集团有限公司环境污染民事公益诉讼一案（以下简称"海蓝化工集团案"）[4] 以及此后较多环境公益诉讼案件中，法院对于该法条的援引似乎也宣示了司法实务部门支持此观点。持反对观点的人则主张"生态环境的公益损害救济应以公法机制为主"，[5] 或根据体系解释，认为《民法典》第 1232 条惩罚性赔偿

---

[1]　王树义、刘琳：《论惩罚性赔偿及其在环境侵权案件中的适用》，载《学习与实践》2017 年第 8 期。

[2]　参见房绍坤、张玉东：《论〈民法典〉中侵权责任规范的新发展》，载《法制与社会发展》2020 年第 4 期；柴冬梅、田漫：《生态环境公益诉讼中惩罚性赔偿适用条件与规则》，载《检察日报》2020 年 9 月 11 日，第 3 版。

[3]　李华琪、潘云志：《环境民事公益诉讼中惩罚性赔偿的适用问题研究》，载《法律适用》2020 年第 23 期。

[4]　〔2020〕赣 0222 民初 796 号。

[5]　李丹：《环境损害惩罚性赔偿请求权主体的限定》，载《广东社会科学》2020 年第 3 期。

制度的请求权主体应当与《消法》的相关规定保持统一，即"该请求权的归属主体是特定的被侵权人"。①

笔者主张《民法典》此处规定的惩罚性赔偿责任请求权应当仅由特定的被侵权人享有。第一，从制度调整范围来看，本条规定于《民法典》"侵权责任编"，且第 1229 条明确规定了"造成他人损害"须承担侵权责任，其维护的是"私益"，以及由"私益"汇集而成的"众益"，请求权基础在于特定被侵权人的人身或财产权益受损。我国为成文法国家，民事主体的权利渊源应当为立法规定，"环境权"并非《民法典》所固化的权利，惩罚性赔偿制度虽具有维护环境公益之目标，却也不应逾越私法的调整范围。第二，从对环境公益救济渠道是否充足的角度来看，在公法领域，除刑法的规定之外，《环境保护法》第 59 条作出了"按日计罚无上限"的规定，已经以惩罚性责任的形式对环境公益进行救济，若与《民法典》中惩罚性赔偿责任与之叠加适用，可能造成侵权人责任过重；在私法领域，《民法典》第 1235 条第 2 款赋予国家规定的机关或者法律规定的组织可就"生态环境功能永久性损害造成的损失"向侵权人主张赔偿的权利，与第 1232 条惩罚性赔偿制度均为指向未来的赔偿制度，已经具有了预防的性质，故目前对环境污染与生态破坏行为的惩罚性制度基本能够达到惩罚、遏止与预防的目的。第三，在理论的周延方面，"公法私法化"理论在这一问题上显得有些力不从心。根据相关学者的论述，公法私法化指"'通过私法实现公共任务'，即国家运用私法手段或者通过私人主体来实现'公共'目标，其运用较多的形式，是单纯引入'私法手段'来完成公共任务的情况"。② 即该理论的本质应当是公法为"体"，私法为"用"，私法仅作为一种规则或手段参与到"实现公共任务"的过程中。很明显，惩罚性赔偿制度已经作为一项实体性规则，若将其适用于环境污染、生态破坏的规制领域，实际上超出了"用"的范围，与"公法私法化"这一理论并无契合之处。因此，在无特定被侵权人权益受损的情形下，将"环境

---

① 黄忠顺：《惩罚性赔偿请求权的程序法解读》，载《检察日报》2020 年 11 月 9 日，第 3 版。

② 金自宁：《"公法私法化"诸观念反思——以公共行政改革运动为背景》，载《浙江学刊》2007 年第 5 期。

权"受损认定为公民的民事权益受损，进而由环境公益诉讼原告主张惩罚性赔偿或由行政机关提起生态环境损害赔偿诉讼，主张环境侵权惩罚性赔偿责任，于法无据；在有特定被侵权人权益受损的情形下，第 1232 条内容仅应作为对被侵权人权利救济方式乃至救济程度的创新，由特定的被侵权人提起诉讼。故而针对不特定被侵权人，《民法典》中环境侵权惩罚性赔偿制度并无适用之余地。

同时应当认识到，在先前已有的涉及消费者、食品安全等领域惩罚性赔偿制度请求中，存在特定被侵权人提起诉讼意愿低下、救济方式分散等问题，完全依靠私益诉讼难以针对特定被侵权人的利益形成有效救济，因而已经有地区开始了公益诉讼惩罚性赔偿制度的探索，① 中共中央、国务院于 2019 年 5 月发布《关于深化改革加强食品安全工作的意见》，明确提出"探索建立食品安全民事公益诉讼惩罚性赔偿制度"。在环境侵权领域中同样可能存在上述问题，笔者赞同通过引入诉讼信托及二阶构造理论赋予依法有权提起环境公益诉讼的国家机关或者有关组织以提起惩罚性赔偿环境民事公益诉讼适格原告地位，② 将惩罚性赔偿请求权的归属主体与实施主体相分离，该请求权归属主体仍是特定的被侵权人，公益诉讼原告可受让该请求权并实施，惩罚性赔偿金的数额应当依据特定被侵权人的实际损失而作出认定。

三、环境侵权惩罚性赔偿责任适用之规制

对该责任潜在负面效果的规避，除明确规范要素之外，有必要根据其风险，提出相应的规制策略，主要包括：针对赔偿金适用标准的规制、与公法上的环境危害惩罚性责任进行合作衔接以及限定该责任适用之时间范围三个方面

---

① 如"广东省消费者委员会因七被告生产、销售假盐侵害众多消费者合法权益案"（〔2017〕粤 01 民初 384 号）、"附带民事公益诉讼被告人马铁平、黄建河生产、销售有毒、有害食品案"（〔2018〕湘 0321 刑初 267 号）、"余某锋等销售有毒有害食品案"（〔2018〕粤 0103 刑初 1023 号）等。

② 相关论述参见黄忠顺：《惩罚性赔偿请求权的程序法解读》，载《检察日报》2020 年 11 月 9 日，第 3 版。

2

的内容。

(一) 构建惩罚性赔偿金适用标准

1. 赔偿金额立法模式选择

首先，应当从文本上对于赔偿标准、计算方式作出明确规定。惩罚性赔偿金的计算模式，根据各国实行惩罚性赔偿制度的经验，主要可以概括为三种类型：固定金额模式、弹性金额模式和无数额限制模式。① 具体到我国采用的模式，《最高人民法院关于审理商品房买卖合同纠纷案件适用法律若干问题的解释》(2003) 第 8 条为单一的"固定金额模式"，《商标法》(2013) 第 63 条为"固定金额模式+弹性金额模式" (以倍数形式规定上下限)，《食品安全法》(2009) 第 96 条采用了"固定金额模式"，在 2015 年修订之后，第 148 条采用"固定金额模式+弹性金额模式 (规定下限)"，而《消费者法》(1993) 在第 49 条中采用了"固定金额模式"，2013 年修订时改为了"固定金额模式+弹性金额模式 (规定下限)"。由此可见，在我国现行立法中最为广泛的模式为"固定金额模式"，同时逐渐强调适用的灵活性，以便法官作出更为适应个案特征的裁决，因而"弹性金额模式"的运用范围逐步拓展。最高人民法院于 2022 年在《关于审理生态环境侵权纠纷案件适用惩罚性赔偿的解释》第 12 条对惩罚性赔偿金的计算模式作出规定，认为该数额通常以人身损害赔偿金、财产损失数额的 2 倍为限，以"弹性金额模式"规定了该赔偿金数额的上限，允许法官基于案件的特征，在该范围之内进行赔偿数额的裁量，同时又使该数额不至于过分高出侵权行为造成的损害。

2. 司法适用过程之规制

有学者指出"司法的过程并非机械的事实认定和法律适用的过程，而是涵摄

---

① "固定金额模式"包括规定固定数额与规定固定倍数两种形式；"弹性金额模式"包括仅规定惩罚性赔偿金的上限、仅规定惩罚性赔偿金的下限以及同时规定惩罚性赔偿金上下限。相关论述参见金福海：《惩罚性赔偿制度研究》，法律出版社 2008 年版，第 234~237 页。

价值衡度和价值选择的过程"。① 法官所面临的待决案件必然涉及双方当事人的利益,但环境侵权案件的裁判同时涉及对环境公益的调整与指引作用,个案中利益衡量的结果应当与法律体系、社会的价值尺度相协调。为避免个案之间判决结果差异过大,最高人民法院可逐步就该制度以指导性案例与公报案例的形式作出统一的司法适用标尺。

就惩罚性赔偿的司法适用问题,最高人民法院分别于 2006 年、2014 年、2018 年和 2019 年发布 4 个关于惩罚性赔偿司法适用的公报案例。② 参照以上案例,环境侵权惩罚性赔偿制度的裁判文书应当注重如下几个方面的说理:其一为对行为是否属于本法条调整范围的说理,如"颜荷莲案"中法院认为原告主张的损害结果与被告的虚假宣传行为之间不具有因果关系,因而在对被告究竟应当承担产品侵权惩罚性赔偿(侵权之诉)还是消费欺诈惩罚性赔偿(违约之诉)的问题上,排除了侵权责任之适用,认定被告须就欺诈行为承担惩罚性赔偿责任。其二为对侵权人具有主观恶意的说理,即对"故意"的认定,这一点与一般的环境侵权行为须承担的无过错责任相区别,因而此处的说理尤为重要。在"金华公司案"中,最高人民检察院提起的抗诉理由认为,应当对出卖人是否恶意违约进行认定,该案中存在两个"一房数卖"行为,进而主张依照作为标的的房屋出售之时相应的纠纷是否进入仲裁或诉讼程序,对两个"一房数卖"行为的主观方面是否为故意进行分别认定。虽然最高人民法院以"《关于审理商品房买卖合同纠纷案件适用法律若干问题的解释》第 8 条规定中并不存在此种赔偿责任的适用以出卖人具有恶意违约故意为前提的规定"为由,未支持该项主张,但《民法典》第 1232 条规定明确对侵权人具有主观恶意作出了要求,因而此处对于"故意"的详细论证思路值得借鉴。其三为注重环境污染和生态破坏行为与损害后果之间

---

① 江国华:《论司法的道德能力》,载《武汉大学学报(哲学社会科学版)》2019 年第 3 期。

② 分别为:张志强诉徐州苏宁电器有限公司侵犯消费者权益纠纷案(载《最高人民法院公报》2006 年第 10 期);湖北金华实业有限公司与苏金水等商品房买卖合同纠纷案(载《最高人民法院公报》2014 年第 1 期);邓美华诉上海永达鑫悦汽车销售服务有限公司买卖合同纠纷案(载《最高人民法院公报》2018 年第 11 期);颜荷莲、程玉环诉周宜霞、吉林天药科技有限责任公司等侵权责任纠纷案(载《最高人民法院公报》2019 年第 1 期)。

因果关系论证，并涉及举证责任的分配问题，这一点与一般的环境侵权责任因果关系认定一致，本专题不做赘述。其四为对于"严重后果"界定以及惩罚性赔偿责任裁量幅度的说理，在"金华公司案"中，法院基于原告苏金水疏于审查合同中存在的涂改印迹、印章缺失等瑕疵，对于本案纠纷的发生存在过失，因而"酌情判决金华公司向苏金水承担购房款金额50%的赔偿责任"。对于前述惩罚性赔偿可能带来的"滥诉"效果，也可以考虑借由限缩惩罚性赔偿金额进行消弭，若法官在审理案件中发现被侵权人系出于营利为目的主张环境侵权惩罚性赔偿，在法律未禁止该类索赔行为的情形下，可对于赔偿数额进行适当限缩。当前，《民法典》赋予法官较大的自由裁量权，法官在行使该项权力时必须进行较为充分的论证，充分考量当事人的具体利益、该法条的制度利益与环境公益，通过说理以提高裁判的可接受性，实现法律效果与社会效果的统一。

(二) 与公法责任之合作衔接

环境公共利益之维护主要依靠行政管制，惩罚性赔偿制度的加入，则衍生了私法制度与公法制度可能对某一行为重复评价的问题，不同法域责任之间是否能够重叠适用，以及不同性质的规制手段之间如何衔接，需要通过制度予以明确。具体而言，在制度的设计上，需明确民法、刑法、行政法中针对环境危害行为的责任是否能够重叠适用，若不能，则应当明确其承担顺位并设计相应机制。

不同性质的责任是否能够对同一行为进行重复评价，需要从制度目的与价值进行判断，在环境侵权责任中，惩罚性赔偿责任包括对行为两个方面的评价：惩罚性与赔偿性，后者为侵权责任所固有，意在进行损害填补，为超出"忍受限度"所应承担的责任，非以违法性为构成要件，系纯粹调整私主体之间利益均衡的制度设计；而前者则出于维护公益之目的而与刑法、行政法责任具有重叠的可能性，即《民法典》第1232条规定的惩罚性赔偿、刑法第七章第六节"破坏环境资源保护罪"中的罚金、《环境保护法》第59条规定的罚款在制度价值与目的上具有同质性。由现行的法条①观之，针对同一环境危害行为不同法域责任的承担，可以理出如下顺位：(1) 在环境危害行为人财产充足情况下，《民法典》

---

① 包括《民法典》187条，《行政处罚法》第7条、第28条。

中的惩罚性赔偿责任与公法领域的责任互不影响；（2）在环境危害行为人财产不足的情况下，《民法典》中的惩罚性赔偿责任优位于公法领域中的责任；（3）公法领域中，行政罚款应当抵扣刑事罚金。但由此衍生的问题是：尽管几项责任分属不同的法域，但承担具有同质性的责任仍然会为环境危害行为人施加过重的负担，违背了"罚当其过"的秩序原理，正如有观点认为"惩罚性责任之间不能重复评价"。① 对此，解决办法是将针对同一行为所规定的看似相对独立却在内核上具有同质性的责任进行整合。

在环境保护领域，基于行政手段的灵活性，行政处罚通常先于司法手段进行，因此行政系统通常先于司法系统作出判断，行政罚款决定先于司法判决。惩罚性赔偿与行政处罚在制度价值与目的方面具有同质性，但在制度设计上，该项请求权的惩罚功能依附于补偿功能，且基于《民法典》第 1232 条对于被侵权人权利充分保护之精神，在行政处罚作出后，惩罚性赔偿制度仍然应当被适用，其金额不应受到行政处罚金额的影响。在进入司法程序之后，环境侵权行为人可能面临的具有惩罚性质的财产责任包括惩罚性赔偿金与刑事罚金，在"广州市人民检察院诉刘某亮生产、销售假盐民事公益诉讼案"② 中，就惩罚性赔偿与公法中责任的关系方面，法院认为"性质相同的金钱罚，即行政罚款和刑事罚金竞合时，一般采用轻罚在重罚中折抵的原则处理，以体现惩罚的谦抑，避免惩罚的过度。惩罚性赔偿金与行政罚款、刑事罚金同属惩罚性债权，只不过前者是私法债权，后两者是公法债权"。出于惩罚谦抑性原则，惩罚性赔偿金应当适当折抵罚金，但在实践中可能出现如下问题：针对同一环境危害行为，若刑事诉讼先于民事诉讼提起并作出判决，则事实上惩罚性赔偿金无法抵扣刑事罚金，被侵权人仍然面临就同一行为承担多种同质性责任的问题。因此应当着眼于环境责任一体化的建构，适当安排诉讼顺位。具体而言，环境危害行为人在诉讼阶段可能面临民事与刑事两种追责手段，在同一行为既有特定被侵权人或受让特定被侵权人请求权的公益诉讼原告提起惩罚性赔偿诉讼请求，又有检察机关提起公诉的情形下，

---

① 孙永上、李猛：《环境公益损害：刑事、民事、行政责任如何界分》，载《检察日报》2020 年 11 月 20 日，第 3 版。

② 〔2017〕粤 01 民初 383 号。

诉讼顺位的安排应当着眼于私益的优先受偿，将该类民事侵权诉讼置于优先地位，在民事判决作出之后再行审理刑事诉讼，在判决刑事罚金时，须以行政罚款全额抵扣，以民事惩罚性赔偿金中超出损害填补范围的金额按照一定比例抵扣，减少责任的过度竞合。

（三）时间范围之限定

在"海蓝化工集团案"中，法院对《民法典》第1232条进行适用，判决被告承担环境污染惩罚性赔偿金171406.35元。这引发了笔者的思考：适用该条文的正确时间节点应该如何界定？此案对于该法条的适用是否恰当？关于《民法典》的时间效力问题，《最高人民法院关于适用〈中华人民共和国民法典〉时间效力的若干规定》（以下简称《若干规定》），其中第1条规定适用《民法典》规定的一般情形为"民法典施行后的法律事实引起的民事纠纷案件"，同时在第2条、第3条规定了该原则的例外。该案于2021年1月4日审理完毕并当庭作出判决，其法律事实应当发生于《民法典》实施之前，法院判决被告海蓝公司承担相应的惩罚性赔偿责任，笔者对此做法并不认同。除了重申前文所述"惩罚性赔偿请求权应归属于特定被侵权人"的观点之外，退一步而言，即使公益诉讼原告享有惩罚性赔偿请求权，《民法典》第1232条在该案中的适用也存在不合理之处。首先，在该案中，法院释明其适用《民法典》之依据在于《若干规定》第2条之规定，即"更有利于保护民事主体合法权益，更有利于维护社会和经济秩序，更有利于弘扬社会主义核心价值观"。从制度功能而言，环境侵权惩罚性赔偿制度承担着类似公法规制手段的功能，其溯及力也应当比照公法之"有利溯及"原则，符合当事人的合理预期。法院判决被告海蓝公司按照环境功能性损失费用的3倍承担环境污染惩罚性赔偿，使当事人承担了超出其行为所造成损害的责任，被告在实施环境危害行为时对此项后果无法预见，并不符合"有利溯及"之原则，法院认为该判决"不会背离其合理预期、明显减损其合法权益、增加其法定义务"的理由并不充分，因而将惩罚性赔偿制度排除于《若干规定》第3条适用范围之外的做法并不合理。其次，从规则援引是否适恰而言，比照"法律规则应当优先于法律原则适用"之理念，相比于《若干规定》第2条中的原则性规定，第24条之规定更加适用于该类案件的说理，即《民法典》第1232条的司法适用若涉及溯及力问题，应当首先考虑援引《若干规定》第 24 条，证明损害后果全部或部分出现于《民法典》实施之后，由侵权人就《民法典》实施之后的损害后果承担惩罚性赔偿责任。

"未来我国可以通过立法授权、环境执法能力的强化，以及行政公益诉讼制度的完善等举措，力求建立起以公法为主导的生态环境损害救济法律机制。"① 环境公益维护制度体系的全方位构建，要求私法与公法行政形成制度合力，即 "民法需要修正其个人权利本位的法律视域，合理地吸收和接纳环境公共利益的社会法理，并适当地承担起生态利益保护和救济的社会责任"。②《民法典》的功能已经不再局限于 "保护私益" 之定位，而是在 "保护私益" 的基础上融入了 "公益维护" 的制度目标。肇始于英美法系的惩罚性赔偿责任打破了传统侵权责任之 "损害填补" 功能，兼具公法性质的惩罚、遏止及预防效应，将其引入环境侵权领域，是对 "环境公益维护" 制度目标作出回应的具体体现。对该制度的规范结构进行分析，并强调在司法实践中的审慎适用，有助于为民事主体从事生产活动施加普遍、适当的环保约束，充分发挥《民法典》的 "绿色" 效用。

---

① 彭中遥：《论政府提起生态环境损害赔偿诉讼的制度空间》，载《华中科技大学学报（社会科学版）》2021 年第 4 期。

② 柯坚：《破解生态环境损害赔偿法律难题——以生态法益为进路的理论与实践分析》，载《清华法治论衡》2012 年第 2 期。

专题八　生态环境损害赔偿司法认定规则之论争

【摘要及创新】

目前环境审判中，损害赔偿额度之确定，一是依据鉴定或专家意见，二是法官自由裁量。但前者产生鉴定权绑架审判权的问题，且鉴定难和贵系环境审判的巨大障碍；后者导致裁判尺度不一，司法公信力受损。损害赔偿额度之确定是环境审判中的瓶颈性难题。分析第 24 批环境审判指导性案例，可厘定出"以鉴定或专家意见为基础+法院适度调整+法院酌定或类比推定"这一个三层次赔偿额度确定规则。这一规则具体内涵如下：第一个层次，首先依据鉴定意见或专家意见。经过质证，其确定的额度没有疑问的话，法院直接将其作为认定赔偿额度并进行判决的依据。第二个层次为法院适度调整。如果法院审查认为鉴定或专家意见存有疑问，或者原被告质证时对其提出了可以采信的理由，则法院对鉴定或专家意见进行适度调整。第三个层次，确定污染事实存在，但具体损害无法查明情况下的类比推定或酌定。类比推定是在同一个案件中，法院已经查明部分污染的总体情况，并通过鉴定或专家意见，确定了该部分的环境损害赔偿额度，但另外一部分污染因为时过境迁，已经无法鉴定或评估，或者污染者拒不提供部分污染物的去向，无法确定该部分污染物的实际情况，故比照已确定部分，保守地推定另外一部分污染的赔偿额度。

该规则在实践运行中，存在司法解释中赔偿类型和范围之规定，与行政规范性文件脱节而导致概念界定混乱、审判权受制于鉴定权导致裁判风险、法院调整系数和履行方式创新缺乏依据，而导致公信力不足等问题。鉴于此，宜由最高人民法院与生态环境部协商，由生态环境部发文来推荐计算方法并作出说明，以统一鉴定或专家意见中，对于环境功能损失的计算；司法解释应当与行政规范性文件有效衔接，统一术语界定和赔偿范围；明确法官审查鉴定评估意见的要点，判决书中释明审查意见；明确判决需要考量对经济发展的影响，借鉴美国 NOAA 规则，小额诉讼引入计算机模型计算赔偿额度。

专题八

生态环境损害赔偿司法认定规则之论争[*]

一、问题的提出

2015 年中共中央、国务院印发的《生态文明体制改革总体方案》中，明确提出依法确定生态环境损害赔偿额度，但至今尚无细化确定规则。最高人民法院工作报告载明，全国法院 2018—2022 年审结的环资案件高达 129.3 万件。目前环境审判中，损害赔偿额度之确定一是依据鉴定或专家意见，二是法官自由裁量。但前者产生鉴定权绑架审判权的问题，且鉴定难且贵系环境审判的巨大障碍；后者导致裁判尺度不一，司法公信力受损。损害赔偿数额的确定是环境审判中的瓶颈性难题，鉴定难且贵的问题仍未解决。①

损害赔偿额度细化确定规则的缺位，直接制约了我国环境审判质量和效益的提高，进而制约了环境司法对于生态文明建设的保障力度。本专题针对这一环境审判中的难点，进行突破。2019 年 12 月 26 日，第 24 批指导性案例由最高人民法院发布，其中包括 13 件环境类案例，这是最高人民法院首次系统发布环境类指导案例，该批环境类指导案例也集中体现了审判实务中，对于损害赔偿额度确定这一前沿性问题的探索，只是这些探索体现在各个具体个案中，尚未形成系统

---

　　* 作者简介：陈幸欢，法学博士，江西财经大学法学院副教授、硕士生导师。本专题主要内容以"生态环境损害赔偿司法认定的规则厘定与规范路径——以第 24 批环境审判指导性案例为样本"为题发表于《法学评论》2021 年第 1 期。

　　① 参见江必新：《中国环境公益诉讼的实践发展与制度完善》，载《法律适用》2019 年第 1 期。

的规则，最高人民法院发布的裁判要点中，也未详细涉及该问题，一定程度上影响了该批案例指导功能的发挥。

二、生态环境损害赔偿司法认定规则论争聚焦

《民法典》第 1232 条规定了故意型生态环境侵权行为的惩罚性赔偿责任，《民法典》生效前和生效后，学界对生态环境损害赔偿司法认定规则展开了讨论，其争议焦点在于，生态环境损害能否适用惩罚性赔偿，并由此衍生出不同的生态环境损害赔偿司法认定规则，主要有以下三种观点：

（一）惩罚性赔偿"否定说"

"否定说"认为生态环境损害无须适用惩罚性赔偿。持这一观点的代表学者有王利明、陈学敏等。王利明从文义解释和体系解释两方面给出理由：一是"被侵权人"一词并非公益诉讼的表述，二是该规定设于公益诉讼之前，表明只针对私益损害情形。[①] 陈学敏则认为"从我国当前整个环境法律责任体系看，无必要采用惩罚性赔偿"，且其主张生态环境损害赔偿额的认定可以采用设置上下限的模式，根据不同环境要素确立相应的倍数，但不能超过最高赔偿金额。[②]

（二）惩罚性赔偿"肯定说"

"肯定说"认为生态环境损害可以适用惩罚性赔偿。持这一观点的代表性学者有孙佑海、康京涛等。康京涛从功能主义视角出发，认为"惩罚性赔偿回应了环境治理中的威慑不足问题"，并提出生态环境损害赔偿额的确定，应遵循比例原则和社会整体利益保护原则，建立权重指标，适用分档计算规则。[③] 孙佑海从

---

① 参见王利明：《〈民法典〉中环境污染和生态破坏责任的亮点》，载《广东社会科学》2021 年第 1 期。

② 陈学敏：《环境侵权损害惩罚性赔偿制度的规制——基于〈民法典〉第 1232 条的省思》，载《中国政法大学学报》2020 年第 6 期。

③ 康京涛：《生态环境损害惩罚性赔偿的逻辑理路与适用规则——基于功能主义视角的分析》，载《中南大学学报（社会科学版）》2023 年第 1 期。

制度缺失带来的不利影响切入，认为如限制适用惩罚性赔偿，将导致"生态环境损害赔偿责任体系存在缺漏"，在具体额度方面，可以采用倍率式计算方法。①

（三）惩罚性赔偿"折中说"

"折中说"认为以上两种学说均有不足之处，应将二者结合，即可以适用惩罚性赔偿，但需要对公益侵权中的惩罚性赔偿采取不同于私益侵权中的功能定位。② 持这一观点的代表性学者有秦天宝、陈伟等。对于赔偿额度确定，陈伟认为应"将生态环境损害评估方法中的某些内容从单纯的环境技术标准转化为司法解释中的裁判方法，并由法官确定最终的生态环境损害赔偿额"。③

三、审判指导性案例中赔偿额度确定的三层次规则之厘定

第 24 批审判指导性案例中的环境类案例共有 13 个，包括 9 个民事类案例和 4 个行政案例，9 个民事类案例中，除开第 2 个光污染案例的诉请仅为停止侵害，没有赔偿损失的诉请之外，其余 8 个民事类案例均涉及损害赔偿额度的确定问题，案件的判决书也均将该问题列为争议焦点，该 8 个案件成为本专题的研究样本（见表 8-1）。

表 8-1　　　　　　**环境审判指导性案例赔偿额度确定方式列表**

案　　例	赔偿额度确定方式	鉴定或专家意见中的计算方法
吕金奎等海上污染纠纷案	鉴定意见基础上的法院自行计算+法院酌定（多种污染物中的一种之责任比例）	扇贝全损成本计算法、扇贝部分损失成本及利润计算法

---

① 孙佑海、张净雪：《生态环境损害惩罚性赔偿的证成与适用》，载《中国政法大学学报》2022 年第 1 期。

② 参见陈伟：《环境公益侵权惩罚性赔偿之限缩适用》，载《中国地质大学学报（社会科学版）》，网络首发：Doi: 10.16493/j.cnki.42-1627/c.20230418.003.

③ 陈伟：《生态环境损害额的司法确定》，载《清华法学》2021 年第 2 期。

续表

案　　例	赔偿额度确定方式	鉴定或专家意见中的计算方法
江苏省政府生态环境损害赔偿案	鉴定意见+（实际损害无法确定以专家意见为基础的类比推定+专家确认）+法院酌定（服务功能损失）	资源等值分析法
重庆市政府生态环境损害赔偿案	鉴定意见	虚拟治理成本法
中华环保联合会诉晶华案	鉴定意见基础上的法院调整	虚拟治理成本法
绿发会诉方圆公司案	鉴定意见	虚拟治理成本法
烟台市检察院诉王振殿等案	鉴定意见	清洗法（危废处置费用）+虚拟治理成本法
绿联会诉磺厂坪矿业公司案	鉴定意见	虚拟治理成本法
徐州市检察院诉其安公司案	专家意见+实际损害无法查明情况下的类比推定	虚拟治理成本法

上述 8 个案件中，只有第一个案件为环境私益诉讼，其余七个均为环境民事公益诉讼，对上述八个案例进行分析，其环境损害赔偿额度确定方式，可以总结提炼为"以鉴定或专家意见为基础+法院适度调整+法院酌定或类比推定"这一个三层次规则。因为指导案例承担的裁判指导功能，该规则也可视为最高人民法院认可和指引的裁判规则。

这一规则具体内涵如下，第一个层次，首先依据鉴定意见或专家意见。经过质证，其确定的额度没有疑问的话，法院直接将其作为认定赔偿额度并进行判决的依据。在指导性案例中，八个案件均有对于损害赔偿额度的鉴定或专家意见，七个为鉴定意见，一个为专家意见，有四个案件是直接依据鉴定意见进行了认定，而没有做补充和调整。根据《关于审理环境民事公益诉讼案件适用法律若干问题的解释》（以下简称《公益诉讼司法解释》）第 23 条规定的规定，人民法院对于生态环境修复费用，可以结合环境污染的程度等因素，并可以参考环境保护部门的意见、专家意见等，予以合理确定。该条规定意味着，鉴定意见不是环境损害赔偿额度确定的必要证据，在没有鉴定意见的情况下，可以通过两种方式予以确定，一是法院根据环境污染的程度等因素，直接综合判定自由裁量；二是结合环境污染的程度等因素，并同时参考环保等职能部门意见、专家意见等予以确定。

换言之，最高人民法院通过上述司法解释的规定，在生态环境修复费用确定方面，逐渐淡化鉴定意见的重要性，而力推省时省力省费用，并可以降低诉讼门槛的两条替代性路径。但鉴定意见作为民事诉讼中的八大法定证据种类之一，在环境诉讼中仍有主导性地位，而专家意见仍然处于第二位阶的补充性地位。专家意见除开作为鉴定意见的替代者出现外，还作为法官自由裁量赔偿额度之合理性的确认者出现。江苏省政府诉海德公司案中，法院采用类比的方式，认定新通扬运河污染的损害赔偿额度，并通过聘请专家辅助人出具意见的方式，确认该类比认定方法的合理性。专家意见此时的功能为证据补强，以其知识理性确认法院自由裁量的正当性和合理性。

最高人民法院力推的另外一种替代路径，即既不需要鉴定意见也不需要专家意见，而由法院综合判断自由裁量的方式，在八个案例中，均没有出现。尽管根据上述司法解释的条文表述，该种方式系第一种替代路径。这或许源于该种方式缺乏第三方依据的支撑，法官基于工作理性基础上的风险厌恶心理，① 裁判方式上偏向求稳而不出现风险，于是审慎选择该种裁判方式。②

第二个层次为法院适度调整。如果法院审查认为鉴定或专家意见存有疑问，或者原被告质证时对其提出了可以采信的理由，则法院对鉴定或专家意见进行适度调整。适度调整的方式不同于法官自由裁量，前者系基于对鉴定或专家意见的审查判断而做的适度调整，额度确定的总体框架仍然以鉴定或专家意见为蓝本。而法官自由裁量则没有鉴定或专家意见作为基础。

---

① Richrad A. Posner, *How Judges Think*, Harvard University Press, 2010, p. 142.
② 参见陈幸欢：《司法改革背景下法官竞争格局与求稳心理分析》，载《江西社会科学》2018 年第 3 期。

在样本案例中，法院调整分为三种情形，一是对鉴定意见中计算公式的变量进行取舍。在吕金奎等诉山海关船舶公司案中，二审法院对于鉴定意见中的损失计算，取其合理部分弃其不合理部分，剔除了其中的利润部分，采信了其养殖成本计算公式，及养殖台筏数量和应养殖数量，将养殖户主张的养殖数量，与鉴定意见中确定的应养殖数量进行对比和取舍，以认定实际养殖数量，然后套用鉴定意见中的计算公式，得出养殖户的成本损失，据此认定损害赔偿额度。①

二是法院对于虚拟治理成本法中的环境敏感系数，在取值区间内进行调整。在中华环保联合会诉晶华公司案中，中华环保联合会委托鉴定机构对涉案生态环境损害赔偿数额进行了鉴定，鉴定意见以虚拟治理成本法进行计算，其中环境功能敏感系数的取值，从3~5倍的区间中取较高的值5倍，依据是污染地周围大多是居民小区，环境功能敏感程度高。法院对鉴定意见总体予以采信。但将环境功能敏感系数的取值，从5倍调低为4倍，判决书中没有释明调整的依据和理由。② 由此，法院认定的赔偿数额比鉴定意见确定的数额减少了548万元。该案中，鉴定和法院调整的依据，均是环境保护部《突发环境事件应急处置阶段环境损害评估推荐办法》（以下简称《应急评估推荐办法》）中所列的取值区间，由于取值区间导致数额确定存在不确定性，2017年9月15日，环境保护部发布了《关于虚拟治理成本法适用情形与计算方法的说明》（以下简称《虚拟治理成本法说明》），该说明取消了区间值的规定，而对应各类环境介质给出了一一对应的环境敏感系数值。③

三是在多因一果的环境侵权中，对于主要污染物的责任比例进行调整。在多因一果的环境侵权中，如果涉案污染物只是多个污染物之一，但各个污染物对损害结果的影响无法量化，虽然涉案污染物是主要的污染物，但并不是全部的致害之因。在鉴定意见未加区分而确定全部损害赔偿额度的情况下，虽然责任划分存有明显瑕疵，但鉴定意见仍可采信，重新鉴定或者补充鉴定费时费力，于诉讼经

---

① 参见天津市高级人民法院〔2014〕津高民四终字第22号民事判决书。

② 参见山东省德州市中级人民法院〔2015〕德中环公民初字第1号民事判决书。

③ 参见环境保护部办公厅：《关于生态环境损害鉴定评估虚拟治理成本法运用有关问题的复函》，载中华人民共和国生态环境部网站：http://www.mee.gov.cn.，2020年12月3日最后访问。

济和诉讼效率无补，故该种情况下，对于责任比例，法官综合判断适度调整成为可行路径。

在吕金奎等诉山海关船舶公司案中，鉴定意见载明导致涉案环境损害的有铁物质、悬浮物、石油等多种污染物，而根据查明的事实，涉案污染企业排放的只有铁物质污水，鉴定意见对该多因一果的情形，只给出了总体的环境损害赔偿数额。如果法院据此判决涉案污染企业承担全部的赔偿，则被告代人受过，显失公平。鉴定意见中确定铁物质是主要的水污染物，但污染物质总数在三种以上。据此，法院自由裁量，确定涉案污染企业按照 40% 的比例承担损害赔偿。①

第三个层次，确定污染事实存在，但具体损害无法查明情况下的类比推定或酌定。类比推定是在同一个案件中，法院已经查明部分污染的总体情况，并通过鉴定或专家意见，确定了该部分的环境损害赔偿额度，但另外一部分污染因为时过境迁，已经无法鉴定或评估，或者污染者拒不提供部分污染物的去向，无法确定该部分污染物的实际情况，故比照已确定部分，保守地推定另外一部分污染的赔偿额度。江苏省政府诉海德公司案中，海德公司在长江靖江段和新通扬运河两处非法倾倒废碱液，对长江靖江段的污染，鉴定机构就环境损害赔偿额度出具了鉴定意见，但对于新通扬运河的赔偿额度，因为时过境迁难以作出评估，但两处倾倒的污染物种类、时间段及受污染的水质均类似，在新通扬运河倾倒的污染物数量更多，且因为地理条件的差异，其自净能力较长江靖江段弱，故理论上其环境损害赔偿额度较长江靖江段要高，故类比确定虽然没有明确的依据，但具有合理性，为强化该类比推定的正当性，专家辅助人出具了该方式具有合理性的专家意见，法院采信该专家意见作为补强证据，② 强化了该类比推定方式的合理性和正当性。

徐州市检察院诉其安公司案中，法院已经查明污染企业 3 桶硫酸废液的具体污染情况，并依据专家意见确定了环境损害赔偿额度，同时查明另有 68 桶硫酸废液进行了非法处置，但污染企业拒不提供该 68 桶硫酸废液的具体去向，导致无法查明具体的污染情况，亦无法进行环境损害评估。法院根据《公益诉讼司法

---

① 参见天津市高级人民法院〔2014〕津高民四终字第 22 号民事判决书。
② 参见江苏省高级人民法院〔2018〕苏民终 1316 号民事判决书。

解释》第13条的规定，推定该68桶硫酸废液处置的事实不利于被告，对其损害赔偿数额，类比已确定的3桶进行确定。①

酌定即是在缺乏具体依据的情况下，法官发挥主观能动性，直接进行自由裁量。在8个样本案例中，只有江苏省政府诉海德公司案对环境功能损失进行了确定和判决。该案中，二审法院根据查明的事实和有专门知识的人出具的意见，确定涉案污染对环境功能造成了损害，但因为评估证据材料无法收集，无法确定具体的环境功能损失，故综合污染企业的主观恶性等因素，酌定环境功能损失按照生态环境修复费用的一半予以确定。此外，绿发会与方圆公司案中，由于绿发会诉请律师代理费、油费等的证据不充分，法院酌定支持了3万元。

四、生态环境损害赔偿司法认定规则实践运行中的问题梳理

（一）司法解释与行政规范性文件脱节导致概念界定混乱

1. 司法解释中赔偿类型和范围之规定与行政规范性文件脱节

环境损害赔偿的类型和范围，在《侵权责任法》和《环境保护生态环境损害法》中并无规定，而主要规定于三部司法解释，即《公益诉讼司法解释》、《关于审理环境侵权责任纠纷案件适用法律若干问题的解释》（以下简称《环境侵权司法解释》）、《关于审理生态环境损害赔偿案件的若干规定（试行）》（以下简称《生态环境损害司法解释》），该三部司法解释是法院判决确定环境损害赔偿的依据。同时法院判决对于损害赔偿额度的认定，通常会依据鉴定或专家意见，但鉴定或专家意见的确定依据为原环境保护部的两个文件，《环境损害鉴定评估推荐方法（第II版）》（以下简称《推荐方法II》）和《应急评估推荐方法》，但上述三部司法解释制定之时，并未与发布在先的上述两个推荐方法进行衔接，两者在环境损害赔偿的术语表述、赔偿类型和范围之界定方面，存在脱节与抵牾，进而导致法院判决中的界定莫衷一是（详见表8-2）。

---

① 参见江苏省徐州市中级人民法院〔2018〕苏03民初256号民事判决书。

表 8-2 **生态环境损害赔偿具体类型和范围列表**

司法解释、文件	规定的环境损害赔偿具体类型和范围
推荐方法 II（2014 年 10 月）	1. 应急处置费用；2. 人身损害；3. 财产损害；4. 生态环境损害（包括服务功能期间损害和永久性损害）；5. 事务性费用
应急评估推荐方法（2014 年 12 月）	1. 应急处置费用；2. 人身损害；3. 财产损害；4. 生态环境损害
公益诉讼司法解释（2015 年 1 月 7 日）	1. 生态环境修复费用（包括制定方案和监测监管费用）；2. 期间服务功能损失、赔偿损失；3. 合理预防及处置措施费用、检验鉴定费用；4. 律师费等合理费用
环境侵权司法解释（2015 年 6 月 3 日）	1. 环境修复费用；2. 财产损失；3. 人身损害；4. 为防止污染扩大、消除污染而采取必要措施的合理费用
生态环境改革方案（2017 年 12 月 1 日 17）	1. 清除污染费用；2. 修复费用；3. 期间服务功能损失；4. 永久性服务功能损失；5. 调查鉴定等合理费用
生态环境损害司法解释（2019 年 6 月 5 日）	1. 生态环境修复费用（包括制定实施修复方案、监测监管、修复后评估费等）；2. 期间服务功能损失；3. 永久性功能损失；4. 应急处置费用；5. 调查检验、鉴定评估等费用；6. 律师费等合理费用

《推荐方法 II》和《应急评估推荐办法》系环境类鉴定意见的主要鉴定依据，鉴定意见中的术语和赔偿类型之表述，也主要依据上述推荐办法之界定。两个推荐办法中使用的概括性术语"生态环境损害"，包括生态环境修复费用、生态环境服务功能期间损失、永久性功能损失三种类型的损害赔偿，但不包括应急处置费用。作为新型司法领域的司法解释，有一个逐渐成熟的过程，这就导致司法解释和环保部文件的衔接有一个逐渐完善的过程。

《公益诉讼司法解释》的发布，距离上述推荐办法发布的间隔时间非常短，只有两个月。而司法解释从起草完善，到最高人民法院审委会通过，再到全国人大备案，两个月的时间应该来不及。从时间上推算，《公益诉讼司法解释》的制定，并未参照上述推荐办法。故在生态环境损害赔偿术语和范围的界定方面，没有进行对照和协调。因为鉴定评估依据和法院判决依据，即行政规定和司法解释，在生态环境损害赔偿术语和范围规定上的脱节，导致判决中的界定莫衷一是。

《推荐方法 II》有关环境损害评估的范围，包括五类，分别为应急处置费用、人身损害、财产损害、生态环境损害（包括服务功能期间损害和永久性损害）、事务性费用。而其中的生态环境损害赔偿，包括三种量化形式的赔偿种类，即生态环境修复费用、期间服务功能损失、永久性功能损失。《公益诉讼司法解释》中，没有使用生态环境损害赔偿这一概念，而直接使用了其下位概念生态环境修复费用，也没有明确规定应急处置费用，而使用了"合理预防及处置措施而发生的费用"这一与"应急处置费用"并不明确对应的概念。这也导致法院判决中，出现认定生态环境修复费用中包括了应急处置费用，这种概念界定不明确的问题。

《公益诉讼司法解释》首次在司法解释中，规定了环境功能损失，其第 21 条规定："原告请求被告赔偿生态环境受到损害至恢复原状期间服务功能损失的，人民法院可以依法予以支持。"但该条规定对于环境功能损失的时间段进行了界定，即"生态环境受到损害至恢复原状期间"，该表述可以对应推荐办法中的期间功能损失。该界定所隐含的前提条件是，所有的环境服务功能都能得到修复，继而达到该条规定中"恢复原状"的目标。但事实上，并不是所有因为环境污染而受到损害的环境功能都能得到修复，这部分无法修复的环境功能的损失即为永久性功能损失，而根据上述条文的界定，永久性功能损失因为对环境功能损失概念的误读，而被排除在环境民事公益诉讼的范围之外。

《环境侵权司法解释》在赔偿术语和范围的界定方面，比半年前发布的《公益诉讼司法解释》并没有进步。也没有规定生态环境损害赔偿这一概念，而直接使用了"环境修复费用"这一概念，该司法解释虽系适用于环境私益诉讼，但环境私益诉讼也并非仅仅涉及环境污染，而不涉及生态破坏的情形。同时也没有规定两种类型的服务功能损失。

中办、国办印发的《生态环境损害赔偿制度改革方案》，将生态环境损害赔偿界定为四种类型：清除污染费用、修复费用、服务功能损失、调查鉴定等合理费用。其中服务功能损失包括修复期间服务功能损失和永久性功能损失两种类型。《生态环境损害司法解释》仍然没有规定生态环境损害赔偿这一概念，但规定了"生态环境功能永久性损害"，这也意味着，五年之后，司法解释对生态环境损害赔偿范围的界定，开始与环保行政规定的界定逐渐趋于一致。"事务性费用"这一概念在该司法解释中仍然缺乏，合理费用除开该司法解释中明确列明的律师费外，还应包括调查鉴定、差旅费等。这也意味着，三个司法解释之间，在环境损害赔偿术语和范围的界定方面也不一致。司法解释在制定的精细化程度，以及与行政规定、党政部门指导性文件的协调方面，还有提升的空间。

此外，《关于办理环境污染刑事案件适用法律若干问题的解释》（以下简称《环境污染罪司法解释》）第17条将生态环境损害赔偿界定为三种类型：修复费用、服务功能损失、其他必要合理费用。其中服务功能损失，包括修复期间功能损失和永久性功能损失两种类型。但没有将清除污染费用列入其中，该司法解释的亮点在于，在尾部对涉及的概念进行了解释和界定。

2. 审判指导性案例判决中概念界定莫衷一是（详见表8-3）

表8-3　　　　　　　　　审判指导性案例判决中概念界定一览表

案 例	原告诉讼请求	判决主文支持的诉讼请求（概念之间的关系）
吕金奎等污染案	养殖损失	养殖损失
江苏省政府生态环境损害赔偿案	生态环境修复费用、环境服务功能损失、评估费	生态环境修复费用（包含应急处置费用）、环境服务功能损失、评估费（三者共同构成生态环境损害赔偿）
重庆市政府生态环境损害赔偿案	生态环境损害费用、鉴定评估费用、律师费、赔礼道歉	生态环境修复费用（＝生态环境污染损害量化数额［鉴定意见］）、赔礼道歉、鉴定费、律师费
中华环保联合会诉晶华案	停止排放、赔偿损失、赔礼道歉、评估费用、专家费用等合理费用	超标排放污染物造成的损失（＝生态环境损害赔偿费用＝生态环境修复费用［不含应急处置费用］）、赔礼道歉、评估费
绿发会诉方圆公司案	停止非法排放、修复大气环境、赔偿环境损害、赔礼道歉、评估差旅费等必要费用	赔偿大气污染损失（生态修复费用中包含环境功能损失）、刊登致歉声明、合理费用、鉴定费用

案 例	原告诉讼请求	判决主文支持的诉讼请求（概念之间的关系）
烟台市检察院诉王振殿等案	消除危险恢复原状或赔偿生态损害修复费用	消除危险或赔偿处置费用、自行修复或者赔偿生态损害修复费用
绿联会诉磺厂坪矿业公司案	停止侵害、恢复原状承担生态环境修复费用、道歉、律师费等费用	停止侵害重新环评、生态修复或承担修复费用、赔礼道歉、合理费用及律师费
徐州市检察院诉其安公司案	生态环境修复费用、合理费用（专家辅助人咨询费、公告费）、赔礼道歉	生态环境修复费用（＝生态环境损害赔偿）、合理费用（专家辅助人咨询费、公告费）、赔礼道歉

重庆市政府生态环境损害赔偿案中，鉴定意见使用了生态环境污染损害量化数额这一概念。在其判决书中，直接将鉴定意见中的这一概念转换成生态环境修复费用予以使用。江苏省政府生态环境损害赔偿案判决书中，生态环境损害赔偿作为上位概念，包括生态环境修复费用、环境服务功能损失、评估费这三种类型的费用，且生态环境修复费用中包含应急处置费用。徐州市检察院诉其安公司案判决书中，将生态环境修复费用等同于生态环境损害赔偿。中华环保联合会诉晶华公司案判决书中，将超标排放污染物造成的损失、生态环境损害赔偿费用、生态环境修复费用三个概念予以等同，其生态环境修复费用的界定中，不包含应急处置费用。

生态环境损害赔偿与生态环境修复费用两个概念，徐州市检察院诉其安公司案、中华环保联合会诉晶华公司案中将其混为一谈，江苏省政府生态环境损害赔偿案中则两者区分为上位概念和下位概念。而对于生态环境修复费用与应急处置费用两个概念，将两者界定为包含与被包含的关系。而在中华环保联合会诉晶华公司案中，两者没有包含的关系，而是平行的概念。

根据虚拟治理成本法的说明，虚拟治理成本法计算的只是生态环境修复费用，这也可以从其他几个适用虚拟治理成本计算的案例中得到证明，在诉讼请求中包括环境功能损失的江苏省政府生态环境损害赔偿案中，二审法院在支持了以虚拟治理成本法计算的环境修复费用后，另行酌定支持了环境功能损失，另外四个适用虚拟治理成本法计算的赔偿费用中，均明确只确定环境修复费用，而不包括环境功能损失，其计算公式和方式完全一致。绿发会诉方圆公司案中，绿发会上诉认为，一审法院未判决环境功能损失，二审法院未曾让鉴定机构出具说明或补充鉴定，而利用文意推理的方法论证，以虚拟治理成本法得出的损害赔偿费用中，包含了环境功能损失。因为理解上的偏差，而导致没有对环境修复费用和环境功能损失两个概念的范围进行正确界定。

（二）审判权受制于鉴定权导致裁判风险

在鉴定或专家意见适用的具体计算方法中，八个案例有六个选择了虚拟治理成本法，简便易行的虚拟治理成本法，自从在泰州 1.6 元亿环境公益诉讼中被首次适用，[①] 并得到最高人民法院确认后，[②] 逐渐在环境公益诉讼的修复费用计算中具有主导性地位，有成为普适性的万能计算法之趋势。同时在部分环境刑事案件中，虚拟治理成本也成为定罪量刑的裁判标准。[③]

虚拟治理成本法计算生态环境修复费用的公式为：污染物排放量×单位污染物治理成本×受损环境功能敏感系数。在上述计算公式的三个变量中，因为环境民事公益诉讼，通常前置了环境污染罪刑事案件，在刑事案件中，通常固定了污染物的排放量。故该变量的争议比较小。在六个案件中，只有绿发会诉方圆公司案中，作为原告和上诉人的绿发会，对法院认定的环境损害赔偿的计算期间提出异议。[④] 其他案件，原被告双方对于该变量无争议。

在六个以虚拟治理成本法计算的案例中，单位污染物治理成本这一变量，两个案例的判决书未予表述，另外四个案例的确定依据，各不相同（详见表8-4）。两个案件根据前置刑事案件中的证据材料予以确定，一个案件根据数据库资料，但依据何数据库，判决书未释明。而烟台市检察院诉王振殿等一案中，系参照《环境污染损害数额计算推荐方法》中推荐的区间值，取最小值予以确定。这也

---

① 参见江苏省高级人民法院〔2014〕苏环公民终字第 1 号民事判决书。

② 参见最高人民法院〔2015〕民申字第 1366 号民事判决书。

③ 参见李挚萍、刘畅：《虚拟治理成本法在环境刑事司法实践中的运用》，载《中州学刊》2019 年第 2 期。

④ 参见河北省高级人民法院〔2018〕冀民终 758 号民事判决书。

说明，指导案例中的鉴定或专家意见，对于单位污染物治理成本这一变量的确定，没有统一明确的标准，而由鉴定机构或专家根据案件情况自行确定，然后法院均予以认定，没有法院审查后予以调整的情形。

表8-4　　　　虚拟治理成本法计算中单位污染物治理成本确定依据表

案　　例	虚拟治理成本法计算中单位污染物治理成本的确定依据
重庆市政府案	财务凭证、对被告法定代表人的调查询问笔录
环保联合会案	数据库资料
绿发会案	判决书未载明
烟台市检察院案	参照《环境污染损害数额计算推荐方法》，取区间最低值
绿联会案	判决书未载明
徐州市检察院案	案发后被告合法处置同类硫酸废液价格

对于单位污染物治理成本这一变量之确定，法院难以审查其合理性，也难以通过其他途径进行验证。在这一变量的确定上，法院审判权受制于鉴定权，容易产生鉴定权绑架审判权，或法官"鉴定依赖"的问题，[1] 这也成为法院裁判环境案件难以控制的风险点。

在烟台市人民检察院诉王振殿等一案中，推荐办法中给出的单位治理成本区间值为250~800元/吨，鉴定中取最低值250元/吨来计算，但没有给出具体的理由。[2] 如果选择最高值800元/吨，那么涉案的损害赔偿金额将是判决的3倍以上。放任确定损害赔偿数额中的关键变量由鉴定人员或专家来确定，而鉴定人员或专家又不承担裁判风险和责任，由此使得技术专家在该问题上具有绝对的权力，鉴定评估权难以受到裁判权的制约，而诚如英国阿克顿勋爵所言"绝对的权力总是带来绝对的腐败"，[3] 由此，鉴定评估风险引发的裁判风险成为值得关注

---

[1]　刘兰秋博士对于专业性较强的医疗损害赔偿纠纷的实证研究表明，法院对于医疗损害的鉴定意见具有明显的鉴定依赖倾向。参见刘兰秋、赵然：《我国医疗诉讼鉴定制度实证研究——基于北京市三级法院司法文书的分析》，载《证据科学》2015年第2期。

[2]　参见山东省烟台市中级人民法院〔2017〕鲁06民初8号民事判决书。

[3]　［英］阿克顿：《自由与权力——阿克顿勋爵论说文集》，侯健等译，商务印书馆2001年版，第342页。

的问题。

（三）法院调整系数和履行方式创新缺乏依据导致公信力不足

适用虚拟治理成本法计算损害赔偿金额的六个案例中，除绿联会案的判决书未具体表述系数的问题外，另外五个案件，有四个案件法院均认定了鉴定或专家意见中选用的系数，仅有环保联合会案，法院将鉴定意见中的系数由 5 调低为 4（详见表 8-5）。

表 8-5　　　　　　　　**虚拟治理成本法计算中系数选定一览表**

案　例	虚拟治理成本法计算中系数选择的争议				
	取值范围	原告	被告	鉴定或专家意见	法院认定
重庆市政府案	4.5~6			4.5	4.5
环保联合会案	3~5	5（居民区环境敏感）		5	4
绿发会案	3~5	5		3	3
烟台市检察院案	1.5~10			6	6
绿联会案	判决书未体现				
徐州市检察院案	7		1.5~2	7	7

总体而言，鉴定或专家意见中选用的系数处于区间的中间值或偏低的值，唯一取较高值的鉴定意见为环保联合会案，该案鉴定意见中认为，污染企业周围为居民区，为环境敏感地带，故在 3~5 的敏感系数中，取了较高的值 5，法院将鉴定意见中的系数 5 调低为 4，判决书中虽未释明具体的理由，但从其他同样通过调低环境功能敏感系数，而调低赔偿额度的判决书中，可知其用意在于，从经济发展的角度进行考量。中华环保联合会与江西龙天勇公司案二审判决中，法院调低了专家意见中确定的环境损害赔偿数额，理由释明为江西经济欠发达，企业的赔偿承担能力不强，判决需要考量经济发展的因素。①

自 2014 年泰州 1.6 亿元环境公益诉讼的判决，载明技术改造费用可以折抵

---

① 参见江西省高级人民法院〔2018〕赣民终 189 号民事判决书。

损害赔偿数额的 40% 以来,① 在环境民事公益诉讼中,分期履行、技改折抵、环保投入折抵等履行方式的创新层出不穷。样本案例中,江苏省政府与海德公司案二审判决中,确定赔偿分五期履行。绿发会与方圆公司案中,二审判决引用环境保护法中,关于促进经济可持续发展的规定,确定环保设备投入折抵鉴定时间段之外的环境损害赔偿。

法院通过调整区间系数的办法进而调低环境损害赔偿数额,考虑的主要因素在于污染企业无法承受高额的赔偿,而避免影响企业运转进而影响当地经济发展。为经济发展保驾护航是我国法院审判工作中的重要目标,"政策导向倾向明显是我国环境司法的鲜明特征",② 故考量环境保护与经济发展之间的关系,成为法院判决重大环境案件必须考量的因素。履行方式创新的动因,基本源于污染企业无力承担判决确定的巨额赔偿,一味严苛执行判决确定的赔偿将导致企业陷于困境,并继而影响经济的发展。故法院在判决高额赔偿的同时,通过具体履行方式的创新,在一定程度上,缓解环境司法与经济发展之间的张力,但"以法治思维与法治方法严格审视,这种创新不无司法任性之忧,司法理性不足"。③

五、生态环境损害赔偿司法认定的规范进路

(一) 司法解释与行政规范性文件有效衔接,统一术语界定和赔偿范围

1. 司法解释与行政规范性文件有效衔接

环境司法实践中,鉴定或专家意见是法院确定环境损害赔偿数额的主要依据,鉴定或专家意见的依据均是环保行政部门的行政规定,而法院判决的主要依据是司法解释,司法解释与行政规定之间的脱节,导致了司法实践中术语界定和

---

① 参见江苏省高级人民法院〔2014〕苏环公民终字第 1 号民事判决书。

② 陈幸欢:《环境司法的政策导向及自主性研究》,载《湖南社会科学》2020 年第 1 期。

③ 吕忠梅:《环境司法理性不能止于天价赔偿:泰州环境公益诉讼案评析》,载《中国法学》2016 年第 3 期。

赔偿范围莫衷一是的情况。

自 2014 年泰州 1.6 亿元公益诉讼案适用虚拟治理成本法以来，生态环境修复费用的计算逐渐有了明确的方法，但环境功能损失，虽然《公益诉讼司法解释》第 21 条规定，法院可以支持环境功能损失的诉请，但如何计算和确定环境功能损失，理论和实务界均没有成型的路径，导致环境功能损失这个概念成为没有支撑基础的空中楼阁。

这也是其他指导性案例中没有列明环境功能损失的原因，江苏省政府诉海德公司案中，二审法院酌定环境功能损失，按照生态环境修复费用的一半予以确定。且该案中，只判决了修复期间环境功能损失，而未对永久性功能损失进行处理。而在《生态环境损害赔偿制度改革方案》中，界定的服务功能损失，包括修复期间功能损失和永久性功能损失两种类型。

环境功能损失的评估计算方法之确定，不是法院的职责，而是环境保护行政部门的职责，宜由最高人民法院与生态环境部协商，由生态环境部发文来推荐计算方法并作出说明，以统一鉴定或专家意见中，对于环境功能损失的计算，同时，也便于法院对鉴定或专家意见中的计算进行审查判断。

2. 统一术语界定和赔偿范围

比较《生态环境损害赔偿制度改革方案》、司法解释以及行政规定中有关环境损害赔偿概念和范围的规定，《生态环境损害赔偿制度改革方案》，将生态环境损害赔偿范围界定为四种类型，清除污染费用、修复费用、服务功能损失、调查鉴定等合理费用。其中服务功能损失包括修复期间功能损失和永久性功能损失两种类型。即生态环境损害赔偿系上位概念，其范围包括上述四种平行类型的费用。这种界定最全面和明晰，故在行政规定和司法解释中可以统一适用上述界定，解决目前环境损害赔偿概念和范围莫衷一是的问题。

最高人民法院需要统一理顺司法解释中，对生态环境损害赔偿术语和范围的规定，最高人民法院不同业务口牵头起草的司法解释之间，术语和范围的界定也需要统一。在所有涉及环境损害赔偿的司法解释中，借鉴《环境污染罪司法解释》的做法，在篇尾对损害赔偿的术语及其相互之间的关系进行明确界定。"案例指导制度的核心功能在于统一司法裁判尺度", ① 同时在发布指导性案例之时, 需要选取有代表性的案例, 对环境损害赔偿术语和范围进行统一界定, 以统一司法实践中的做法。

(二) 明确法官审查鉴定评估意见的要点, 判决书中释明审查意见

1. 虚拟治理成本法中单位治理成本之确定是否科学合理

"人民法院不能唯鉴定是从, 要对鉴定方法是否科学, 鉴定依据的技术标准和规范是否有效依法审查。"② 徐州市检察院诉其安公司等一案中, 其安公司认为其在前置的环境污染罪刑事案件案发后, 对 12 桶硫酸废液系应急处置, 处置费用中包含应急费用和运输费用, 单位治理成本不能据此认定, 应在市场调查的基础上取近 3 年的平均值。③ 该意见符合环境保护部《虚拟治理成本法说明》中, 有关单位治理成本的确定原则, "没有收费标准的, 优先适用实际调查法。应取评估期近 3 年费用数据平均值"。④ 试想, 其安公司在其环境污染罪刑事案件案发之后, 为求得刑事案件的从宽处理, 匆忙之中而对剩余的 12 桶硫酸废液进行应急处置, ⑤ 确实有可能存在处置价格高于市场平均价格的可能, 将该处置价格作为单位治理成本, 可能与客观真实存在偏差。

在此情况下, 法院之所以仍然认定专家意见, 而没有采纳被告的意见, 进行市场调查, 一是源于司法成本和办案绩效的考虑。如果法院自行进行市场调查, 或者委托专业调查机构进行市场调查, 将拖延案件审理程序, 耗费司法成本, 加重承办法官个人负担, 在"案多人少"的办案绩效压力之下, "根据中轴原理,

---

① 石磊:《指导性案例的选编标准与裁判要点类型分析》, 载《法律适用》2019 年第 18 期。

② 参见江必新:《中国环境公益诉讼的实践发展与制度完善》, 载《法律适用》2019 年第 1 期。

③ 参见江苏省徐州市中级人民法院〔2018〕苏 03 民初 256 号民事判决书。

④ 参见环境保护部《关于虚拟治理成本法适用情形与计算方法的说明》, 载中华人民共和国生态环境部网站: http://www.mee.gov.cn/gkml/hbb/bgth/201709/t20170928_422701.htm, 2020 年 12 月 6 日最后访问。

⑤ 参见江苏省徐州市中级人民法院〔2018〕苏 03 刑终 128 号刑事判决书。

作为解决纠纷生产裁判的法院，它的效用目标就是以最小的投入得到最大的产出"。① 于是法院"利用自身的司法专业技术，实现策略性目标"，② 直接确认了专家意见中的单位治理成本。

二是该案为检察机关作为原告起诉的环境民事公益诉讼，确定该单位治理成本的专家系检察机关所请，而作为受到刑事追诉的被告，所请的专家认为应当进行社会调查来确定。根据美国法社会学家布莱克的对手效应理论，诉讼双方社会地位及资源占有量的对比，将对诉讼结果产生显著影响。③ 此时，被告显然处于不利的诉讼地位，在对手效应的影响下，其主张难以对抗检察机关所举证的专家意见。

此外，"面子文化消解了法律的普适性与平等性"，④ 法检两院为平行的司法机关，从中国传统的情面观念而言，法院也不会轻易否定检察机关所举专家意见。故环境民事公益诉讼中，拥有国家公权力的检察机关作为原告，其实力明显高于作为被告的普通企业，实力失衡导致民事诉讼中两造难以形成有效对抗。此时，法院应当"细化制度设计中操作性较强的技术性规定"，⑤ 在判决书中，释明对鉴定评估意见中计算方法的选择，及对虚拟治理成本法中，单位治理成本等关键变量适用的审查意见。

2. 环境损害赔偿鉴定评估的范围和项目是否遗漏、交叉、重复

这就需要法官对照原告的诉请和委托时的鉴定评估范围，审核鉴定评估意见中，关于环境损害赔偿的具体项目，包括应急处置费用、修复费用、环境功能期

---

① 宁静波：《法官与法院的产出效率：问题与对策——基于基层法院的实证分析》，载《山东师范大学学报（社科版）》2013 年第 3 期。

② 凌潇：《论环境侵权审判中的选择性司法行为》，载《华中科技大学学报（社科版）》2012 年第 5 期。

③ 参见［美］唐·布莱克：《社会学视野中的司法》，郭星华等译，法律出版社 2002 年版，第 7 页。

④ 周安平、刘惠贵：《面子文化之于司法意义的激辩》，载《法治研究》2012 年第 12 期。

⑤ 孙光宁：《区别技术在参照指导性案例之司法实践中的应用及其改进》，载《法学家》2019 年第 4 期。

间损失、环境功能永久损失、合理费用等类型，是否存有遗漏、交叉、重复鉴定评估等情形。如果有，则要求重新或补充鉴定评估。如在江苏省政府生态环境损害赔偿案中，原告诉请中有"环境服务功能损失"，环境服务功能损失包括修复期间功能损失和永久性功能损失，而鉴定意见中只有修复期间功能损失，遗漏了永久性功能损失，法官审查后，应当要求鉴定机构就永久性功能损失进行补充鉴定，待补充鉴定完毕质证之后进行判决。

原告仅提出赔偿损失等概括性诉请的，因为诉请不够具体会导致委托鉴定评估的范围模糊。环保联合会诉晶华公司案的诉请为赔偿损失，绿发会诉方圆公司案的诉请为赔偿环境损害。对于上述"赔偿损失""赔偿环境损害"等原则性诉请，法院应当根据《民事诉讼法》第119条，有具体诉讼请求的要求，立案时要求原告明确诉请，即损失或损害赔偿的具体范围，是否包括环境修复费用、修复期间环境功能损失、永久性功能损失等具体项目。

(三) 明确判决需要考量经济发展，小额诉讼引入计算机模型计算

1. 明确判决需要考量经济发展

目前，法官基于在环境保护和经济发展之间取得平衡的考量，通过调整系数、调低数额等方式，在判决之时，调低环境损害赔偿金额。同时基于法律及司法解释没有明确规定的原因，在判决书中没有释明调整数额的具体原因，导致公众的疑惑，进而影响司法公信力。《环境保护法》第1条将促进经济可持续发展规定为立法目的，第4条将经济发展与环境保护之间的关系界定为相互协调的关系。但环境审判类的司法解释中，没有明确规定判决时，损害赔偿数额之确定需要考虑对经济发展的影响，而上述《环境保护法》中的原则性规定难以具体适用。

美国《清洁水法》规定对水污染损害赔偿额度的裁量因素包括：侵权次数及程度、违法所得、侵权人环境损害前科及其诚信状况、判决对经济发展的影响、影响司法公正的其他因素。[①] 在司法解释中，明确规定将对经济发展的影响，作

---

① 参见陈冬：《环境公益诉讼研究——以美国环境公民诉讼为中心》，中国海洋大学2004年博士论文，第32页。

为法院确定损害赔偿数额的考量因素，将司法实践中，实际已经适用的考量因素正当化，不但有利于法官名正言顺地基于当地经济发展水平，而调整鉴定或者专家意见中确定的赔偿数额，同时有利于在判决书中释明调整数额的理由，消除公众的疑虑。"追求裁判的社会效果是最具中国特色的司法政策之一"，[①] 在环境案件裁判中，避免过高数额的赔偿对于当地经济发展造成负面影响，也是注重环境司法社会效果的体现。也可以以司法的灵活性，来消弭环境司法侧重环境保护而导致的与经济发展之间的张力。在司法解释中明确对经济发展因素的考量，"在法律之内寻求社会效果的正当性，在追求普遍正义的同时追求个案正义"。[②]

2. 小额诉讼引入计算机模型计算

在小额环境诉讼中，对于损失赔偿额度之确定，适用鉴定意见或专家意见将导致费用高、周期长的弊病，有违诉讼经济和诉讼效率原则。

"美国自然资源损害公益诉讼，最早的法律依据为 1973 年的《阿拉斯加输油管道授权法案》（TAPAA），该法案规定输油管道通行权人对所有受损方负有严格责任。"[③] 就自然资源损害赔偿数额评估，"美国国家海洋与大气管理局制定了自然资源损害评估规则（NOAA 规则），该规则分为 AB 两个程序，前者适用于损害较小的情形，由设计好的计算机模型进行计算，后者适用于损害较大的情形，需要进行实地考察和评估"。[④] 该规则根据案件情况的不同，就损害评估实行繁简分流，有效解决了因一律进行鉴定而导致诉讼费用高和周期长的问题。

故对于生态环境损害赔偿诉讼、环境公益诉讼、环境侵权私益诉讼中的小额诉讼，如诉讼请求中的赔偿额度小于一定金额如 10 万元，具体的金额标准，可由各高级法院参照民事小额诉讼的标准，根据全国各地不同的经济发展水平予以确定并公布。参数和数据齐全则借鉴美国经验，统一适用计算机模型进行计算。

---

① 宋亚辉：《追求裁判的社会效果：1983—2012》，载《法学研究》2017 年第 5 期。

② 江必新：《在法律之内寻求社会效果》，载《中国法学》2009 年第 3 期。

③ Nicholas J. Lund, Niki L. Pace, "Deepwater Horizon Natural Resource Damages Assessment: Where Does The Money Go?", *Ocean & Coastal Law Journal* 16, 2011, p. 327.

④ 王树义、刘静：《美国自然资源损害赔偿制度探析》，载《法学评论》2009 年第 1 期。

此外根据各种污染物的特质，列出相应的损害赔偿数额计算函数公式也是一条路径。在环境保护部《虚拟治理成本法说明》中，对单位治理成本的确定，推荐了一种成本函数法，即根据调查数据，建立各主要类型污染物的成本函数模型，以便普遍适用。① 这种思路与美国 NOAA 规则中的 A 程序非常相似，都是建立普遍适用的模型或者公式，以便不需要鉴定或专家意见，而便于简便易行地计算环境损害赔偿数额，这种方式有三个方面的优势，一是解决了依赖鉴定导致环境诉讼难和贵的问题，二是减轻了法院的案件压力，三是当事人可以预先通过该计算模型或公式，预测环境诉讼结果，避免诉讼方式在环境纠纷解决领域被逆向淘汰。②

在具体的模型建构方面，已有对环境功能损失等通过建构模型进行计算的研究。杨宝山博士等将美国白蛾对济南市造成的环境功能损失细化为几种类型，每种类型均通过相应的公式计算得出数额。③ 环境司法实践中，已有探索适用计算模型的案例。吴国金与中铁五局集团等噪声污染纠纷中，一、二审法院适用计算模型，确定吴国金养鸡场因噪声污染所遭受的损失数额。④ 后该案由最高人民法院作为十大环境侵权典型案例之一予以发布。同时，"从生态学领域中引进相对先进的估算模型进行评估和量化"，⑤ 成为可行的路径。

如果参数和数据不全，无法使用计算机模型计算，但确认污染事实存在，可以借鉴日本的"相当损害额"制度，由法官直接综合判定自由裁量。"日本《民事诉讼法》第 248 条规定，在认定已发生损害的场合，因损害的性质对其金额的举证极其困难时，法院可基于口头辩论的全部内容以及证据调查的结果，认定相

① 参见环境保护部《关于虚拟治理成本法适用情形与计算方法的说明》，载中华人民共和国生态环境部网站：http://www.mee.gov.cn/gkml/hbb/bgth/201709/t20170928_422701.htm，2020 年 12 月 6 日最后访问。
② 关于环境诉讼领域逆向选择效应的详细分析参见秦鹏、陈幸欢：《环境公益诉讼的法院角色、逆向选择与社会结构》，载《西南民族大学学报（社科版）》2015 年第 5 期。
③ 参见杨宝山等：《2008 年美国白蛾造成的济南市环境功能损失评估》，载《济南大学学报（自科版）》2012 年第 2 期。
④ 参见贵州省贵阳市中级人民法院〔2015〕筑环保民终字第 2 号民事判决书。
⑤ 李树训：《回归裁判理性：明辨生态环境服务功能的损失》，载《重庆大学学报（社科版）》，网络首发：Doi：10.11835/j.issn.1008-5831.fx.2020.04.009.

当损害额。"① 对于法官自由裁量的数额，可由法官在判决书中，释明自由裁量的依据或计算的方法、公式。江西省高级人民法院审理的星光公司诉鹰鹏公司案中，主审法官根据已有证据和随机市场调查，自行计算侵权赔偿数额，并在判决书中释明了计算的方法和考虑因素，并在判决书后附上了详尽的计算表格，② 不失为值得推广的经验。日本相当损害额制度中的自由裁量，并未限定损害赔偿的类型，而我国《公益诉讼司法解释》第 23 条规定的法官自由裁量的赔偿类型，仅限于生态环境修复费用，对于环境功能损失、惩罚性赔偿等不能适用，故应当将上述各种赔偿类型均列入自由裁量范围，以进一步降低诉讼门槛，畅通环境诉讼渠道。

① ［日］潮见佳男：《作为法官裁量问题的"相当损害额"》，姜荣吉译，载《北方法学》2014 年第 5 期。
② 参见江西省高级人民法院〔2016〕赣民终 29 号民事判决书。

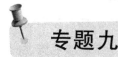

专题九　生态环境损害二元救济路径之论争

【摘要及创新】

　　为实现对生态环境损害的全面救济，学界基于公私法差异提出生态环境损害公法救济说、私法救济说和公私法协同救济说。公法救济说强调通过行政监管执法来救济受损的生态环境，但是行政救济存在补偿性缺失的局限。私法救济说从损害赔偿角度出发，主张通过诉讼方式来弥补公法救济的不足，强调对受损环境法益的填补。而公私法协同救济说综合考虑前述公法和私法救济路径的优缺点，主张生态环境损害需要通过公私法的协同作用才能实现全面救济。

但是，前述三种学说均局限在法律规范框架，未将我国环境治理实践中对生态环境损害产生重要影响和作用的政策规范纳入考察范围。基于调整规范属性的不同，我国生态环境损害救济存在政策和法律二元规范调整。在法律调整下存在以行政命令和代履行的行政救济和以公益诉讼和赔偿诉讼的司法救济，而在政策调整下存在生态环境损害赔偿磋商和生态环境保护督察两种救济路径。

在我国法律规范体系中，目前只有《固体废物污染环境防治法》明确了生态环境损害赔偿磋商制度的法律依据，在水污染、大气污染和土壤污染等其他污染介质的单行污染防治法和综合性环境立法均未明文规定生态环境损害赔偿磋商制度。为实现生态环境损害赔偿磋商制度救济功能的稳定性和有效性，政策调整下的生态环境损害赔偿磋商需要完成政策法律化的过程。生态环境保护督察制度存在以督察国有企业的直接救济和以督察部委机关及地方党政机关的两种间接救济类型。区别于域外仅仅依靠法律规范救济生态环境损害，我国将党政机关联合颁布的政策规范作为救济生态环境损害的规范依据，突破生态环境损害法律救济的单一依赖。概言之，我国生态环境损害是"二元规范调整+多元救济路径"的多元协同救济体系，为我国生态环境损害提供更为体系化的规范调整和制度保障。

专题九

生态环境损害二元救济路径之论争[*]

近年来，我国中央办公厅和国务院办公厅联合颁布的政策文件加快了我国生态文明体系改革和制度构建，体现了中央对生态环境损害救济的战略部署和生态文明建设的决心。政策规范和国家法律的双重调控是我国生态环境治理的特色，彼此相互补充和相互促进。① 然而，学界对生态环境损害救济路径研究聚焦在法律规范，并基于公私法属性进行类型划分，未结合我国生态环境治理实践中政策规范的调整功能进行体系化研究。中国特色社会主义国家治理体系是由党内法规制度、党的政策制度和法律制度体系构成。② 在我国国家治理和生态环境治理中，党内法规和党的方针政策以及规范性文件对于我国生态环境损害救济产生重要影响和具有积极意义，并且政策规范与法律规范共同构成了我国生态环境法治的规范体系。为此，我国生态环境损害救济路径的体系化研究需要将不同的规范类型纳入考察范围，从系统分析视角探究不同救济路径的制度功能和规则衔接。

生态环境损害的公法救济说、私法救济说和公私法协同救济说均限于在法律范畴，未将赔偿磋商和环保督察所依据的政策规范纳入考察范围。我国生态环境损害救济路径的调整规范具有二元性，既包括政策规范和法律规范。为此，我国生态环境损害救济是"二元规范调整+多元救济路径"的多元协同救济体系，即在法律调整下存在行政救济和司法救济，而在政策调整下存在赔偿磋商和环保督察两种救济路径。

---

* 作者简介：区树添，法学博士，苏州大学王健法学院讲师。本专题主要内容以"生态环境损害救济路径的类型化重构"为题发表于《湖湘法学评论》2022 年第 3 期。

① 陈海嵩：《生态环境政党法治的生成及其规范化》，载《法学》2019 年第 5 期。

② 张文显：《法治与国家治理现代化》，载《中国法学》2014 年第 4 期。

目前，政策调整下的生态环境损害赔偿磋商制度正处于政策法律化的过程，其他单行环境法律在修改或修订的过程中将逐步确立赔偿磋商制度，以实现该制度的救济功能，保证赔偿磋商制度救济生态环境损害的稳定性和有效性。环保督察存在以督察国有企业的直接救济和以督察部委机关及地方党政机关的间接救济两种类型。环保督察制度并不限于对于党政机关的督察，而且中央环保督察和地方环保督察均将国有企业或者中央企业作为直接督察对象，故环保督察存在直接救济和间接救济两种模式，从而保证突出生态环境问题得到整治和改正。概言之，我国生态环境损害是"二元规范调整+多元救济路径"的多元协同救济体系，为我国生态环境损害提供更为体系化的规范调整和制度保障。

一、生态环境损害救济路径类型划分的理论之争

在风险社会背景下，环境问题的解决不是任一法律部门就可胜任，还需要不同部门法基于不同的规制方式和救济路径形成彼此之间的沟通、衔接和互补。同时，我国对于生态环境损害的救济并不局限在法律规范的调整，在环境法治实践中所形成的政策规范，其在救济生态环境损害发挥不可或缺的作用。因此，生态环境损害救济路径类型划分不能仅仅局限在法律规范框架内部的制度，而且需要关切我国政策规范下其他制度对生态环境损害的救济作用。

（一）公法救济说的提出与不足

环境法的发展缘起于民法、行政法和刑法等传统部门法学不能很好地应对和解决日益严重的环境污染和生态破坏等环境问题。学者认为，生态环境损害责任指向环境的公共利益，法益属性具有明显的公共利益特质，故认为生态环境损害的救济应该由环境法进行调整，将生态环境损害责任纳入《民法典》的调整范围将导致公、私法体系的混乱。① 虽然《民法典》下的侵权责任编遵循"绿色原则"，但这是以遵循侵权责任法的私益救济价值目标、不违背结果责任性质、不

---

① 孙佑海、王倩：《民法典侵权责任编的绿色规制限度研究——"公私划分"视野下对生态环境损害责任纳入民法典的异见》，载《甘肃政法学院学报》2019年第5期。

否定其内在逻辑自洽性为边界；保障与救济纯粹环境公益只能通过公法机制得以实现。① 因此，"环境损害的防治由环境法来解决，而不是由侵权行为法来解决"。② 所以，为保证我国《民法典》的逻辑的连贯性和体系科学性，认为我国《民法典》以私权私益保护为宗旨，保障和救济纯粹环境公益应通过公法机制来实现。③

此外，学界还从国家环境保护义务和行政机关的行政监管职责来论述生态环境损害公法救济的正当性。④ 环保行政执法是宪法法律秩序下行政机关行使行政权的必要要求。基于行政权下行政监管的强制性、法定性、专业性和稳定性特征，来论述和证成生态环境损害的公法救济的合理性和正当性。同时，还有学者基于域外的法律实践，如欧盟的生态环境损害救济实践，主张我国生态环境损害救济应该以行政救济为主导，制定以生态修复为核心法律规范，并确立生态环境损害救济的适用范围、义务主体、补救措施等实体规范。⑤

虽然从环保行政机关监管执法特性与国家环境保护义务两种论述路径都可以证成生态环境公法损害救济的合理性，但是公法救济说并未反思该种救济路径所存在的内在不足。例如公法救济依赖行政执法的人力、物力和财力的合理配置，即需要以环保行政机关在执法队伍及其执法能力作为公法救济的基础，同时需要保证环境保护行政机关在行政执法中避免行政规制的俘获。此外，基于行政罚款数额的法定原则，行政机关对违法行为人处以的行政罚款数额与巨额的生态环境损害造成的法益损害及损失之间存在鸿沟。换言之，公法规范下的行政救济并不能对受损生态环境提供全面救济保障。行政机关处以的行政罚款并不具有损害利益的填补性质，故不能对受损生态环境实现损害填补的功能和效果。

---

① 刘超：《论"绿色原则"在民法典侵权责任编的制度展开》，载《法律科学》2018 年第 6 期。

② 徐祥民、邓一峰：《环境侵权与环境侵害——兼论环境法的使命》，载《法学论坛》2006 年第 2 期。

③ 刘超：《论"绿色原则"在民法典侵权责任编的制度展开》，载《法律科学》2018 年第 6 期；徐以祥、李兴宇：《环境利益在民法分则中的规范展开与限度》，载《中国地质大学学报（社会科学版）》2018 年第 6 期。

④ 李挚萍：《行政命令型生态环境修复机制研究》，载《法学评论》2020 年第 3 期。

⑤ 康京涛：《欧盟生态环境损害救济：理路、实效、困境及启示——以欧盟〈环境责任指令〉为中心》，载《宁夏社会科学》2020 年第 1 期。

（二）私法救济说的缘起与缺点

生态环境损害私法救济是以我国《民法典》《民事诉讼法》等法律为依据，通过政府及其授权部门、机构提起生态环境损害赔偿诉讼，或者社会组织或检察机关提起的环境民事公益诉讼的生态环境损害救济司法模式。生态环境损害私法救济是基于环境民事公益诉讼和生态环境损害赔偿诉讼为核心所形成私法主导的生态环境损害救济体系。①

私法救济说通常是从公法规制的不足或者私法调整的合理性两个方面证成生态环境损害的私法救济。例如，生态环境损害公法救济存在行政监管机关的能力和动力不足，以及行政处罚措施无法填补生态环境损害的问题，为此需要建立生态环境侵权制度以救济生态环境损害。② 虽然生态环境保护在很大程度上依赖公法规制，但是公法规制受到行政机关人力和财力限制、行政机关的寻租等规制俘获可能以及行政机关"短视"单纯追逐经济效益等原因，故单纯依靠公法规制不足以维护生态环境利益，而需要借助民法等私法手段进行救济。③ 此外，私法救济说认为通过民事司法诉讼可以对受损的生态环境利益进行损害填补，以弥补生态环境损害公法救济的补偿性缺失。因为生态环境保护行政执法中的行政罚款不具有损益填补性质，强调对违法行为人的惩戒，故公法救济中的行政罚款不能对期间功能损害或永久性损失进行赔偿，从而导致受损的生态环境法益不能得到全面救济。

在生态环境损害私法救济的规范解释中，学者主张扩大侵权责任中"损害"的概念解释，将生态环境损害拟制为侵权责任的"损害"，来证成私法规范调整生态环境利益和救济生态环境损害的正当性。私法调整生态环境损害存在两种解释路径：其一是依托既有权利，通过扩大损害概念以从责任范围涵盖生态利益；

---

① 刘静：《论生态环境损害救济的模式选择》，载《中国法学》2019年第5期。

② 马腾：《我国生态环境侵权责任制度之构建》，载《法商研究》2018年第2期。其他从行政处罚方面论述的生态环境损害司法救济的研究可以参见赵悦、刘尉：《〈民法典·侵权责任编（草案）〉"一审稿"生态环境公益损害民事救济途径辨析》，载《南京工业大学学报（社会科学版）》2019年第3期。

③ 曹明德、徐以祥：《中国民法典化与生态保护》，载《现代法学》2003年第4期。

其二，通过创设环境权或环境秩序权从责任成立涵盖生态利益，而我国《生态环境损害赔偿制度改革方案》（以下简称《改革方案》）和《民法典草案》呈现出扩张损害概念的整合进路的趋势。① 同理《欧盟环境责任指令》将生态环境损害视为侵权法上的损害，赋予公共机关可以要求行为人承担责任的私法权利。② 概言之，民法学者通过扩大侵权责任要件中的"损害后果"概念来实现对生态环境损害的救济，使得环境利益得以在私法规范中进行调整。

综上所述，学者从公法救济的不足来论证私法救济的合理性和必要性，并从如何将环境法益保护纳入私法规范保护范围来展开论述。基于生态环境损害赔偿诉讼和环境民事公益诉讼的损害填补特质，生态环境损害私法救济确实存在合理性和必要性，但是学者在论述私法救济的合理性和必要性的同时，未能将行政监管强制性这一大前提作为基础，忽略或者缩小私法救济是通过司法权事后救济特质，而放大私法救济中的补充性和损害填补的功能，没有结合公法救济和私法救济各自的优劣势来进行辩证思考，故生态环境损害私法救济说在其证成该种救济模式存在瑕疵。

（三）公私法协同说缘由与评价

除了公法救济说和私法救济说外，也有学者认为生态环境损害的公法和私法救济在救济模式和类型特征存在差异，单一的救济路径不能实现对生态环境损害的全面救济。正如吕忠梅教授认为，生态法治体系是以生态理性的生态环境系统观为指导，解构和重构"主客体二元结构"和"公私法二元结构"的结构特征，建立以可持续发展观为基础的法治体系，并将"人–自然–人"纳入法律调整范畴。③ 正是因为生态环境损害存在保护客体与主体的二元性，导致了环境保护法律关系涉及公私法两种规范的调整。故有学者认为"生态环境损害赔偿是一个横

---

① 冯洁语：《公私法协同视野下生态环境损害赔偿的理论构成》，载《法学研究》2020年第2期。

② 李昊：《论生态环境损害的侵权责任构造——以损害拟制条款为进路》，载《南京大学学报（哲学·人文科学·社会科学）》2019年第1期；李昊：《损害概念的变迁及类型建构——以民法典侵权责任编的编纂为视角》，载《法学》2019年第2期。

③ 吕忠梅：《中国生态法治的路线图》，载《中国社会科学》2013年第5期。

跨私法、公法两个不同法域，以及民法和环境法两个法律部门的复杂的、新型的环境责任问题。①

虽然各国在救济生态环境损害的框架和路径有不同的偏重，但是这并不意味着在生态环境损害的公法救济规范和私法救济规范的完全独立。正如德国法对于生态环境损害的救济模式以公法为主，私法为补充来实现生态环境损害的全面救济。② 换言之，生态环境损害的行政救济是宪法框架下国家环境保护义务的必然要求，而私法救济则取决于私主体所主张的诉讼请求来间接实现受损环境的保护和救济。

虽然生态环境损害的公法救济说和私法救济说均就不同救济路径的合理性和正当性进行论述和证成，但是这两种学说的聚焦在于单一救济路径下的作用和合理性。生态环境损害公法救济说或私法救济说并不意味着某一学说对另一学说的绝对排斥，但是因为论述的需要将论述重点聚焦于特定路径或领域。正如前文所述，生态环境损害的公法救济路径和私法救济路径均有不同特征，并且两种救济模式存在不同的优劣势，而单一的救济路径会导致救济效果欠缺或不全面。生态环境损害虽然可以通过行政命令能够及时有效地制止损害、防止损害的扩张，但是行政罚款等行政处罚无法对行为人所造成的环境法益损失提供补偿性救济。同时公法救济依赖行政监管的执法能力和强度所形成的执法效果，只有在保障行政执法能力和效力的情况下，才能充分发挥公法救济路径的优势和优点。为此，针对生态环境损害救济，学者建议宜采取一种公私混合责任体制，目的是建立"公法性质、私法操作"的公益保护请求权，在适用程序上应首先由生态环境主管部门进行环境执法监管，仅在无法修复时通过政府索赔追究行为人的责任。③

因生态环境损害的复杂性、综合性等特征，故救济生态环境损害不能依靠单

---

① 柯坚：《环境法的生态实践原理》，中国社会科学出版社 2012 年版，第 218 页。

② 德国生态环境损害救济主要通过属于公法的《德国环境损害法》进行规制；同时在民法路径方面，受害人可以根据《环境责任法》第 16 条来救济生态环境损害，但是民法救济作用取决于受害人的主动性，因此民法对于生态环境损害救济存在一定局限。马强伟：《德国生态环境损害的救济体系及其启示》，载《法治研究》2020 年第 2 期。

③ 张宝：《生态环境损害政府索赔制度的性质与定位》，载《现代法学》2020 年第 2 期。

一救济模式，而需要复合的救济模式来保证救济的周延。① 由于私法中的事后损害填补、司法的不告不理和诉讼时效限制的特征②，生态环境损害的预防与救济不能仅仅依靠事后救济的私法，而且需要依赖公法进行事前预防和管控。在单一救济路径不能全面救济生态环境损害赔偿时，公私法协同救济模式是值得探索的模式。

（四）三种学说单一规范考察的局限

生态环境损害的公法救济说、私法救济说是基于公法和私法的调整法律关系和保护法益的不同而形成不同的观点，而生态环境损害公私法协同说则考虑我国在法律规范不断完善下，体现我国法律规范对生态环境损害的救济存在公法和私法调整的综合救济，即生态环境损害的公私法协同救济。故前述三种生态环境损害救济的三种学说均局限在我国法律规范，并在法律框架下基于不同法律规范属性的二元划分来进行类型化。

然而，前述三种学说均未对我国生态文明体制改革中涌现的党内法规、党的政策和党的规范性文件所形成的政策体系调整作用作出学理上的回应与分析。申言之，生态环境损害的公法救济说、私法救济说和公私法协同救济说没有考察我国生态环境损害赔偿磋商制度及环境保护督察制度背后所体现的政策规范调整作用。中共中央和国务院或者两办在生态环境保护领域进行联合发文的文件属于重要的政策规范，其不仅仅对我国生态文明体制改革具有重要的指导意义，而且对生态环境损害救济及调整也产生了深刻影响。

生态环境损害救济是环境治理和生态文明建设的重要内容，故政策和法律二元规范共同调整是我国环境治理的具体实践，因此有必要在此基础上反思我国现有生态环境损害救济路径类型化研究中单一法律规范考察的不足，并将生态环境损害救济实践中的政策规范纳入考察范围，并在政策和法律二元规范调整下进行生态环境损害救济路径的类型划分。

---

① 王岚：《论生态环境损害救济机制》，载《社会科学》2018 年第 6 期。

② 柯坚、朱虹：《我国环境污染侵权责任的协调和拓展——以民法学与环境法学的沟通为视角》，载《西安交通大学学报（社会科学版）》2011 年第 5 期。

二、规范体系下法律与政策的二元划分

在生态文明体制改革和环境法法典化的进程中，我国生态环境损害救济也处于动态变化的历史阶段。我国在生态文明建设和环境治理存在不同规范体系的系统调整，从而形成和谐稳定的规范秩序。根据不同规范制定主体和规范的效力范围，我国国家治理的规范体系可以细分为法律规范、党内法规、党的政策、国家政策、社会规范。① 这些不同的规范体系共同构成了我国不同主体行为所要遵守的规则，在行为人违反特定规则时受到相应的制裁或惩罚。

法律是我国国家治理和社会治理的重要规范之一，是国家机关行使权力和履行职责的规范依据，也是社会主体日常行为的基本行为准则。构建法律制度能够为国家机关、组织、社会成员主体提供行为准则和依据，使得法律主体的行为遵循法律所设定一般原则和具体规则，并接受规范的指引和评价，从而形成和谐稳定的法律秩序。②

法律是在实然层面进行界定的，对于法律的范围厘定，是指国家立法机关颁布的、具有法律效力的、并且由国家强制力保障实施的规范。换言之，本专题所说法律是实然层面的法律，其外延具有明确性。根据我国《立法法》第7条和第8条规定，我国全国人大及其常委会行使国家立法权。我国"法律"是全国人大及其常委会颁布的，针对国家主权、国家机构组织及职权行使、犯罪与刑罚、税收、民事基本制度和司法制度等重要事项所进行的立法。为此，从形式法治来看，严格意义上的"法律"仅限于全国人大及其常委会颁布法律，而国务院颁布的行政法规、地方人大颁布的地方性法规、民族自治的地方人大颁布的自治条例和单行条例均不属于《立法法》规定"法律"的范畴。申言之，本专题所称的"法律"沿用《立法法》所界定的范围，仅指由全国人大及其常委会颁布的，对我国重要事项的立法。

---

① 刘作翔：《当代中国的规范体系：理论与制度结构》，载《中国社会科学》2019年第7期。

② ［美］富勒：《法律的道德性》，郑戈译，商务印书馆2005年版，第171页。

与此同时，自党的十八大以来，我国环境政策的制定过程发生了重大改变，强调党对社会各大事项事务的领导，国家层面的大量政策文件不再由国务院单独制定，而是以党政机关"联合印发"形式进行颁布。① 党政机关的联合发文的形式有两种：第一，中共中央和国务院联合制定。例如《关于加快推进生态文明建设的意见》。第二，中共中央办公厅和国务院办公厅联合印发，并且这种以两办联合发文的在实践中最为常见。例如《党政领导干部生态环境损害责任追究办法（试行）》、《中央生态环境保护督察工作规定》（以下简称《督察规定》）和《关于构建现代环境治理体系的指导意见》（以下简称《环境治理体系意见》）等。中共中央和国务院或者两办联合发文体现了执政党对国家治理和社会治理各大事项的全面领导。

政策规范是我国法治体系的有机组成部分，由党内法规、党的政策和党的规范性文件所形成的政党法治是我国社会主义法治建设的一种重要类型。党中央和国务院联合印发的党内法规或者由两办联合印发的系列规范性文件对生态环境保护工作的各项事宜和体制改革进行了重要的战略部署和整体布局。由此在党内法规外，形成了一系列表现形式多样、具有重要指导和规范意义的"政策群"。② 而这些政策文件为我国生态环境治理提供规范依据。例如《改革方案》建构我国生态环境损害赔偿制度，对我国生态环境损害救济提供了纲领性的指导。

十八届四中全会通过的《中共中央关于全面推进依法治国若干重大问题的决定》强调我国法治体系包括法律法规规范体系和党内法规规范体系。《环境治理体系意见》指出"健全环境治理法律法规政策体系"，其再次强调"政策"的规范指导作用。故由党内法规、党的政策和党的规范性文件所形成的政策规范在我国环境治理具有重要规范意义和指导意义。换言之，我国的生态环境法治规范体系是二元规范体系，即包括政策规范体系和法律规范体系。

综上所述，我国规范体系中的政策规范和法律规范是我国国家治理和社会治理的两大重要组成部分。执政党领导我国生态环境保护工作，以及国家机关具体开展生态环境保护工作都需要以政策规范和法律规范作为工作开展的依据，并且

---

① 陈海嵩：《生态环境政党法治的生成及其规范化》，载《法学》2019 年第 5 期。
② 陈海嵩：《生态环境政党法治的生成及其规范化》，载《法学》2019 年第 5 期。

这两种规范体系对生态环境保护工作具有规范保障的作用。申言之，政策规范和法律规范的二元划分是基于我国国家治理的社会实践而作出的类型划分，二元规范体系对我国环境治理和生态环境损害的救济均具有重要的规范意义和指导价值。

三、法律调整下的行政救济与司法救济

我国生态环境损害法律调整下存在行政救济和司法救济的两种类型，前者是以行政机关行使环境保护监管权来实现生态环境损害救济目标，后者是通过法院行使司法审判权审理环境公益损害案件来实现救济生态环境损害。"与民事诉讼机制、环境公益诉讼机制偏重于生态环境损害发生后的法律补救和责任填补不同，环境行政法律救济机制贯穿于生态环境损害预防、控制和救济的全过程及其各个环节。"① 因此，法律调整下的行政救济偏重事前和事中的救济，而司法救济则偏重于损害事实发生后的损害填补及生态修复。

（一）行政救济：行政命令与代履行

生态环境损害的行政救济是行政主管部门通过行政命令和行政强制等具体行政行为来纠正违法行为，要求违法行为人承担消除污染、恢复原状和修复受损生态环境，辅之以行政处罚对违法行为人进行惩戒的生态环境损害救济机制。但是相较于生态环境损害的司法救济，环保行政命令、行政代履行和行政处罚等行政救济机制在学术研究上没有得到应有的重视，从而导致由行政命令等所形成的公法救济路径的生态环境损害救济功能被掩盖。

1. 行政命令

根据环境保护行政命令内容的不同，在环境法领域可以区分为应急救济行政命令、纠正行为行政命令和修复治理行政命令。第一，应急救济行政命令针对突

---

① 柯坚：《建立我国生态环境损害多元化法律救济机制——以康菲溢油污染事件为背景》，载《甘肃政法学院学报》2012年第1期。

发的环境事故或者事件，由行政监管机关根据环境污染或者生态破坏的环境事故中污染物或者生态破坏行为的特质、污染物排放量、行为影响等因素，迅速采取应急治理措施，防止环境污染或生态破坏造成生态环境损害的扩大。应急救济行政命令具有显著的应急性和紧急性，这需要行政机关迅速启动应急管理机制，责令行为人及时采取应急措施以控制生态环境损害影响，并将影响控制在最小范围之内。

第二，纠正行为行政命令是通过行政机关作出责令改正的行政决定，以纠正相对人的违法行为、恢复行政管理秩序为目的行政命令。在生态环境保护法律规范中，生态环境行政机关作出责令改正行政命令的具体形式包括责令（限期）改正、责令停止违法行为、责令限期拆除、责令停止开采等。行政机关责令行政相对人停止污染或者生态破坏行为，制止违法行为的持续性，从而实现纠正违法行为、防止损害扩大化的目的，同时也能够及时地恢复法律客观秩序。

第三，修复治理行政命令是行政机关针对已经发生的生态环境损害事实要求行为责任人采取生态环境修复措施的行政命令。环境修复治理行政命令在污染防治法中具体表现为"采取治理措施、消除污染""限期采取治理措施"等。例如《水污染防治法》针对向水体排放污染物或者在水体上进行可能污染水体作业，造成水污染或者造成水污染事故的，责令限期采取治理措施，消除污染。① 《固体废物污染环境防治法》第118条针对造成固体废物污染环境事故的，责令限期采取治理措施。《土壤污染防治法》规定土壤污染责任人承担修复责任，即该条确立了责任人概括性土壤修复责任和义务。② 同时，该法规定土壤污染责任人应承担污染风险评估鉴定、风险管控、修复活动或后期管理所产生的费用。③

2. 行政代履行

除了行政命令之外，行政代履行制度作为保障性措施保证行政命令的执行，进而实现救济生态环境损害的功能。在行为人污染环境或者破坏生态行为造成生

---

①　《水污染防治法》第85条、第90条和第94条。

②　《土壤污染防治法》第45条。

③　《土壤污染防治法》第46条。

态环境损害时,行政机关责令违法行为人采取治理措施、消除污染、恢复植被和生产条件等环境修复行政命令。在违法行为人拒不改正、逾期不承担相应的行政责任或者不具备履行能力的,行政机关可以自行履行或者委托第三方代为履行。由此,针对违法行为造成生态环境损害,确立了"修复行政命令+代履行"的公法应对机制。① 为此,行政强制中的行政强制执行能够保证行政机关行政决定的执行,通过行政强制执行来实现对生态环境损害的救济。

在现行法律规范中,不论在环境污染防治法还是在自然资源保护法中均规定行政代履行制度。在环境污染法律规范中,行政机关所享有的行政强制执行体现在《水污染防治法》《土壤污染防治法》规定中。《水污染防治法》针对向水体排放污染物或者在水体上进行可能污染水体作业,造成水污染或者造成水污染事故的,由行政机关责令停止违法行为、限期采取治理措施,消除污染,逾期不采取治理措施的实行行政代履行。② 在自然资源和生态环境保护法律规范中,行政机关享有行政强制执行的规定体现在《森林法》《水土保持法》中。《森林法》规定行为人不履行恢复植被和林业生产条件或者补种林木的,林业行政机关可以组织代为履行,因为代履行而产生的费用由违法行为人承担,从而保证了违法行为人在不履行生态恢复行政命令的问题。③

(二)司法救济:公益诉讼与赔偿诉讼

《民法典》第1234条和第1235条中的"国家规定的机关或法律规定的组织"可以就生态环境损害提起诉讼。学者认为,《民法典》侵权责任编为环境公益损害救济提供实体法依据。④ 为此,我国形成以环境公益诉讼和生态环境损害赔偿诉讼为核心的生态环境损害司法救济路径。

---

① 张宝:《生态环境损害政府索赔制度的性质与定位》,载《现代法学》2020年第2期。

② 《水污染防治法》第85条、第90条和第94条。

③ 《森林法》第81条。

④ 环境公益损害救济包括生态环境损害赔偿诉讼和环境民事公益诉讼。竺效:《民法典为环境公益损害救济提供实体法依据》,载《光明日报(理论)》,2020年6月5日,第11版。

1. 环境公益诉讼

目前，我国构建了以《民法典》《环境保护法》《民事诉讼法》《环境公益诉讼司法解释》为核心的环境民事公益诉讼规范体系。前述法律及司法解释规定环保社会组织或检察机关作可以向人民法院就损害环境公共利益的污染环境或破坏生态的行为提起环境民事公益诉讼。《民法典》第1234条和第1235条分别规定"国家规定的机关或者法律规定的组织"可以就生态环境损害提起诉讼。《环境保护法》第58条确立了社会组织针对环境污染和生态破坏导致社会公共利益损害提起诉讼的资格。《民事诉讼法》第55条确立了特定的机关和组织提起环境公益诉讼的原告诉讼资格。同时，该条第2款规定，检察机关可以在没有适格原告提起民事公益诉讼前提下，可以提起民事公益诉讼。

而环境行政公益诉讼是检察机关督促行政机关履职的诉讼监督机制。环境行政公益诉讼是检察机关对行政机关怠于履行监管职责或者违法行使监管职权，向法院提起诉讼来督促行政机关履行监管职责或者纠正违法行为，从而通过监管环保行政执法行为来实现对生态环境损害的救济。检察机关通过对行政主体发出检察建议能够快速地纠正相关行政主体的违法行为或者不作为，避免了行政公益诉讼相对漫长的审理过程，而且节约了司法资源和成本，并提高了检察机关在法律实施监督和维护社会公共利益的工作效率。

2. 生态环境损害赔偿诉讼

除了环境民事公益诉讼和环境行政公益诉讼外，我国《民法典》《改革方案》所确定的生态环境损害赔偿诉讼也为生态环境损害提供司法救济渠道。

根据中共中央办公厅和国务院办公厅联合现后颁布《生态环境损害赔偿制度改革试点方案》（以下简称《试点方案》）规定，生态环境损害赔偿诉讼的适用范围是限于严重的生态环境损害情形，即针对较大级别以上环境事事件、重点区域的环境污染或生态破坏事件，以及其他严重生态环境的事件。随着《改革方案》的颁布，我国于2018年开始在全国全面展开生态环境损害赔偿制度。在适用范围方面，《改革方案》增加授权各地根据情况确定具体适用情形。《改革方案》赋予省级政府或其指定相关部门或机构作为索赔权利人，以实现修复受损生态环境和弥补生态环境损害的目标。

《民法典》第 1234 条和第 1235 条分别规定"国家规定的机关或者法律规定的组织"可以就生态环境损害提起诉讼。为此,《民法典》进一步在侵权责任编为环境公益损害救济提供实体法依据。而最新修订的《固体废物污染环境防治法》第 122 条进一步确认了生态环境损害赔偿诉讼制度。此外,新修订的《森林法》第 68 条规定,对破坏森林资源造成生态环境损害的,相应的行政部门可以提起生态环境损害赔偿诉讼。

四、政策调整下的赔偿磋商与环保督察

当代社会环境问题的复杂性和多样性,环境法往往置身于事实、规范和价值的交汇地带,"内部观察"和"外部观察"的视阈融通成为环境法学科的学科导向。① 生态环境损害救济不仅需要对法律调整下行政救济和司法救济进行"内部观察",还需要对我国生态环境损害救济实践中《改革方案》《督察规定》等政策调整下的赔偿磋商制度和环保督察制度进行"外部观察"。

(一) 赔偿磋商制度的政策法律化

《试点方案》和《改革方案》均是追究违法行为人所造成生态环境损害的法律责任。与《试点方案》相比,《改革方案》规定生态环境损害赔偿磋商是政府索赔诉讼的诉前强制性程序。生态环境损害赔偿磋商模式并非可以随意而为之,行政机关就受损环境的修复治理进行磋商受到自由裁量权的行使约束。② 生态环境损害赔偿磋商是政府索赔的前置的、必经的诉前程序,赔偿权利人不能自由选择是否进行行政磋商。

生态环境损害赔偿磋商的规范依据是《改革方案》,而该文件不属于法律,而是中共中央办公厅和国务院办公厅联合颁布的政策规范性文件。尽管《最高人

---

① 柯坚:《事实、规范与价值之间:环境法的问题立场、学科导向与实践指向》,载《南京工业大学学报(社会科学版)》2014 年第 1 期。

② 郭海蓝、陈德敏:《生态环境损害赔偿磋商的法律性质思辨及展开》,载《重庆大学学报(社会科学版)》2018 年第 4 期。

民法院关于审理生态环境损害赔偿案件的若干规定》（以下简称《若干规定》）和《生态环境损害赔偿管理规定》重申《改革方案》生态环境损害磋商制度的规则和内容，但是《若干规定》是属于最高人民法院关于生态环境损害赔偿制度特定具体适用的司法解释，而《生态环境损害赔偿管理规定》属于部门规范性文件，仅为赔偿权利人追究赔偿义务人赔偿责任的规范依据。根据《立法法》的规定，"法律"仅限于全国人大及其常委会颁布的法律，而行政法规、部门规章、行政规范性文件或者司法解释均不属于《立法法》所界定的狭义的"法律"范畴。故《生态环境损害赔偿管理规定》和《若干规定》均不属于《立法法》所规定的法律范围。《若干规定》并不能为行政机关所进行的生态环境损害赔偿磋商提供法律层面上的规范依据，而仅限于法院系统内部案件审理的规范依据。而《生态环境损害赔偿管理规定》虽然为赔偿权利人提供了规范依据，但是由于该文件属于部门规范性文件，故而也无法为政府索赔提供"法律"依据。概言之，生态环境损害赔偿的规范渊源是《改革方案》，是属于政策规范文件，而非国家立法的范畴。

此外，我国法律并未完整地确立生态环境赔偿磋商制度。尽管《固体废物污染环境防治法》第 122 条规定了生态环境损害赔偿磋商制度，然而该条款的适用限于因"固体废物污染环境、破坏生态给国家造成重大损失的"。因此，在《环境保护法》和其他污染防治单行法还没有正式规定生态环境损害赔偿磋商制度的情况下，水、大气、土壤污染等环境污染或者其他生态破坏行为导致的严重生态环境损害，并不能适用该条规定。同时，虽然最新修订的《森林法》第 68 条规定了生态环境损害赔偿诉讼制度，但是该法依然没有规定生态环境损害赔偿诉讼前置的赔偿磋商制度。

申言之，我国生态环境损害赔偿磋商制度除了在《固体废物污染环境防治法》被规定之外，其他类型的环境污染或生态破坏行为导致的生态环境损害赔偿磋商没有相关的法律依据。由于《固体废物污染环境防治法》已经重申《改革方案》中的生态环境损害赔偿磋商制度，这表明我国在后续的立法或者法律修订过程中会正式确立生态环境损害赔偿磋商制度。我国环境法典化编纂工作也为生态环境损害赔偿磋商制法治化提供了重要契机。

(二) 环保督察的生态损害救济功能

学界和公众对环保督察的督察对象、规定和功能的认知和实践之间存在偏差。一般而言，学界和公众更关注生态环境保护督察对于党政机关的督察整治，而忽略对国有企业作为生产经营者的直接督察，以及该制度所具有的生态环境损害的救济功能。我国以党内规范所形成的规范体系形成了生态环境的政党法治，并对我国生态环境损害救济产生重要影响。① 环保督察制度是我国生态环境政党法治针对环保行政监管和党委组织领导的不足，在生态环境损害救济方面应运而生的救济路径。基于督察对象的不同，环保督察制度对生态环境损害的救济可以分为直接救济和间接救济。

1. 直接救济：以国有企业为督察对象

为纠正我国地方党政机关及其领导干部片面注重经济发展、固守"先污染、后治理"思维，在安全生产领域提出"党政同责、一岗双责"的党政领导干部责任追究机制延伸到环境保护领域，并形成党政同责、一岗双责的生态环境保护督察。概言之，我国生态环境保护督察经历了从"督企"的环境监管、"督企+督政"的综合环保督查和"党政同责"的中央环保督察的发展。②

然而，我国环保督察制度中的督察对象并不限于党政机关的督察，也包含对公有制生产经营企业的直接督察。根据《督察规定》第 39 条规定，我国生态环境保护督察具有两个层级，具体划分为中央环保督察和地方环保督察两级督察体制。③ 中央环保督察的督察对象除地方党政机关及国务院相关负有环保职责的部门外，对于从事的生产经营活动对生态环境影响较大的有关中央企业④及其所属单位⑤也是督察对象之一。其中对中央企业的所属单位进行督察是《生态环境保

---

① 参见陈海嵩：《生态环境政党法治的生成及其规范化》，载《法学》2019 年第 5 期。

② 陈海嵩：《环保督察制度法治化：定位困境及其出路》，载《法学评论》2017 年第 3 期。

③ 地方环保督察是相对于中央环保督察而言的，属于省级环保督察，是通过例行督察、专项督察、派驻监察等方式进行督察工作。

④ 《中央生态环境保护督察工作规定》第 14 条第 3 项。

⑤ 《生态环境保护专项督察办法》第 5 条第 3 项。

护专项督察办法》相较于《督察规定》所新增督察对象。而地方环保督察的督察对象除了市、县级党政机关及负有环保职责的省直机关外，还包括从事生产经营活动对环境影响较大的省管国有企业①、省属国有企业②、省属企业③、市属国有重点企业④、市属国有企业⑤、自治区属企业⑥、自治区直属国有企业⑦。不论中央环保督察和地方环保督察采用何种督察形式，均将含央企在内的国有企业纳入督察对象，针对国有企业造成的突出生态环境问题进行问责整治，从而发挥对生态环境损害的救济功能。

2019 年的第二轮第一批中央生态环境保护督察首次把中央企业纳入督察范围。⑧ 截至目前，我国中央生态环境保护督察已经对 6 家中央企业进行督察问责，办结案件数高达 564 件，约谈人数达 78 人，问责人数高达 111 人。尽管中央环保督察是以央企及其单位作为督察对象，而地方环保督察则以国企业作为督察对象，并且这些督察对象所适用的督察方式不一，但是其均对作为生产经营的国有企业进行督察，从而形成了"督政+督企"的督察系统化，保障了督察对象的周延性。换言之，我国环保督察制度除了是环境监管制度的拓展，⑨ 为生态环境损害追责提供了新的追责路径方向，同时也对因生产经营活动对环境影响较大的国有企业进行督察，督促包括中央企业在内的国有企业进行生产整顿，保障突出生态环境问题的解决和整治。

---

① 《贵州省生态环境保护督察实施办法》第 14 条第 3 项。

② 《陕西省生态环境保护督察工作实施办法》第 8 条第 3 项。

③ 《吉林省生态环境保护督察办法》第 14 条第 3 项、《云南省生态环境保护督察实施办法》第 14 条第 3 项、《湖南省生态环境保护督察工作实施办法》第 12 条第 3 项、《安徽省生态环境保护督察工作实施办法》第 9 条第 3 项、《山东省生态环境保护督察工作实施办法》第 6 条第 3 项。

④ 《重庆市生态环境保护督察工作实施办法》第 15 条。

⑤ 《北京市贯彻实施〈中央生态环境保护督察工作规定〉办法》第 19 条第 3 项。

⑥ 《新疆维吾尔自治区生态环境保护督察工作实施办法》第 16 条第 3 项。

⑦ 《内蒙古自治区生态环境保护督察工作实施办法》第 12 条第 3 项。

⑧ 《中央生态环境保护督察工作规定》于 2019 年 6 月 6 日颁布实施，开展了对中央企业的环保督察，载中华人民共和国生态环境部网站：www. mee. gov. cn/ywdt/dfnews/202108/t20210824_ 860179. shtml，2020 年 12 月 6 日最后访问。

⑨ 赵美珍、朱亚龙：《论党内法规对环境法的拓展与突破》，载《武汉理工大学学报（社会科学版）》2019 年第 2 期。

2. 间接救济：以政党机关为督察对象

中央生态环境保护督察对象中的党政机关包括省级党政机关和国务院负有环保职能的相关部门，而地方生态环境保护督察对象中的党政机关包括市（州）和县（市、区）党委政府及其省级政府下负有环保职能的有关部门。通过督察地方党政机关及其领导干部的生态环境损害责任，能够督促党政机关落实生态环境保护工作，以督察问责来倒逼党政机关履行环保工作和压实生态环境责任，从而实现对生态环境损害的救济。

根据生态环境部公示的第一轮第一批至第四批中央环保督察情况，四批中央环保督察反映出督察范围之广、督察人数之多、问责方式多样的特点。中央环保督察的问责人数呈现持续稳定趋势，体现了中央环保督察力度的稳定性，改变了综合环保督查运动式的特点。中央环保督察对地方党委的督察力度不断增加。此外，政府部门涵括了环保、水利、国土、农业、林业、发改、工信、住建等部门。督察范围之广和对象之多体现了党中央和国家对生态文明建设的决心。中央环境保护督察组获得我国最高权威的授权，通过对党政机关的督察问责，解决突出生态环境问题治理，从而实现生态环境损害的救济。

从第一轮第一批至第四批中央环保督察的督察对象和追究人员的级别来看，生态环境保护督察在机制运作上强化了党的领导，以及对党政机关及其工作人员的党纪党规等纪律责任、政治责任和法律责任的追究。其中对于纪律责任的追究不仅体现在督察对象的追究，而且强调对督察机构本身的严格要求。[1] 生态环境保护督察对党政机关的督察问责，是我国优化生态环境治理和完善我国环境监管体制改革的发展。[2] 中央环保督察基于"党政同责"和"一岗双责"责任机制，对地方党委和政府及部门形成了高压的传导机制。

综上所述，生态环境保护督察通过对突出生态环境问题的督察整治、对党政

---

[1] 张梓太、程飞鸿：《我们需要什么样的生态环境问责制度?》，载《河北法学》2020年第 4 期。

[2] 张忠民、冀鹏飞：《论生态环境监管体制改革的事权配置逻辑》，载《南京工业大学学报（社会科学版）》2020 年第 6 期；冀鹏飞：《论中央生态环境保护督察制度的法治化》，载《环境保护法》2019 年第 14 期。

机关和国有企业的督察问责来压实党政机关的环保工作责任和解决突出环境问题，从而实现对生态环境损害的救济。环保督察以属于党内法规的《督察规定》和地方政策规范文件作为环保督察工作开展依据，是我国在生态环境治理、解决突出生态环境问题的重要制度和抓手。生态环境保护督察发挥政策规范和党内法规对生态环境损害救济的调整作用，是我国执政党加强生态文明建设的、推进生态文明体制改革的制度表现。

五、生态环境损害救济路径的重构

我国生态环境损害救济规范体系不同于西方单一法律规范。面对法律规范不能及时回应现代生态环境损害救济的现实需求之时，党中央和国务院不断深化我国生态文明改革和推荐生态环境法治实践，由中共中央和国务院或者中共中央办公厅和国务院办公厅联合颁布的政策规范文件为环境公共利益的保护提供政策保障。因此，"政策规范-国家法律"共同构成我国生态环境法治规范体系的二元结构，为生态环境损害救济提供规范依据，保障二元规范调整下各救济路径的实施与执行。

（一）法律与政策的二元规范调整

前文所述生态环境损害救济中的公法救济说、私法救济说以及公私法协同救济说均限定在法律规范体系对生态环境损害的救济和调整。党的十八大以来，党中央统筹推进"五位一体"总体布局和协调推进"四个全面"战略布局。① 我国生态环境政党法治体系形成了"政党法治-国家法治"二元结构，生态环境政党法治与国家法治具体包括党内法规、党的政策、党的规范性文件和法律规范制度。② 因此，前述三种学说未立足于我国环境治理实践，分析我国实践形成的以党内规范及相关政策为规范依据的政党政策在生态环境损害的规范价值和救

---

① 刘金龙：《大力推进新时代生态文明建设》，载《解放军报》2018 年 5 月 28 日，第007 版。

② 陈海嵩：《生态环境政党法治的生成及其规范化》，载《法学》2019 年第 5 期。

济功能。

长期以来，由于我国环境保护诸多领域缺乏相应的法律规范，导致环境问题的解决没有规范依据，① 而环境司法长期无法对环境公共利益提供有效保护。② 在全面依法治国和依规治党的背景下，党加强对各社会事项的全面领导。习近平总书记指出："党的政策是国家法律的先导和引指，是立法的依据和执法司法的重要指导。"③ 两办联合印发颁布《试点方案》《改革方案》来弥补生态环境损害赔偿制度的法律空白，为生态环境损害赔偿制度提供规范依据。在《环境治理体系意见》中，生态环境损害救济强调"依法"和"依规"追究生态环境损害的赔偿责任，重申了除法律规范外，以党内法规、党的政策和党的规范性文件组成的政策规范在生态环境损害救济的规范意义和指导意义。

2020年3月，中办和国办联合印发的《环境治理体系意见》再次强调"健全环境治理法律法规政策体系"和"对造成生态环境损害的，依法依规追究赔偿责任"。该意见中再次强调环境治理的"法律法规"和"政策"对我国环境治理的规范意义。前述"政策"的范围包括党的政策和规范性文件在环境治理中所形成的大政方针和政策规范。该指导意见规定"健全环境治理法律法规政策体系"，再次强调两种规范体系对我国环境治理体系和生态文明建设的规范功用，进一步重申我国环境治理体系的规范架构与组成部分。

在我国生态环境治理实践中，生态环境损害救济同时涉及政策和法律的二元规范调整，两种规范运行机制的不同，决定了生态环境损害多元协同救济同时具有政治和法律的双重属性和特征。我国政策规范是与国家法律规范一种相对应的规范体系，国家法律体系与党内法规在性质上属于有限的一般与特殊关系。④ 生态环境损害两种不同规范体系的调整是我国生态文明体制改革、国家治理体系和治理能力现代化的中国实践样态，是不同于生态环境损害单一法律救济模式的救

---

① 汪劲主编：《环保法治三十年：我们成功了吗？——中国环保法治蓝皮书（1979—2010）》，北京大学出版社2011年版，第208页。

② 吕忠梅、张忠民、熊晓青：《中国环境司法现状调查——以千份环境裁判文书为样本》，载《法学》2011年第4期。

③ 人民日报评论员：《围绕"两个关系"加强党的领导》，载《人民日报》2014年1月10日，第001版。

④ 杨小军：《国法与党规关系》，载《法学杂志》2017年第8期。

济类型，政策与法律的共同调整为我国生态环境损害救济提供更为完善的规范依据和保障。

（二）多元救济路径的协同救济

我国生态环境损害救济存在政策和法律的二元规范调整。在法律调整下存在行政救济和司法救济两种路径。行政救济路径是以环保行政命令作为救济基础措施，以行政处罚和行政代履行作为救济保障性措施来实现受损生态环境的救济。而司法救济是通过生态环境损害赔偿诉讼、环境民事公益诉讼、环境行政公益诉讼和刑事附带民事公益诉讼四种诉讼类型来实现救济目标。而在政策调整下存在生态环境损害赔偿磋商和生态环境保护督察两种救济路径。生态环境损害赔偿磋商制度是我国生态环境损害行政救济和司法救济之外的一种新型救济方式，通过赔偿权利人和赔偿义务人的磋商来实现对生态环境损害的救济。而生态环境保护督察虽然并不直接追究违法行为人的责任，而是通过对突出生态环境问题和党政机关履职情况的督察整治，从而实现对生态环境损害的救济。概言之，我国生态环境损害救济是"二元规范调整＋四种救济路径"的多元协同救济。我国生态环境损害救济存在政策和法律的二元规范体系调整，同时这两种规范下分别存在不同的救济路径。

因为生态环境损害救济在两种不同规范体系下共同调整，同时，在两种规范体系下分别存在不同救济路径，因此不同规范体系之间和不同救济路径之间存在交叉与协同。根据不同救济路径交叉关系，可以细分为生态环境损害行政救济与司法救济的协同、环保督察与行政救济的协同、环保督察与司法救济的协同、生态环境损害赔偿磋商与行政救济的协同、生态环境损害赔偿磋商与司法救济的协同等多种协同救济的具体形态。生态环境损害救济路径体系化研究有利于同时把握政策规范和法律规范在我国生态环境损害救济所呈现的特征与样态，并基于规范体系和救济路径的性质特征和运作逻辑的不同来合理确定不同救济路径的定位，通过完善救济路径间的衔接机制来发挥二元规范调整和四种救济路径的对生态环境损害救济的功用和提高救济效率。

专题十　法典编纂背景下生态环境损害法律责任构造之论争

【摘要及创新】

　　当前的环境法律责任实践呈现出行政责任虚置、民事责任强势、刑事责任受限、集合责任过度等问题。《生态环境法典》编纂为重新划定责任分工、优化责任追究力度、避免单项责任适度而总合责任失衡等问题提供了周全考虑、统筹协调的平台。

环境法律责任的法典化表达面临宏观层面的射程范围、中观层面的表达模式以及微观层面的制度建构问题。射程范围方面，生态环境损害作为民事责任、党政同责作为特殊的行政责任以及与环境行政责任密切关联的刑事责任应当纳入《生态环境法典》的责任范畴。表达模式方面，应当采用"原则分离+适度统合"的立法模式，将环境民事、行政和刑事责任在总则与分则的对应规则框架内安置。制度建构方面，应当对环境民事、行政和刑事责任的追责主体、追责对象与责任内容等进行体系化建构，并构建责任间的"综合考虑"机制以避免单项责任追究适度而总合责任失衡等问题。

本专题的创新之处在于：其一，生态环境损害赔偿责任长期被学界视为"公法性质、私法操作"的责任类型，在此语境下，《民法典》关于生态环境损害赔偿责任的规定应当全部纳入《生态环境法典》之中。然而生态环境损害赔偿责任契合民事损害赔偿的差额假说，属于民事责任的范畴。《生态环境法典》对《民法典》中的生态环境公、私益侵权进行补充和细化，属于补充型特别民法的范畴，并不会影响公、私法的界分理论和合理分工。其二，我国《刑法》无法典之名却有法典之实，《生态环境法典》是否应当规定刑事责任进而确立我国的附属刑法立法模式，学界争议较大。本专题认为，"刑法典+附属刑法"是提升刑法稳定性、增强刑事责任实效性、破解行刑责任衔接不畅的根本举措，《生态环境法典》作为对环境法益进行体系性、融贯性保护的制度体系，理应综合利用民事、行政和刑事责任构建多元责任体系以实现对环境法益的周全保护。其三，私主体的形态各异，承担责任的能力亦有所不同，对私主体施加的最优威慑理应有所差异。因此，基于主体能力的不同设置差异化的责任适用规则是《生态环境法典》精细化治理的应有之义，可以借鉴域外经验，对于自然人、中小微企业与大型企业的类似行为规定差异化的责任规则，以体现过罚相当，实现最优威慑。

专题十

法典编纂背景下
生态环境损害法律责任构造之论争[*]

善的规则一般高度契合"人性"假设和公共伦理，公民基于理性和常识的行动自决即可营造出绝大范围的"无需责任的秩序"。在"仓廪实、衣食足"的现代社会，法律中的泄愤、报复色彩逐步淡化，体现为刑事上的轻刑化和出罪化、民事上填平原则的确立和行政上对处罚的严格规范，由此使"人类社会冲突的解决途径从暴力、对抗为主转向妥协、合作为主"。① 但一方面，基于行为人思想观念、教育程度、认知水平等的差异，为违法行为留备责任条款仍然是理性且必需的选择；另一方面，作为典型"法定犯"的环境违法或犯罪，其规则并非内生于社会伦理，甚至禁止猎捕野生动物、禁止排放污染物等规则违背"人们……生来就享有自然"② 的自然权利观念。可见，较之于不突破道德底线就不会违法的"自然犯"，环境法律规范缺乏天然的可达性和普适性。因此，环境法律责任成为环境法实施的基本保障，也在《生态环境法典》中享有重要地位。③ 研究亦证实，由于法律责任阙如导致了《菲律宾环境法典》的实施效果受阻。④

编纂《生态环境法典》之目的，除了实现对既有环境规范的体系化与科学

* 作者简介：何江，法学博士，西南政法大学经济法学院讲师、博士后、硕士生导师。本专题主要内容以"环境法律责任的法典化比较研究"为题发表于《南京工业大学学报（社会科学版）》2023 年第 3 期。

① 刘长兴：《超越惩罚：环境法律责任的体系重整》，载《现代法学》2021 年第 1 期。

② 洛克：《政府论（下篇）》，叶启芳、瞿菊农译，商务印书馆 1964 年版，第 3 页。

③ 刘长兴：《论环境行政法律责任的创新及专门化发展》，载《环球法律评论》2022 年第 6 期。

④ 刘洪岩：《域外环境法典编纂的实践与启示》，法律出版社 2021 年版，第 261 页。

化，更重要的是通过法律结构的设计来塑造社会结构、推动治理转型。① 检视当前的环境法律责任实践，呈现出越过行政责任径直追究刑事责任的行政责任虚置问题，刑民责任并行时民事责任强势而刑事责任轻微问题，民事惩罚性赔偿、行政按日计罚与刑事自由刑并存时集合责任过度等问题。编纂《生态环境法典》为重新划定责任分工、优化责任追究力度、避免单项责任适度而总合责任失衡等问题提供了统筹考虑、综合协调的平台。鉴此，本专题以《生态环境法典》编纂背景下生态环境损害法律责任的法典化表达为研究对象，探讨如何通过法律责任的法典化表达推动环境法律责任的转型升级。

一、生态环境损害法律责任法典化表达之问题梳理

本专题所指的生态环境损害法律责任是指由于违反第一性环境法律义务而招致的第二性义务。②《德国环境法典（专家委员会草案）》第 3 条关于"每个人都有承担保护环境的责任"，《法国环境法典》第 L110-1 条"不退化原则"引申的政府持续性改善责任以及实践中推行的生态设计、生产者延伸责任等"责任"因指向第一性义务而并非本专题讨论的责任范畴。对于第二性义务的法典化表达，主要面临宏观层面的射程范围、中观层面的表达模式以及微观层面的制度建构三个方面的问题。

（一）宏观问题之辩：责任构造的射程范围

"环境法是一个几乎触及所有法律领域的横断面"③，其涉及民事、行政和刑事等责任类型。全国人大常委会将《生态环境法典》归于"行政立法领域的法典编纂"，引发的问题在于：其一，在环境民事责任方面，《中华人民共和国民法典》（以下简称《民法典》）已对环境侵权作了专章规定，那么作为"行政立法领域"的《生态环境法典》能否对环境私益侵权进行细化规定？《民法典》第

---

① 杜辉：《生态环境法典中公私融合秩序的表达》，载《法学评论》2022 年第 6 期。
② 张文显：《法学基本范畴研究》，中国政法大学出版社 1993 年版，第 187 页。
③ 德国联邦环境，自然保护和核安全部：《德国环境法典（专家委员会草案）》，沈百鑫、李志林、马心如等译，法律出版社 2021 年版，导论第 25 页。

1234、1235 条规定的生态环境损害责任被视为是"公法性质、私法操作"的责任类型①，那么该"公法性质"责任是否应当转移至公法取向的《生态环境法典》之中？其二，在环境行政责任方面，中共中央办公厅和国务院办公厅通过联合发文的形式确立了诸如"党政同责""河长制""中央生态环境保护督查"等"党政协同"性质的新型责任，作为在我国饶有成效的重要制度创新，"党政协同"性质的责任能否以及在多大范围能够植入《生态环境法典》？其三，在环境刑事责任方面，《中华人民共和国刑法》（以下简称《刑法》）虽无法典之名却有法典之实，那么《生态环境法典》是否可以直接规定环境刑事责任进而拆解"刑法典"构筑附属刑法？反对者认为，"基于我国刑法传统和当前环境刑事犯罪法律适用的现状，环境刑事责任在生态环境法典编纂中不具有单独规定的余地"②。"采用准用性规范应是我国环境法典在设置环境刑事责任时的一种比较合适的选择。"③ 支持者则认为，应强化环境犯罪的行政从属性特征，采用刑法典与行政刑法的双轨立法模式，"环境法典中当规定与环境行政密切相关的刑事法律规范"④，"将犯罪构成和量刑要素转移到环境法典中"⑤。《生态环境法典》能否吸纳环境刑事责任已经成为法典编纂的前置性问题。

（二）中观问题之辩：责任构造的模式选择

在确定法律责任的射程范围之后，还需要明确被选中的环境法律责任在《生态环境法典》中如何安置。当前的《生态环境法典（草案）》（专家建议稿）分五编，分别是总则、污染控制编、自然生态保护编、绿色低碳发展编以及生态环

---

① 吕忠梅：《环境法典视角下的生态环境法律责任》，载《环球法律评论》2022 年第 6 期。

② 汪劲、吕爽：《生态环境法典编纂中生态环境责任制度的构建和安排》，载《中国法律评论》2022 年第 2 期。

③ 王灿发、陈世寅：《中国环境法法典化的证成与构想》，载《中国人民大学学报》2019 年第 2 期。

④ 刘长兴：《论环境法法典化的边界》，载《甘肃社会科学》2020 年第 1 期。

⑤ 陈禹衡：《理念趋同、法益契合与规范衔接：环境法典与刑法典的协调适用》，载《北京理工大学学报（社会科学版）》2023 年第 2 期。

境责任编。其中，总则是其他编"提取公因式"的集合部分；污染控制编侧重企业生产末端的污染物排放管理；自然生态保护编聚焦主动保护人类尚未开发利用的自然区域及野生动植物保护；绿色低碳发展编以资源能源的综合利用、循环利用和清洁生产为规制对象；生态环境责任编致力于对公益诉讼、生态环境损害赔偿诉讼等新型诉讼类型予以整合，从而建立环境法特有的责任与追责体系。[①] 可见，《生态环境法典》具有实体法与程序法相衔接、行为法与裁判法相融合、保护法与促进法相统一的集合特性。[②] 这种编纂模式引发的问题在于：其一，既然存在生态环境责任的专编，能否将所有责任都置于生态环境责任编？倘若全部归于生态环境责任编，是否会导致污染控制、自然生态保护与绿色低碳发展三编缺乏与之紧密关联、一一对应的法律责任而有违"行为模式+法律后果"的立法惯性？其二，作为"提取公因式"的总则是否可以容纳基本法律制度对应的法律责任以及共通性的法律责任及其程序规则？

（三）微观问题之辩：责任构造的建构路径

《法国环境法典》第 L110-1 条、《意大利环境法典》第 3-3 条、《瑞典环境法典》第 8 条等分别确立了该国的"损害担责原则"（或称"污染者付费原则"），在该原则的统摄下，各国《环境法典》对本国的责任制度进行了具体建构。环境法律责任的原因行为复杂、表现形态多元、追责程序交叉，要覆盖上述所有微观层面的制度建构将是本专题难以承受之重。基于射程范围和表达模式的大致厘定，本专题拟从环境民事、行政与刑事责任所涉及的追责主体、追责对象、责任内容等方面探讨环境法律责任的基本框架与责任间综合考虑机制的建构。

---

① 关于《生态环境法典（草案）》（专家建议稿）各编的分工，参见吕忠梅：《论环境法典的"行政领域立法"属性》，载《法学评论》2022年第4期；汪劲：《论中国环境法典框架体系的构建和创新：以中国民法典框架体系为鉴》，载《当代法学》2021年第6期；吕忠梅：《环境法典编纂论纲》，载《中国法学》2023年第2期。

② 吕忠梅：《中国环境立法法典化模式选择及其展开》，载《东方法学》2021年第6期。

二、《生态环境法典》法律责任射程范围之论争

(一)《生态环境法典》与《民法典》之分工

在《民法典》已经规定生态环境公、私益侵权的情况下,《生态环境法典》是否应当对其进行补充规定?倘若需要规定,生态环境损害责任是以"公法责任"抑或"私法责任"的身份进行规定?对于上述问题,理论界形成了三种观点,本专题将其概括为保守派、激进派和折中派。保守派的观点认为,应当严格区分《生态环境法典》与《民法典》的公、私属性,二者互不僭越,生态环境公、私益侵权在内的环境保护民事制度保留在民法体系内,环境法典仅对损害赔偿制度设置衔接规则。[①] 激进派的观点认为,《民法典》第 1234、1235 条关于生态环境损害责任的规定实为公法责任,应当将其从《民法典》中剥离进而全部转移至公法指向的《生态环境法典》。[②] 折中派的观点则认为,基于公法对生态环境损害救济的缺陷与私法救济的优势,应当承认生态环境损害责任的追究需要公私法的协同应对,没有必要具体区分公、私责任属性,而应当将《民法典》第 1234、1235 条视为具有转介功能和总则功能的条款,《生态环境法典》与其构成特别法与一般法的关系,可以通过细化规定实现对《民法典》的续造。[③]

观点的差异主要源于对生态环境损害责任性质的不同界定。主流观点认为,生态环境损害责任是"公法责任、私法实现",循此逻辑,其虽身处《民法典》但实为公法责任,由此引发上述理论争议。本专题认为,生态环境损害责任有广义和狭义之分,广义的生态环境损害责任包括民事、行政、刑事和政治责任等形态,而狭义的、立法常用的生态环境损害赔偿责任属于民事责任,原因在于:其

---

① 刘长兴:《论环境法法典化的边界》,载《甘肃社会科学》2020 年第 1 期。

② 关于剥离《民法典》中的生态环境损害责任从而转移至《生态环境法典》的观点,参见汪劲、吕爽:《生态环境法典编纂中生态环境责任制度的构建和安排》,载《中国法律评论》2022 年第 2 期;巩固:《环境民事公益诉讼性质定位省思》,载《法学研究》2019 年第 3 期。

③ 窦海阳:《生态环境损害责任的体系解释与完善:以生态环境法典编纂为视角》,载《中国法律评论》2022 年第 2 期。

一，公法性质支持论者认为，生态环境损害并非民法物之损害，只是因二者具有相似性，所以借用了民事责任的外壳寻求救济。① 虽然最终由法院裁判责任成立与否，但是应当区分形式意义上的行政与实质意义上的行政，法院裁判并非充当民事司法中的居中裁判者，而是确认公共强制的合法性，因此，生态环境损害赔偿责任追究当属实质意义上的行政责任中的行政处罚。② 上述观点并不成立，生态环境损害之所以纳入《民法典》，一是因为对生态环境损害的责任追究已经有了社会需求，二是因为生态环境损害契合民事责任关于"损害论""差额说"的预设，不能因为生态环境损害评估与责任承担在技术上的差异就否定其民事责任属性。

其二，公法性质支持论者认为，生态环境损害责任指向的是公共利益维护、公共秩序恢复，其并非是对私人的责任，因此，应当定性为行政法律责任。③ 上述观点有失妥当，民事责任与公益责任属于不同划分标准之下的责任类型，根据救济目的和利益归属的不同，责任可以分为公益责任与私益责任；根据责任性质的不同，责任可以分为民事、行政和刑事责任。依第一类标准，属于环境公益的责任类型并不妨碍其在第二类标准中被进一步划分为环境民事、行政公益责任。认为公益责任不能属于民事责任的观点有混淆不同责任类型划分标准之嫌。④

其三，公法性质支持论者认为，生态环境损害修复等责任同样可以通过公法责任施加，表明其并非民事责任的固有领域，应由行政主体按照行政程序课处生态环境损害修复等行政处罚。⑤ 根据"代理彩票理论"，立法机关将法律实施权交由自上而下的行政规制与自下而上的司法规制实际上能够产生类似的规制效

① 张宝：《环境法典编纂中民事责任的定位与构造》，载《环球法律评论》2022 年第 6 期。

② 刘长兴：《生态环境修复责任的体系化构造》，载《中国法学》2022 年第 6 期。

③ 刘长兴：《生态环境修复责任的体系化构造》，载《中国法学》2022 年第 6 期。

④ 黄锡生、谢玲：《环境公益诉讼制度的类型界分与功能定位：以对环境公益诉讼"二分法"否定观点的反思为进路》，载《现代法学》2015 年第 6 期。

⑤ 相关论述可参见张宝：《环境法典编纂中民事责任的定位与构造》，载《环球法律评论》2022 年第 6 期；刘长兴：《生态环境修复责任的体系化构造》，载《中国法学》2022 年第 6 期。

果。① 一方面，我国的行政处罚类型中并不包括对财产损害的赔偿或者直接补救；② 另一方面，生态环境损害责任的巨额性、模糊性和间接性，决定其不宜通过单向性的行政命令、行政处罚予以实现，而适宜通过司法途径予以追究。③《民法典》第 1234、1235 条确立的生态环境损害的民法保护机制，预示着立法机关在这一责任的实施中选择了司法规制路径。因此，生态环境公、私益侵权均属民事责任的范畴，在此基础上，激进派认为生态环境损害责任属于公法责任进而应当脱离《民法典》从而被纳入《生态环境法典》的观点并不妥当。

那么生态环境公、私益侵权能否以民事责任的身份在公法偏向的《生态环境法典》中进一步细化呢？答案是肯定的，原因在于：其一，虽然《生态环境法典》被归于"行政立法领域的法典编纂"，但是"行政立法领域"既非行政法学意义上的部门法，亦非法律体系中的法律部门，而是一个全新命题。具体而言，"行政立法领域"由特定问题束集聚而成，内在理念与观察视角难以嵌入传统话语，具有不同学科汇聚、横向交叉、开放包容的"领域性"学科特征，因此，是一种跨学科、跨部门的"重要立法领域"，是我国立法体系中一种新的分类方法。在此基础上，《生态环境法典》具有的跨学科、跨部门的"第三法域"属性，其不再"寄生"于行政法、经济法部门之中，而是形成了一种法律与科学相互嵌套、法律与社会政策相互转化、不同法律手段相互融合的"领域型"法典。鉴于此，《生态环境法典》以环境行政作为当代国家权力介入环境问题的主要方式，但其同时具备综合公法责任与私法责任、聚合不同领域行政范围、整合消极行政与经济行政等能力，因此，立足于生态系统的整体性，"行政立法领域"仍然可以引入并发挥私法责任的规制功能。④ 其二，民法由民法典和特别民法构成，特别民法分为补充型特别民法、政策型特别民法与行政型特别民法。⑤《生态环境法典》对《民法典》中的生态环境公、私益侵权进行补充和细化，属于补充型

① Vermeule A.，"The Delegation Lottery"，*Harvard Law Review*，2006（4），pp. 105-111.
② 刘长兴：《生态环境修复责任的体系化构造》，载《中国法学》2022 年第 6 期。
③ 徐以祥：《论生态环境损害的行政命令救济》，载《政治与法律》2019 年第 9 期。
④ 吕忠梅：《环境法典视角下的生态环境法律责任》，载《环球法律评论》2022 年第 6 期。
⑤ 谢鸿飞：《民法典与特别民法关系的建构》，载《中国社会科学》2013 年第 2 期。

特别民法的范畴，并不会影响公、私法的界分理论和合理分工，如《中华人民共和国水污染防治法》（以下简称《水污染防治法》）等行政性质立法就规定有损害赔偿等民事责任。其三，生态环境损害民事责任的建构在世界范围内均是一种发展趋势。① 如《法国民法典》②《德国环境责任法》③ 均确立了生态环境公益的民法保护机制。《哈萨克斯坦共和国生态法典》分则第九编"生态违法责任和生态纠纷的解决"、《意大利环境法典》第六部分"环境损害赔偿的规定"、《瑞典环境法典》第二章第8条亦作了类似规定。可见，生态环境公、私益侵权可以基于其民事责任属性在《生态环境法典》中进行细化规定。以此观之，当前《生态环境法典》"生态环境责任编"将生态环境民事责任、生态环境损害救济责任并列的安排并不妥当。本专题认为，应在生态环境民事责任内部区分生态环境公、私益侵权责任，而不应将二者并列。

（二）《生态环境法典》植入党政同责之限度

我国长期将污染防治法界定为行政法并构建了体系庞大的环境污染行政责任条款群。④《生态环境法典》在行政责任领域的射程范围并非不证自明，其中争议较大的是"党政同责"是否应当入典的问题。⑤ 中共中央办公厅和国务院办公厅出台了大量具有"党政协同"性质的责任规定，其共性在于对地方党委和政府责任的协同追究，如《关于全面推行河长制的意见》规定，"由党政领导担任河长，依法依规落实地方主体责任"，随后修改的《水污染防治法》第5条要求"省、市、县、乡建立河长制"。那么《生态环境法典》能否以及在多大程度上

---

① 关于域外生态环境损害责任的发展，参见曹明德：《〈民法典〉生态环境损害赔偿条款法理辨析》，载《法律科学》2022年第1期。Maria H., Ceri W., Barry A., et al., "Tort to the Environment: A Stretch Too Far or A Simple Step Forward? Smith v. Fonterra Co-operative Group Ltd. and Others [2020] NZHC 419", *Journal of Environmental Law*, 2021 (1), pp. 195-210.

② 李琳：《法国生态损害之民法构造及其启示：以损害概念之扩张为进路》，载《法治研究》2020年第2期。

③ 刘长兴：《生态环境修复责任的体系化构造》，载《中国法学》2022年第6期。

④ 刘超：《环境法典污染控制编的立法重点与规范构造》，载《法律科学》2022年第3期。

⑤ 向嘉晨：《党的领导入法的文本表达：实践样态与完善进路》，载《吉首大学学报（社会科学版）》2023年第1期。

能对"党政同责"的相关责任制度予以法律化呢？

本专题认为，"党政同责"是我国生态环境治理的重大创举，应当作为一项重要的责任制度创新置于《生态环境法典》之中。原因在于：其一，《中华人民共和国宪法》（以下简称《宪法》）将"生态文明建设"列为国务院职权的原因是环境宪法的实施取决于公权力履行环保职责的意愿和力度。① 生态环境政党法治已经成为环境治理及中国特色社会主义法治建设实践中不可忽视的规范形态之一，② 这就决定了"党政"责任的协同追究是建设生态文明的必由之路。详言之，新时代的党政关系呈现党政机构融合、党政职能融合和党政责任融合等特征。③ 在此背景下，重政府责任轻党委责任的制度设计无法对影响生态环境的党委决策权力产生威慑反馈，如此"治标不治本"的做法使"环境质量政府负责制"徒有其表。"党政同责"基于其抓住了"党委"和"政府"这两个关键少数，使其在实践中极富实效性。④ 因此，我国的环境治理经历了从"督企"到"督政"再到"党政同责""政企同责"的发展。⑤

其二，"党政同责"的责任设计直接牵涉国家机关、公民的权利与义务，超出党政联合规范性文件的立规权限，应由环境法律予以确认。我国党政协同性质的责任多由党政联合规范性文件确立和发布。学者认为，"如果党的文件或党政联合发文涉及上述'保留'事项，直接创设或变动国家机关、公民与社会组织的法定权利和义务，就属于超越党内立规权限和应被纠正的立法越位行为"。⑥《生态环境法典》作为国家基本法，对于影响生态环境的地方党委和政府权力享有规

---

① 张忠民：《环境法典的体系定位与规范结构：基于宪法与环境法立法交互逻辑的证成》，载《法商研究》2022 年第 6 期。

② 陈海嵩：《环境法典编纂中的生态环境政党法治问题探析》，载《法商研究》2022 年第 6 期。

③ 金国坤：《党政机构统筹改革与行政法理论的发展》，载《行政法学研究》2018 年第 5 期。

④ 朱军、杜群：《党内法规视域下生态环境保护法律责任与政治责任的功能协同》，载《理论月刊》2021 年第 10 期。

⑤ 黄锡生、何江：《论我国环境治理中的"政企同责"》，载《商业研究》2019 年第 8 期。

⑥ 彭峰：《环境法法典化之难题及其克服：以党政联合规范性文件与法律之关系为视角》，载《政治与法律》2021 年第 11 期。

训与惩罚的权力。而且较之于行政相对人责任规则的凌乱和庞杂，行政主体违法的责任规则因为在一定程度上脱离具体的环境管制规则，因而更加规整和统一，适合在《生态环境法典》中进行统一构造。①

(三)《生态环境法典》确定附属刑法之优劣

除刑法典之外，将刑事责任规定于其他部门行政法或经济法之中，被称为附属刑法。在起草或出台《生态环境法典》的国家中，德国是较为坚定地摈弃附属刑法的国家。德国学者指出，"《刑法典》是环境刑法更好的归属"。② 未采纳附属刑法的《德国环境法典（专家委员会草案）》并未正式出台，相反，已经颁布实施的《菲律宾环境保护法典》《法国环境法典》《瑞典环境法典》《意大利环境法典》《哈萨克斯坦共和国生态法典》《独联体生态示范法典》等对应国家则采纳了附属刑法模式。换言之，《生态环境法典》规定刑事责任是常态而非例外。《瑞典环境法典》第六编就新增了诸多《瑞典刑法典》本不存在的罪名，如环境侵害罪、乱扔垃圾罪等。

我国应当在《生态环境法典》中规定与行政责任密切关联的环境刑事责任，原因如下：其一，"刑法典+附属刑法"是保障刑法稳定性的有效方式。"刑法典+附属刑法"的并行模式是刑法的二次规范属性所附带的结果。相较于民法等一次规范，作为二次规范的刑法本身就是"解法典的"。③ 质言之，自然犯因为违背社会伦理而具有广泛的社会共识和相对稳定性；行政犯则多涉及与职业行为、业务行为相关联的犯罪，因此，数量庞大、变动不居。强行将自然犯与行政犯并存于一部刑法典中，刑法将难改其易变性。我国频繁出台《刑法修正案》，其重心正是修改《刑法》中的行政犯规则。抽离包括环境犯罪在内的行政犯规定，《刑法》将更具稳定性。

其二，"刑法典+附属刑法"是提升刑事责任实效性的前提。法典化的本质

① 刘长兴：《环境法典污染控制编的行政法律责任》，载《法学论坛》2022年第2期。
② 德国联邦环境、自然保护和核安全部：《德国环境法典（专家委员会草案）》，沈百鑫、李志林、马心如等译，法律出版社2021年版，导论第26页。
③ 张明楷：《刑法的解法典化与再法典化》，载《东方法学》2021年第6期。

在于确保法律的"可达性"。① 通过《刑法典》规定所有刑事责任看似可以提高公众对刑事责任的了解度和适用性，然而现实正好相反。基于对杀人、放火将触犯刑事责任的基本认知和本能厌恶，普通人一般认为自己远离刑法和刑罚。而行业法往往是社会公众必须熟知的内容，例如，证券从业人员对《中华人民共和国证券法》的关注、环保从业人员对《中华人民共和国环境保护法》（以下简称《环境保护法》）的了解都是带有基于经济人理性而衍生出的某种强制性，进而使行业法与社会公众的关联度更强、普及度也更高。基于刑法典的一元立法模式，行业人员鲜有动机去关注"犯罪人的大宪章"，而在行业法中又不能获知哪些是违背刑法进而应当承担刑事责任的情形，实际上滋生出"刑不可知则威不可测"的"返祖"现象。附属刑法能够提供找法、释法和用法的便利，② 行业人员能够从行业法中完整了解所属行业包括民事、行政和刑事责任在内的完整责任体系，进而增强刑事责任规定的可达性和实效性。

其三，"刑法典+附属刑法"是破解行刑责任衔接不畅的根本手段。当前的行政法、经济法仅对行政或民事责任进行详尽规定，而行为人的行为是否触犯刑法则在行业法中无从考证。有学者指出，"正是因为现行的立法方式肢解了刑法规范，才导致行政执法人员不知道什么行为构成犯罪，而公安司法人员不知道行为违反了什么前置法，造成行刑衔接不畅"。③ 破解行刑责任衔接不畅的根本手段，就是在相关的行政或经济立法中明确行为触犯行政或刑事责任的识别标准，进而从根源上破解行刑责任衔接不畅问题。

其四，"刑法典+附属刑法"模式仍然能够控制公权、保障私权。基于《生态环境法典》的特殊性，决定其属于全国人大行使立法权的基本法律，因此，并不存在对刑事责任的设置缺乏权力机关控制的问题。《生态环境法典》刑事责任的修改固然可以根据《宪法》第 67 条由全国人大常委会统筹，但是基于刑事责任本身的特殊性，并不会因为被置于《生态环境法典》中作为附属刑法而被轻视或被随意修改。况且《刑法》作为全国人大通过的基本法律，其修正案全部由全

---

① 彭峰：《中国环境法法典化的困境与出路》，载《清华法学》2021 年第 6 期。

② 汪劲、吕爽：《生态环境法典编纂中生态环境责任制度的构建和安排》，载《中国法律评论》2022 年第 2 期。

③ 张明楷：《刑法修正案与刑法法典化》，载《政法论坛》2021 年第 4 期。

国人大常委会通过且并未产生侵犯公民人身、财产权利等问题，说明《生态环境法典》规定刑事责任仍能实现"控制公权、保障私权"的法治目的。

其五，"刑法典+附属刑法"模式合乎当前的制度设计且已有先例。《刑法》第101条规定，"本法总则适用于其他有刑罚规定的法律，但是其他法律有特别规定的除外"。该条为附属刑法的存在提供了合法性基础。有学者考证，《中华人民共和国铁路法》第60条、《中华人民共和国民用航空法》第193条将《刑法》中的对应条款从个人犯罪拓展至单位犯罪，已经构成事实上的附属刑法。[1]

其六，环境法益可以分为环境实体法益和环境秩序法益，[2] 环境民事责任侧重于对环境实体法益的填补，环境刑事责任侧重于对环境秩序法益的恢复，环境行政责任则致力于兼顾对秩序和实体法益的保护。《生态环境法典》作为对环境法益进行体系性、融贯性保护的制度体系，理应综合利用民事、行政和刑事责任构建多元责任体系以实现对环境法益的周全保护。因此，《生态环境法典》编纂内生了对于环境刑事责任介入的需求。

是故，我国《生态环境法典》可以规定环境刑事犯罪的内容，与环境民事、行政责任并行规定，能够使环境责任体系化，也有利于责任间的顺畅衔接。有学者就此提出，应当强化环境犯罪的行政从属性特征，将环境犯罪构成和量刑要素转移到环境法典中，增强立法的科学性、人本性和系统性。[3] 也有学者指出，《生态环境法典》应当与《刑法》形成沟通和配合，前者规定与行政责任成比例的相应行为类型协同的轻罪体系，后者则规定较为严重的犯罪行为。[4]

三、《生态环境法典》法律责任表达模式之论争

国外《环境法典》法律责任的表达模式大致分为三类，分别是松散表达模式、统合表达模式以及以"原则分离+适度统合"为表征的折中表达模式。松散

---

[1] 张明楷：《刑法修正案与刑法法典化》，载《政法论坛》2021年第4期。
[2] 何江：《环境公益诉讼程序协调论》，重庆大学2019年博士论文，第23页。
[3] 陈禹衡：《理念趋同、法益契合与规范衔接：环境法典与刑法典的协调适用》，载《北京理工大学学报（社会科学版）》2023年第2期。
[4] 焦艳鹏：《环境刑事责任的跨法典表达及其调适》，载《法学评论》2022年第3期。

表达模式是指环境法律责任紧跟法律规则，哪里有禁止性规定，哪里就有罚则；统合表达模式是指在《环境法典》中的特定部分对环境法律责任进行统一规定，其余部分则不规定法律责任；折中表达模式是指法典中既有"统合性"的一般规定，又在各编进行松散式的具体责任规定。

（一）生态环境损害法律责任表达模式之比较

其一，松散表达模式。比较研究发现，选择松散表达模式的《环境法典》立法例较少。例如，《德国环境法典（草案）》分为总则和分则，其中，总则包括一般规定、规划、项目等章节，分则包括自然保护、土壤保护、水体保护等章节，其法律责任散见于几乎每一章最后的"共同规定"，并不设统一的环境法律责任章节，因此构成松散表达模式。

其二，统合表达模式。统合表达模式是比较主流的形式，例如，《瑞典环境法典》共七编，其中前五编规定自然保护、污染防治等具体规则，第六编"处罚"与第七编"赔偿等"规定前五编的刑事、行政与民事赔偿等内容。《菲律宾森林改革法典》分为四章，前三章规定组织和管辖权、利用和管理等内容，最后一章"刑事犯罪和处罚"对法律责任进行统合。《哈萨克斯坦共和国生态法典》《独联体生态示范法典》也形成了比较规范的以"规则+罚则"为表征的统合表达模式。

其三，折中表达模式。意大利、法国和爱沙尼亚是选择"原则分离+适度统合"的折中表达模式的典型国家。《意大利环境法典》共六个部分，前五部分分别是一般规定、环境影响评价、土壤和水管理等内容，上述每个部分均分别设置了与行为规则相对应的行政和刑事责任，第六部分"环境损害赔偿的规定"则具体规定了统一的民事责任以及行政和刑事违法责任的追究程序。《法国环境法典》的法律部分共七卷，其中第一卷为共同规定，在第一卷的第六、七、八编，分别规定了预防与补救对环境造成的部分损害、与检查和处罚相关的共同规定以及行政程序，第二卷至第七卷的自然环境、自然空间、自然遗产等均分别规定了适合于该卷具体规则的责任条款。《爱沙尼亚环境法典》总则第五章集中规定了共通性质的法律责任，分则部分则分别规定各章责任，因此也构成法律责任的折中表达模式。

（二） 生态环境损害法律责任表达模式之选择

《生态环境法典》宜采用"原则分离+适度统合"的折中表达模式，将环境法律责任的"共通规定"置于独立部分，具体规则所附带的责任条款则散布于其他各编，原因在于：其一，环境法典编纂可以分为形式编纂和实质编纂，前者是指对现行法律作形式整合但不对其作实质性变更，后者是指在整合现行法律的同时，根据需要对法律进行实质性变动和革新。① 比较研究发现，采形式编纂的国家多采松散表达模式，采实质编纂的国家则多采统合表达模式。我国《生态环境法典》采适度法典化模式，属于介于形式编纂和实质编纂之间的一种模式。② 这一模式的选择意味着我国不可能将所有法律责任条文进行简单汇编，而是需要在既有的法律基础上创新、升级和重塑。因为环境法律责任具有责任构成、追责程序等方面的共通性规定，倘若缺乏整合，各章节分别附带稍显重复的法律责任规则，势必造成法典的臃肿和累赘，并不符合通过法典化为条文做"减法"的编纂初衷，因此，松散表达模式有违我国适度法典化的定位。其二，极端的统合表达模式亦不妥当，因为环境法律调整方法的综合性，使环境法典涉及主体、领域、行为模式众多，倘若将总则、污染控制编、自然生态保护编、绿色低碳发展编所涉及的法律责任均进行集中规定，会导致行为模式和法律后果的割裂并带来"找法"的不便，有违我国长期以来形成的法律责任表达习惯。其三，《生态环境法典》的污染控制编、自然生态保护编、绿色低碳发展编分别对应污染完成时的控制、未污染时的保护以及生产发展的过程控制，属于"过程主导模式"的范畴，比较研究发现，域外以环境要素为主线的《环境法典》，其法律责任多分散规定，而采取"过程主导模式"的《环境法典》，其法律责任则多采取集中为主、分散补充的模式。③

---

① 《法国环境法典：第一至三卷》，莫菲、刘彤、葛苏聘译，法律出版社2018年版，译者序第5页。

② 李艳芳、田时雨：《比较法视野中的我国环境法法典化》，载《中国人民大学学报》2019年第2期。

③ 吕忠梅：《环境法典视角下的生态环境法律责任》，载《环球法律评论》2022年第6期。

　　"原则分离+适度统合"模式虽然具有一定共识，但仍然存在诸多疑问：其一，对于共通性规定的"适度统合"，是单独成编，还是置于总则之中？有学者指出，《生态环境法典》中的行政法律责任可以采用"分-总"的整体技术方案，各分则编分别规定行政法律责任，同时在最后的"生态环境责任编"统领性规定共通性规则。① 而《法国环境法典》、比利时法兰德斯省的《环境法典》、欧洲委员会起草的《环境保护示范法案》均将环境法律责任的"共通规则"置于总则的最后。② 那么"共通规定"是适合"总-分"还是"分-总"的布局结构？本专题认为，"提取公因式"后的总则的内容相对充足，倘若再涵盖民事、行政和刑事法律责任，恐有篇章结构失衡的问题。有学者指出，只有在民事、刑事责任的实质内容不纳入环境法典的前提下，才有不设置单独的法律责任编的可能。③ 加之传统法律往往以"规则+罚则"的结构进行谋篇布局，将"生态环境责任"独立成编置于法典最后，更加契合制度惯性和公民阅读习惯。其二，主流观点认为，因环境行政法律责任与"第一性义务"的紧密关联，因此，环境行政法律责任可分别在污染控制编、自然生态保护编和绿色低碳发展编中进行规定。④《生态环境法典》可以采"独立附属刑法"，在生态环境责任编设置"刑事责任"专章集中规定罪名、罪状及法定刑。⑤ 其言外之意是总则部分不能规定法律责任，同时仅环境行政责任适宜"适度分散"，而环境民事、刑事责任则"原则统合"。对于总则能否规定法律责任的问题，本专题认为规定责任并无不妥，因为《生态环境法典》总则是区别于传统环境法律仅规定目的、原则、管理体制等宏观内容的做法，还会对环境影响评价、环境监测、生态保护红线等制度进行全面规定，上述制度所涉及的行为模式和法律后果具有较之于其他编的独立

　　① 竺效：《生态环境责任编的比较法借鉴及编纂思路》，载《中国法律评论》2022年第2期。

　　② 德国联邦环境、自然保护和核安全部：《德国环境法典（专家委员会草案）》，沈百鑫、李志林、马心如等译，法律出版社2021年版，导论第9～10页。

　　③ 刘长兴：《论环境法法典化的边界》，载《甘肃社会科学》2020年第1期。

　　④ 刘超：《环境法典污染控制编的立法重点与规范构造》，载《法律科学》2022年第3期。

　　⑤ 竺效：《生态环境责任编的比较法借鉴及编纂思路》，载《中国法律评论》2022年第2期。

性，因此，可以在总则中规定与之对应的法律责任。① 对于环境民事、刑事责任能否分散在生态环境责任编之外进行规定的问题，本专题认为考虑到实践中环境民事、行政与刑事责任分别规定导致的责任衔接不畅问题，倘若能够针对同类规制行为进行梯度性的责任建构，即在一个条文中根据行为的恶劣程度设计轻重有别、层次分明的民事、行政与刑事责任，无疑可以方便公权力机关更精准地识别不同行为对应的法律责任，亦可更好地发挥不同法律责任的指引、评价和预测等功能。例如，《环境保护法》第 65 条规定环评机构弄虚作假应当承担的民事连带责任，在对该条进行法典化表达时，倘若能够增加第 2 款，规定环评机构编制环评结论存在不正确、不合理等严重质量问题时的罚款或资格罚等行政责任，并增加第 3 款规定环评机构或其人员故意提供虚假证明文件或出具环评文件重大失实时的刑事责任，可以形成对一类行为轻重程度有别时的民事、行政和刑事责任的对应性、梯度性建构，有利于对不同性质责任的精准识别，亦可规避行刑责任衔接不畅等问题。因此，在《生态环境法典》编纂过程中，对各编的同类行为均可构建具有梯度性的民事、行政和刑事责任，并不需要因追求形式上的"美观"而将民事、刑事责任统一置于"生态环境责任编"。

四、《生态环境法典》法律责任制度建构之论争

（一）环境民事责任的类型化建构

环境民事责任的基本框架已经在《民法典》中搭建，《生态环境法典》可以对其中遗漏或需要细化的部分进行规定。其一，环境侵权的范围限定。由于环境侵权较之于传统人身、财产侵权具有无过错责任、举证责任倒置等方面的优势，于是诸多"似是而非"的类环境问题被纳入环境侵权的轨道。《生态环境法典》应当进一步限定环境侵权的范围，明确室内装修、车内污染等问题因不符合"侵

---

① 汪劲、吕爽：《生态环境法典编纂中生态环境责任制度的构建和安排》，载《中国法律评论》2022 年第 2 期。

权行为-公共环境损害-人身财产损害"的侵权逻辑,而只是侵权行为直接造成的人身、财产损害,因此,应当适用传统的产品侵权等责任类型,而不宜嫁接至环境侵权领域寻求救济。其二,区分污染型侵权和能量型侵权。因为环境侵权的媒介性、间接性、扩散性、不可逆性等特性,使侵权人与被侵权人之间的平等关系被打破,出现力量对比的"结构性失衡",导致过错责任所赖以存在的平等性和互换性丧失,① 从而催生了环境侵权的无过错责任原则、举证责任倒置规则。然而上述特征在噪声、光、热、电磁辐射等能量型污染中并不明显,使得无过错责任、举证责任倒置、损害认定等规则在能量型污染的司法实践中难以被遵循,反倒是合规抗辩、过错责任、容忍限度等与通说悖反的规则不断被适用。② 鉴于此,《生态环境法典》有必要基于能量型污染与物质型污染的不同特征确立不同的适用原则和规则以契合实践需求。其三,激活环境私益侵权的精神损害赔偿。精神损害赔偿的严格限制是环境私益侵权得不到充分救济的重要根源。从域外经验看,《哈萨克斯坦共和国生态法典》第 321 条、《独联体生态示范法典》第 129 条均规定因违反生态立法而造成精神损害的,应当按照民事立法程序进行赔偿。《生态环境法典》应当明确环境私益侵权中精神损害赔偿的构成要件与赔偿标准等内容。其四,《生态环境法典》需要对生态环境公益侵权进行细化规定:完善生态环境基线的调查与确定规则,为生态环境损害的准确识别与修复奠定基础;允许社会组织在未被追究刑事责任的生态环境公益侵权中提起诉讼并获得压倒性优势时给予物质奖励,以激活社会组织参与环境治理;③ 加强生态环境修复的行政与司法衔接,通过修复方案的司法确认与行政机关的监督实施提高责任承担的实效性。④

---

①　张宝:《环境侵权归责原则之反思与重构:基于学说和实践的视角》,载《现代法学》2011 年第 4 期。

②　张宝:《环境法典编纂中民事责任的定位与构造》,载《环球法律评论》2022 年第 6 期。

③　针对实践中出现的社会组织滥用公益诉权牟利的情形,《生态环境法典》可以将参与环境公共事务的社会组织纳入法律责任规制范围,以罚款、资格剥夺等行政责任以及敲诈勒索等刑事责任遏制社会组织的违法行为。

④　刘长兴:《生态环境修复责任的体系化构造》,载《中国法学》2022 年第 6 期。

（二）环境行政责任的体系化建构

行政相对人的责任在环境法律中规定得较为详细，而行政主体的责任则缺乏体系化构造。其一，"党政同责"的责任承担方式应当纳入《生态环境法典》。实践中"党政同责"大致分为四类：《中华人民共和国公职人员政务处分法》规定的政务处分，包括警告、记过、记大过、降级、撤职、开除。《中国共产党纪律处分条例》规定的党纪处分，包括警告、严重警告、撤销党内职务、留党察看、开除党籍。《中华人民共和国公务员法》规定的组织处理，包括调离岗位、引咎辞职、责令辞职、免职、降职等。非正式处分，包括谈话提醒、批评教育、责令检查、责令公开道歉、诫勉。可见，"党政同责"更多地是指地方党委和政府相关负责人"同时承担责任"，而非"承担相同责任"。本专题认为，可以采取"总-分"的方式，在《生态环境法典》总则部分概括性规定"生态环境损害责任的追究实行党政同责，坚持依法依规、客观公正、权责一致、终身追责原则"，① 并在生态环境责任编的行政责任章节细化规定党委、政府相关责任人的政务处分、组织处理和非正式处分，而党纪处分则适宜交由党内法规进行细化规定。其二，行政命令救济生态环境损害应当成为司法补救的前端环节。《生态环境法典》可以规定在应急性救济、生态环境修复和非金钱替代性修复方面的行政命令救济。② 例如，《德国环境法典（专家委员会草案）》第351条"行政部门的命令和措施"规定责任人应当履行修复和复垦义务，政府可以对责任人作出命令。其三，行政主体的责任还应当涵盖补偿责任和国家责任。国家补偿责任是国家公法责任的重要组成，在国土空间规划明确划定生态保护红线、永久基本农田和城镇开发边界"三条线"后，对全国有利的生态保护红线和基本农田划定倘若缺乏相应的补偿机制，则构成对划定地区原住民生存权和发展权的剥夺，进而人为加剧人域间和地域间的冲突。③ 补偿责任构成国土空间规划等制度推行的重要

---

① 陈海嵩：《环境法典编纂中的生态环境政党法治问题探析》，载《法商研究》2022年第6期。

② 徐以祥：《论生态环境损害的行政命令救济》，载《政治与法律》2019年第9期。

③ 杜群、车东晟：《新时代生态补偿权利的生成及其实现：以环境资源开发利用限制为分析进路》，载《法制与社会发展》2019年第2期。

制度补丁，应当基于实践需求在《生态环境法典》中确立行政机关的资源利益补偿、生态利益补偿和信赖保护补偿三种类型的补偿责任。同时，在责任人不明或责任人无力承担生态环境损害等情形，还应当确立政府通过生态环境修复等措施承担国家环境保护义务的国家责任。

在环境行政责任的内容设计方面，应当增强责任规定的涵射力和稳定性。具体而言，其一，通过环境行政法律责任的差异化适用增强涵摄力。私主体的形态各异，承担责任的能力亦有所不同，对私主体施加的最优威慑理应当有所差异。《意大利环境法典》就在"行为模式+法律后果"的责任体系之外，关注到"主体能力"问题，该法典第 260-2 条规定私主体对废弃物轨迹追踪监控信息系统违法，"处以 2600 欧元以上 15500 欧元以下的行政罚款"，同时规定，"针对一个劳动单位的雇员数量少于 15 人的企业，处以 1500 欧元以上 6200 欧元以下的行政罚款"。基于"主体能力"的不同，也可能产生加重情节，例如，《意大利环境法典》第 256-2 条规定，"燃烧遗弃的或随意放置废弃物的，处以 2 年以上 5 年以下有期徒刑"，该条第 3 款规定，"如果第一款的犯罪行为发生在一个企业活动中，或为有组织的活动，则刑罚额度应增加 1/3"。本专题认为，基于主体能力的不同设置差异化的责任适用规则是《生态环境法典》精细化治理的应有之义，可以借鉴域外经验，对于自然人、中小微企业与大型企业的类似行为规定差异化的责任规则，以体现过罚相当，实现最优威慑。

其二，通过环境行政责任的动态性调整增强责任稳定性。环境行政责任最重要的处罚手段是罚款，[①] 然而罚款数额的设定面临不设处罚限额则罚款权力容易失控，设置罚款数额则基于通货膨胀等因素影响需要频繁修改的问题。出台的法律频繁修改有违法律的稳定性要求，尤其是法典编纂的威严性附带了更强的稳定性要求。域外解决环境行政责任变动不居的问题主要存在两种思路：第一，《生态环境法典》少规定或不规定具体的处罚规则，而是通过授权制定下位法的方式将细节性规则交由行政法规或规章处理，以此解决因法律责任的浮动性对法典稳定性带来的挑战。例如，《瑞典环境法典》在第六编"处罚"第三十章"环境处罚费"第 2 条规定"中央政府或中央政府指定的机构可以发布有关环境处罚费支

---

① 徐以祥、梁忠：《论环境罚款数额的确定》，载《法学评论》2014 年第 6 期。

付的详细规则……环境处罚费最低为 5000 瑞典克朗，最高为 1000000 瑞典克朗"。第二，为了避免罚款数额"年久失修"进而偏离治理目的，《菲律宾渔业法典》第 129 条设置了"浮动条款"，规定"本法典规定的罚款每 3 年应至少增加 10%，以补偿通货膨胀并保持此类罚款的威慑作用"。上述两种做法各有优劣，我国《生态环境法典》可以各取所长，对于环境影响评价、排污许可等全国通行的制度，为保障其权威性，应当由《生态环境法典》统一规定罚则，同时设计浮动条款，授权行政主管部门每 3 年在法典规定的数额基础上确定基于通货膨胀等因素变化而应当乘以的具体系数，从而保障法律责任的稳定性。同时，对于更需要尊重"地方知识"的环境法律制度，例如市容环卫、资源保护等领域，因地方的自然资源禀赋与发展水平的差异，使上述事项更应尊重地方的实际情况设计"过罚相当"的责任，可以通过"赋权条款"交由地方性法规、政府规章进行自主设定，但是仍然可以参照《瑞典环境法典》的做法，为地方的自主权设定罚款数额的上下限。

(三) 环境刑事责任的跨法典建构

《生态环境法典》应当定位于通过各种手段的协调共用实现对生态法益的周全保护。刑事责任是保护法益最严厉的手段，理应成为《生态环境法典》的重要组成。《生态环境法典》各编涉及严重到需要刑事责任进行规制的条文时，应当规定环境刑事责任进而建构我国的附属刑法体系。其一，《生态环境法典》总则中涉及环境影响评价机构及其从业人员因弄虚作假或者重大过失造成的出具证明文件失实等行为，应当在民事连带责任、行政资格剥夺等责任之后进一步规定刑事责任的内容，以对同类违法行为基于恶劣程度形成民事、行政和刑事责任的梯度化建构。其二，《生态环境法典》污染控制编可以规定污染环境罪、擅自进口固体废物罪、非法处置进口的固体废物罪等罪刑。其三，《生态环境法典》自然生态保护编可以规定非法捕捞、非法狩猎、危害珍贵濒危野生动物罪、破坏自然保护地、非法引进、释放、丢弃外来入侵物种罪等罪名。其四，《生态环境法典》绿色低碳发展编对于排污单位或咨询服务机构对碳排放数据造假等行为可以基于虚假证明文件罪、破坏计算机系统罪、违规披露或不披露重要信息罪构造与之对应的刑事责任。由于《生态环境法典》并未涵盖传统资源法的调整范围，因此非法采矿罪、非法占用农用地罪等资源类犯罪应当在《刑法》中予以保留，以此形成环境刑事责任在《刑法》与《生态环境法典》中的跨法典表达。[①]

（四）环境法律责任的"综合考虑"机制

我国生态环境损害涉及行政执法、民事索赔与刑事责任的"公私并行、六诉并存"问题。[②] 由于环境法律责任理论和实践对惩罚的过分倚重，导致当前环境民事、行政和刑事责任均有加重惩罚之倾向。[③] 虽然理论上民事、行政和刑事责任相互独立，分别侧重救济、预防和惩罚。但实际上附带预防犯罪目的的风险刑法、吊销营业执照等行政责任、惩罚性赔偿等民事责任，使预防、惩罚和救济功能并未被精致划分在不同的责任领域，而时常出现融合交叉的并存特点。"惩罚、救济、预防三种主要功能已经'混搭'于现行法之中。"[④] 此时严格遵循民事、行政和刑事责任并存理论就可能诱发责任过度问题。为此，域外《生态环境法典》对于责任间的"综合考虑"，尤其是事后补救的法效力进行了细致规定。《意大利环境法典》第 140 条规定："在判决之前或者在强制命令之前，责任人完全修复损害的，本章所规定的刑事和行政处罚可以减少 1/2 至 2/3。"修复生态环境、承担赔偿责任等可以作为认定被告人主观恶性降低、客观危害得到弥补的表现，从而定位为刑法惩处上的轻缓化事由。[⑤] 为此，其一，《生态环境法典》应当在生态环境责任编确立责任追究的比例原则，基于适当性、必要性和均衡性考量，在追究民事、行政和刑事责任时，应当审查：责任追究与立法目的实现之间是否具有连贯性、对应性？民事、行政与刑事责任之间是否存在实现立法目的的最小损害手段？民事、行政与刑事责任的执行成本是否小于收益？从审查强度

---

① 焦艳鹏：《环境刑事责任的跨法典表达及其调适》，载《法学评论》2022 年第 3 期。

② 吕忠梅：《环境法典视角下的生态环境法律责任》，载《环球法律评论》2022 年第 6 期。

③ 刘长兴：《超越惩罚：环境法律责任的体系重整》，载《现代法学》2021 年第 1 期。

④ 吕忠梅：《环境法典视角下的生态环境法律责任》，载《环球法律评论》2022 年第 6 期。

⑤ 梁云宝：《民法典绿色原则视域下"修复生态环境"的刑法定位》，载《中国刑事法杂志》2020 年第 6 期。

来看，可以区分为合理性审查、中等程度审查与严格审查。① 对于单项责任追究，应当进行合理性审查，对于双项责任追究尤其是刑事与民事责任的协同追究，应当进行中等强度审查，对于三项责任并用时，应当进行严格审查。其二，设置"迷途知返条款"，② 规定责任人在追究民事、行政和刑事责任之前承担生态环境修复等补救性责任的，可以产生责任轻缓化的法效力，以实现增殖放流、异地补植、劳务代偿等"事后补救"行为法效力的规范化、制度化和刚性化。

五、结　　语

检视当前关于《生态环境法典》法律责任设计的讨论，学界对责任的射程范围、表达模式和制度建构均存在某种迷失。本专题提出，环境法律责任的法典化表达并非是将既有的零散责任条文简单地予以汇编，而是应当以服务新时代生态文明建设为目标，以环境法益的周全保护为圭臬，统筹使用环境民事、行政和刑事责任，并通过环境法律责任的体系化建构与责任间的"综合考虑"机制化解当前环境法律责任追究存在的种种弊端。但是本专题的讨论仍然是一个未竟之课题，尤其是不同的环境法律责任有着与之对应的、稍显独特的程序机制，在检察公益诉讼专门立法、生态环境损害赔偿立法等新的动议下，《生态环境法典》如何实现实体责任与追责程序的共融，有待进一步讨论。

---

① 史欣媛：《论比例原则在经济法中的适用》，载《现代法学》2022 年第 2 期。
② 姜涛：《重构主义的刑法实践模式》，载《法学》2022 年第 1 期。